Romanistische
Arbeitshefte

28

Herausgegeben von
Gustav Ineichen und Bernd Kielhöfer

Horst Geckeler / Dieter Kattenbusch

Einführung in die italienische Sprachwissenschaft

2., durchgesehene Auflage

Max Niemeyer Verlag
Tübingen 1992

Zur 100. Wiederkehr
des Geburtstags
von
GERHARD ROHLFS
(1892–1986)

Die Deutsche Bibliothek – CIP-Einheitsaufnahme

Geckeler, Horst: Einführung in die italienische Sprachwissenschaft / Horst Geckeler ; Dieter Kattenbusch,
2., durchges. Aufl. – Tübingen ; Niemeyer, 1992
    (Romanistische Arbeitshefte ; 28)
NE: Kattenbusch, Dieter:; GT

ISBN 3-484-54028-1   ISBN-13: 978-3-484-54028-6   ISSN 0344-676-x
5 4 3
© Max Niemeyer Verlag GmbH & Co. KG, Tübingen 1992
http://www.niemeyer.de
Druck und Bindung: AZ Druck und Datentechnik GmbH, Kempten

INHALTSVERZEICHNIS

Es gibt unseres Wissens keine Einführung in die italienische Sprachwissenschaft und somit auch keinen Text, den man im akademischen Unterricht einem
einführenden Proseminar dieser Thematik zugrunde legen könnte. Da die Zahl der
Italienischstudierenden in den letzten Jahren an unseren Universitäten in er-
freulichem Maße zugenommen hat, ist eine solche Einführung zu einem wirklichen
Desiderat geworden. Deshalb haben wir uns vorgenommen, ein solides, aber nicht
prätentiöses 'Romanistisches Arbeitsheft' als Grundlage für ein Proseminar mit
dem Titel: "Einführung in die italienische Sprachwissenschaft" zu erarbeiten.
Auf keinen Fall durfte daraus eine Art Handbuch oder Kompendium der Linguistik
des Italienischen werden. In unserer Einführung wird nicht Originalität oder
Modernität um jeden Preis angestrebt; der Band ist vielmehr relativ traditionell ausgerichtet.

Ein solches einführendes Werk wirft natürlich das schwierige Problem der
Auswahl der Themen auf, denn eine Einführung muß sich nun einmal auf ausge-
wählte Stoffe beschränken. Eine solche Auswahl wird immer kritisierbar sein,
denn sie impliziert das Setzen von Prioritäten, die die Kritiker vielleicht
teilweise anders setzen würden. Wir haben uns dafür entschieden, Bereiche der
synchronen und diachronen Perspektive, die uns aus einer der sprachwissenschaftlichen Tradition verpflichteten Sicht als unverzichtbare Bestandteile
eines Universitätsstudiums gelten, in diese Einführung aufzunehmen. Daß die
vorgenommene Auswahl auf Kosten anderer ebenfalls wichtiger Themen (wie etwa
Textlinguistik, Pragmatik usw.) geht, liegt in der Natur der Sache. Die Autoren
eines einführenden Werkes, das hauptsächlich für eine Lehrveranstaltung im
Umfang von zwei Semesterwochenstunden konzipiert ist und nicht so sehr für
das Selbststudium, können nicht Thema an Thema aneinanderreihen, sondern sie
sind leider - auch durch Vorgaben zum Umfange des Buches - gezwungen, harte
Schnitte vorzunehmen.

Wir haben die Einführung in drei Hauptteile gegliedert: Der erste Teil beschäftigt sich mit bestimmten Grundinformationen zur italienischen Sprache,
Teil II bietet einen Einstieg in die Beschreibung und in die Entwicklung des
italienischen Sprachsystems, Teil III schließlich befaßt sich mit verschiedenen wichtigen Phasen der (externen) Sprachgeschichte des Italienischen - die

genauere Binnengliederung läßt sich leicht aus dem Inhaltsverzeichnis er-
sehen. Wichtige Grundbegriffe der allgemeinen Sprachwissenschaft werden jeweils an den Stellen, wo sie zum Verständnis notwendig sind, kurz erläutert.
Wir empfehlen den Benutzern dieser Einführung jedoch sehr, vor der Arbeit mit
diesem Band - oder zumindest parallel dazu - eine der in reicher Zahl existierenden Einführungen in die allgemeine Sprachwissenschaft zu lesen. Die
Empfehlung eines bestimmten Werkes überlassen wir in Anbetracht der unterschiedlichen Ausrichtungen dieser Einführungen der Entscheidung des jeweiligen Seminarleiters. Dagegen bieten wir für den Seminargebrauch Aufgaben zur
Bearbeitung an.

Wer einen Einführungskurs in die italienische Sprachwissenschaft mit Gewinn
absolvieren möchte, sollte sich nebenher auch klare Vorstellungen über die
Geographie Italiens, einen Überblick über die wichtigsten Epochen der Geschichte dieses Landes und eine Übersicht über die Geschichte der italienischen Literatur - zumindest der älteren Epochen - verschaffen. - Zu den behandelten Themen können wir jeweils nur eine bibliographische Mindestinfor-
mation geben; diese ist meist auf die entsprechenden Standardpublikationen beschränkt. Ausführliche bibliographische Information zur italienischen Linguistik findet man in folgenden Werken:

R.A. Hall, Jr., Bibliografia della linguistica italiana, 3 Bände,
Firenze 1958[2], dazu vom selben Verfasser eine Ergänzung: Bibliografia
della linguistica italiana. Primo supplemento decennale (1956-1966),
Firenze 1969. Die neuere Literatur kann den folgenden laufend erscheinen-
den Referenzwerken entnommen werden: Romanische Bibliographie, Tübingen
1965ff. und Bibliographie linguistique, Utrecht - Bruxelles 1949ff. -
Als Auswahlbibliographie sei auch erwähnt: R.A. Hall, Jr., Bibliografia
essenziale della linguistica italiana e romanza, Firenze 1973. - An
Studienführern, die sehr stark bibliographisch orientiert sind, seien
in chronologischer Abfolge aufgeführt: G. Rohlfs, Romanische Philologie.
Zweiter Teil: Italienische Philologie. Die sardische und rätoromanische
Sprache, Heidelberg 1952; Ž. Muljačić, Introduzione allo studio della
lingua italiana, Torino 1971 (sehr informatives Werk; gibt auch ein Ver-
zeichnis der Fachzeitschriften, die ein wichtiges Arbeitsinstrument für
Forschung und Lehre darstellen); G.R. Cardona, Standard Italian, The
Hague - Paris 1976 (Trends in Linguistics. State-of-the-Art Reports 1);
Società di Linguistica Italiana SLI, Guida alla linguistica italiana
(1965-1975), Roma 1976.

Was nun die Aufteilung der Kapitel auf die beiden Autoren betrifft, so
zeichnet für die Redaktion der Seiten 1-41 und 66-141 H. Geckeler, für die
Redaktion der Seiten 41-65 und 142-163 D. Kattenbusch verantwortlich.

Anzumerken bleibt, daß die verschiedenen phonetischen Transkriptions-
systeme, die in der verwendeten Literatur gebraucht werden, nicht verein-
heitlicht werden konnten.

Zum Schluß möchten wir all denen danken, die zum Zustandekommen dieser Einführung in irgendeiner Weise beigetragen haben: den Kollegen und Mitarbeitern, mit denen wir Fragen der Strukturierung einer solchen Einführung und Einzelprobleme besprechen konnten, den Studentinnen und Studenten, die als Teilnehmer an unseren über die Jahre hinweg gehaltenen Einführungen in die italienische Sprachwissenschaft durch ihre Mitarbeit im Seminar und ihr Interesse gezeigt haben, daß eine Konzeption wie die hier vorgeschlagene für eine solche Lehrveranstaltung sinnvoll und praktikabel ist, den Herausgebern der 'Romanistischen Arbeitshefte', die unsere Einführung in die von ihnen betreute Reihe aufzunehmen bereit waren, schließlich dem Max Niemeyer Verlag Tübingen, dem wir die Verwirklichung unseres Projektes verdanken.

Ganz besonderer Dank gilt Gustav Ineichen, der nach sorgfältiger Lektüre des Manuskripts uns eine Reihe wertvoller Hinweise und Anregungen gegeben hat, die noch eingearbeitet werden konnten.

So bleibt uns nur zu hoffen, daß unsere Einführung in die Linguistik der Sprache, die der Sprachtypologe Ernst Lewy als "etwas wie die europäische Normalsprache" charakterisiert hat, eine breite Aufnahme finden und gute Dienste im akademischen Unterricht leisten möge. Für konstruktive Kritik und Verbesserungsvorschläge haben wir stets ein offenes Ohr.

Horst Geckeler   Dieter Kattenbusch
Münster   Regensburg

Im Herbst 1986

VORWORT ZUR 2. AUFLAGE

Die 1. Auflage des vorliegenden Arbeitsheftes wurde vom Publikum erfreulich
gut aufgenommen und war zu Beginn dieses Jahres bereits nahezu vergriffen.
Da eine vollständige Überarbeitung viel Zeit in Anspruch genommen hätte, andererseits aber ein Bedarf an einem in die italienische Sprachwissenschaft
einführenden Kurs weiterhin besteht, hat sich der Verlag entschlossen, eine
2., durchgesehene Auflage in Auftrag zu geben. Soweit dies ohne Veränderung
des Druckspiegels möglich war, haben wir versucht, der Kritik und den Anregungen der Rezensenten zu einzelnen Punkten Rechnung zu tragen und einige bibliographische Hinweise zu aktualisieren.

Wir danken den Kollegen Blasco Ferrer, Dietrich, Hoinkes, Jernej, Moretti,
Muljačić, Pfister, Tekavčić, U. Wandruszka für ihre konstruktive Kritik und
für Vorschläge, die in einer geplanten Neubearbeitung noch stärker berücksichtigt werden sollen.

Ein Jahr nach unserer *Einführung* erschien Band IV des *Lexikons der Romanistischen Linguistik (LRL)*, herausgegeben von G. Holtus, M. Metzeltin, Chr. Schmitt,
Tübingen, Niemeyer, 1988, der Italienisch, Korsisch, Sardisch umfaßt. In dieser Summa der Romanischen Sprachwissenschaft werden in 50 Artikeln auf 798
Seiten nahezu alle Aspekte der Sprachwissenschaft des Italienischen kompetent
und mit der entsprechenden bibliographischen Information dargestellt. Dieses
enzyklopädische Werk sollte zu ausgewählten Themenstellungen auch in Einfüh-
rungsseminaren herangezogen werden.

Auf das neueste bibliographische Hilfsmittel sei besonders verwiesen:
Ž. Muljačić, *Scaffale italiano. Avviamento bibliografico allo studio della
lingua italiana*, Firenze 1991. - Als nützlich erweist sich auch die Reihe von
W. Hillen/L. Rheinbach, *Einführung in die bibliographischen Hilfsmittel für
das Studium der Romanistik*, hier: Band 2: A. Klapp-Lehrmann/W. Hillen,
Italienische Sprach- und Literaturwissenschaft, Bonn 1989.

Horst Geckeler   Dieter Kattenbusch
Münster   Gießen

Im Februar 1992

I. REALIA ZUR ITALIENISCHEN SPRACHE

1. Das Italienische und seine Stellung unter den romanischen Sprachen

Das Italienische gehört bekanntlich zur Gruppe der romanischen Sprachen
(ital. *lingue romanze*, *lingue neolatine*), und diese gehören ihrerseits in
historisch-genealogischer Sicht der großen indogermanischen (indoeuropäischen)
Sprachfamilie an (ungefähr die Hälfte der Bevölkerung unserer Erde spricht
eine indogermanische Sprache).

Die folgende konventionelle Skizze soll einen schematischen Überblick über
die bekanntesten und verbreitetsten Sprachgruppen (SG) und gegebenenfalls
Sprachen des Indogermanischen vermitteln (wobei allerdings nur der Zweig, der
die Filiation bis zu den romanischen Sprachen darstellt, ausgeführt wird);
genauere Information findet man z.B. in H. Krahe, Indogermanische Sprachwissenschaft, I, Berlin 1966.

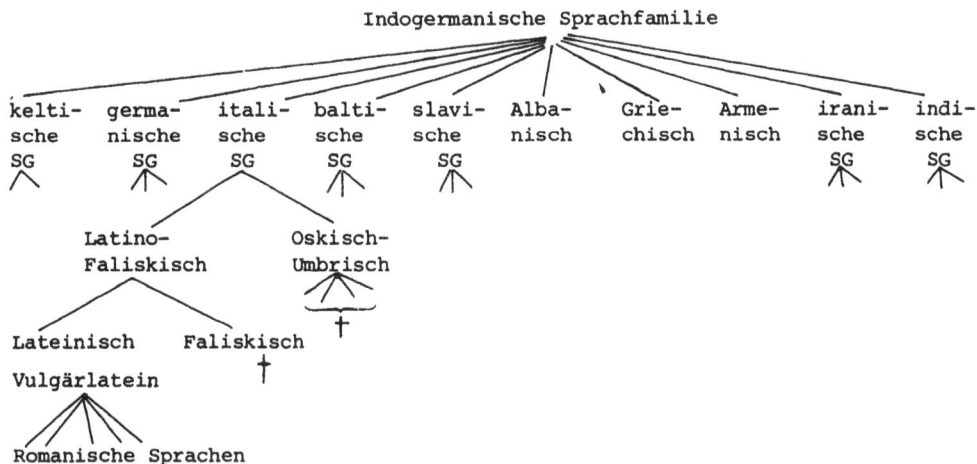

Welches sind nun die romanischen Sprachen und wie lassen sie sich einteilen?

In den Handbüchern der romanischen Philologie werden heute meist zumindest
11 romanische Sprachen unterschieden, die oft aufgrund vorwiegend geographisch-
arealer Kriterien, so z.B. auch von C. Tagliavini, Einführung in die romanische
Philologie, München 1973, S. 279, wie folgt klassifiziert werden:

```
a. Rumänisch      ⎫
                  ⎬ Balkanromanisch
b. Dalmatisch     ⎭⎫
   Italienisch     ⎪
   Sardisch         ⎬ Italoromanisch
   Rätoromanisch   ⎭

c. Französisch    ⎫
   Frankoprovenzalisch ⎪
   Provenzalisch    ⎬ Galloromanisch
   (und Gaskognisch) ⎪
   Katalanisch     ⎭⎫
d. Spanisch        ⎬ Iberoromanisch
   Portugiesisch   ⎭
```

A n m e r k u n g e n zu diesem Schema:

1. Durch die doppelte Klammerung im Falle des Dalmatischen und des Kata-
   lanischen soll angedeutet werden, daß diese Sprachen eine Art Brücke
   ("lengua puente", so A.M. Badía Margarit in bezug auf das Katalanische)
   zwischen dem Balkanromanischen und dem Italoromanischen bzw. zwischen
   dem Galloromanischen und dem Iberoromanischen bilden.
2. Wir ziehen, um Verwechslungen zu vermeiden, die inzwischen üblich gewordene Bezeichnung "Okzitanisch" (vgl. Dantes "lingua oc", frz. "la
   langue d'oc") dem in der Tradition der romanischen Philologie für die
   Benennung der betreffenden Sprache bzw. Dialektgruppe verwurzelten
   Terminus "Provenzalisch" vor, denn "Provenzalisch" kann, in spezieller
   Bedeutung, auch einfach nur den Dialekt der Provence bezeichnen. Oft
   wird "(Alt-)Provenzalisch" für die mittelalterliche Sprachstufe und
   Literatur gebraucht, "Okzitanisch" dagegen für die der neueren Zeit.
3. Zum Portugiesischen wird üblicherweise das Galicische gerechnet
   (galego-português); Galicien gehört jedoch politisch zu Spanien.
4. Schließlich müßten noch die Kreolsprachen mit romanischer Basis erwähnt
   werden.

Ähnlich wie C. Tagliavini, jedoch ausschließlich nach geographischen Gesichtspunkten, gliedert A. Monteverdi, Manuale di avviamento agli studi romanzi,
Milano 1952, S. 80, die romanischen Sprachen:

```
Daco-illiro-romanzo   ⎰ 1. rumeno
                       ⎱ 2. dalmatico

                       ⎧ 3. ladino
Italo-romanzo          ⎪ 4. alto-italiano
                       ⎨ 5. italiano
                       ⎩ 6. sardo

                       ⎧ 7. francese
Gallo-romanzo          ⎨ 8. franco-provenzale
                       ⎩ 9. provenzale

                       ⎧ 10. catalano
Ibero-romanzo          ⎨ 11. spagnolo
                       ⎩ 12. portoghese
```

Bemerkungen:

1. Der Terminus "ladino" wird von den italienischen Romanisten häufig
   zur Bezeichnung für die Gesamtheit der rätoromanischen Mundarten
   gebraucht.
2. Die Abtrennung des oberitalienischen Mundartenkomplexes vom übrigen Italienischen beruht nicht auf geographischen, sondern auf
   sprachstrukturellen Gründen (vgl. unten und Kap. I.4.1.2.).
3. Gerade die italienischen Romanisten sprechen bei der Einteilung
   der romanischen Sprachen häufig von einer "Italoromania" bzw. vom
   "Italoromanischen" (vgl. oben die Schemata von C. Tagliavini und
   A. Monteverdi). Nach G.B. Pellegrini existieren fünf sprachliche
   Systeme innerhalb des Italoromanischen (vgl. seinen Aufsatz "I
   cinque sistemi linguistici dell'italo-romanzo", in: Revue Roumaine
   de Linguistique 18 (1973), 105-129, auch abgedruckt in einem Sammelband von Arbeiten von G.B. Pellegrini, Saggi di linguistica
   italiana, Torino 1975, 55-87).

Zunächst möchte Pellegrini klarstellen: "con 'italo-romanzo' alludo alle
varie parlate della Penisola e delle Isole che hanno scelto, già da tempo,
come 'lingua guida' l'italiano" (1973, S. 106).

Folgende fünf *gruppi di parlate* werden dem Italoromanischen zugerechnet:

1. L'italiano settentrionale o cisalpino.
2. Il friulano (Das Friaulische entspricht dem östlichen der drei Teilgebiete des Rätoromanischen, d.h. etwa der Region Friuli - Venezia Giulia).
   - Vor allem italienische Romanisten (z.B. C. Battisti, G. B. Pellegrini)
   vertraten und vertreten noch die These, daß das Rätoromanische insgesamt
   zur Italoromania, speziell zum ober- oder norditalienischen Dialekt-
   komplex, zu rechnen sei, während gerade nichtitalienische Romanisten
   - aber auch G.I. Ascoli - vielmehr die These der Eigenständigkeit
   des Rätoromanischen oder die seiner Affinität zum Galloromanischen
   vertreten.
3. Il sistema dei dialetti "centro-meridionali".
4. Il sardo.
5. Il toscano.

In Teil III. 1. dieser Einführung gebrauchen wir den Terminus "Italoromania"
eingeschränkt auf das Sprachgebiet der ober- oder norditalienischen, der
mittel- und süditalienischen sowie der toskanischen Dialekte.

Unter "Italienisch" wollen wir die ursprünglich florentinische Variante
des Toskanischen verstehen, die heute als Standardsprache des modernen Italien
gilt (vgl. SS. 36ff., 150ff.).

Die geographisch begründete Klassifizierung der romanischen Sprachen in
eine Ost- und eine Westromania (so im Grunde auch schon bei F. Diez
[1794-1876], der als Begründer der romanischen Philologie als Wissenschaft gilt)
wurde, wie man z.B. in der Gruppierung von A. Monteverdi sieht, um eine Zentral-
romania, die der Italoromania entspricht, erweitert, wobei die Westromania
dann die Gallo- und die Iberoromania einschließt und die Ostromania die Bal-
kanromania umfaßt. Unter Zugrundelegung sprachlicher, hier: phonischer Kri-

4

terien, nämlich 1. der Erhaltung bzw. Nichterhaltung des auslautenden [s] und
2. der Erhaltung bzw. Sonorisierung (und weiterer Abschwächung) der Verschlußlaute [p], [t] und [k] in intervokalischer Stellung in den verschiedenen romanischen Sprachen, stellte W. von Wartburg bereits 1936 in einem Aufsatz und
dann in seiner Monographie Die Ausgliederung der romanischen Sprachräume,
Bern 1950, die Unterscheidung in Ost- und Westromania auf eine neue Basis.
Ost- und Westromania werden nach W. von Wartburg durch eine Linie, die vom
Ligurischen Meer bei La Spezia quer über die Apenninenhalbinsel zum Adriatischen Meer bei Rimini (nach H. Lausberg: bei Pesaro) verläuft, abgegrenzt.
Danach gehören "der ganze romanische Balkan, sowie Mittel- und Süditalien"
zur Ostromania, "Gallien, die Alpenländer, Oberitalien bis zur Linie Spezia-
Rimini, Iberien" (Wartburg, 1950, S. 32) zur Westromania; Sardinien nimmt
eine Sonderstellung ein.

Zur Kritik: s. G. Ineichen, "Cambiamento linguistico e classificazione
romanza", in: Linguistica storica e cambiamento linguistico, Roma 1985 (SLI
23), SS. 93-103.

Beispiele zur Illustration der verwendeten Differenzierungskriterien:

	Ostromania		Westromania	
Ad -s (wichtig auch bei der Pluralbildung):				
	rum.	capre membri	span. cabras miembros	
	ital. (d.h. Standardital.)	capre membri	frz. chêvres membres (altfrz. chievres) (graph. Code)	
Ad -p-:	rum. săpun		span. jabón [ß]	
	ital. sapone		frz. savon	
Ad -t-:	rum. roată		span. rueda [δ]	
	ital. ruota		frz. roue, d.h. -[t]- > ø[1]	
Ad -k-: (nicht vor e oder i):				
	rum. amică		span. amiga [γ]	
	ital. amica		frz. amie, d.h. -[k]-[a] > [j] verschmilzt mit dem 'haupttonigen' [i]	
	rum. foc(ul)		span. fuego [γ]	
	ital. fuoco		frz. feu, d.h. hier -[k]- > ø[1]	

B e m e r k u n g : Das Wartburgsche Kriterium der Erhaltung des auslautenden [s] trifft im Frz., was den phonischen Code angeht, allerdings voll
nur für das Altfranzösische und höchstens ganz eingeschränkt für das Neu-
französische (nur im Falle der sog. Liaison) zu, vgl. dazu H. Geckeler in
ZRPh 92 (1976) [1977], 265-291, insb. 276-279, und Iberoromania 8 (1978),

---

1 > ø bedeutet: wird zu Null, d.h. verstummt.

11-29. So muß aufgrund sprachlicher Fakten im Frz. - sowie übrigens auch
im spanischsprachigen Raum (Südspanien und Hispanoamerika) und in der
Toskana (vgl. die sog. *gorgia*, s. III. 1.3.) - präzisierend betont werden,
daß die Wartburgsche Einteilung Westromania/Ostromania zwar auf die mittelalterlichen Entwicklungsphasen der romanischen Sprachen paßt, nicht mehr
jedoch dem Sprachzustand aller romanischen Sprachen in der Neuzeit entspricht (Wartburg hat dies übrigens selbst bereits 1953 explizit anerkannt).

In Anlehnung an die Wartburgsche Gliederung der Romania schlägt H. Lausberg,
Romanische Sprachwissenschaft, I, Berlin 1969[3], S. 39 "auf Grund des Ver-
wandtschafts-Grades" folgende Dreiereinteilung der Romania vor:

I. W e s t r o m a n i a mit folgenden Teilräumen:

   A) Galloromania (Provenzalisch, Frankoprovenzalisch, Französisch)

   B) Raetoromania

   C) Norditalien

   D) Iberoromania (Katalanisch, Spanisch, Portugiesisch)

II. O s t r o m a n i a mit folgenden Teilräumen:

   A) Mittel- und Süditalien [inklusive Toskana]

   B) Dalmatien

   C) Rumänien

III. S a r d i n i e n

In neuerer Zeit wird in der Forschung versucht, von den pauschalen Großraum-
gliederungen der Romania, die nur auf ganz wenigen Unterscheidungskriterien
(zwei bei W. von Wartburg) beruhen, wegzukommen und durch Einbeziehung einer
Vielzahl von Kriterien zu differenzierteren Klassifizierungen bzw. Typologi-
sierungen der romanischen Sprachen als bisher zu gelangen.

   B. Müllers ("Die typologische Klassifikation der romanischen Sprachen.
Methode und Entwurf", in: Interlinguistica. Festschrift für Mario Wandruszka,
Tübingen 1971, 242-253) Versuch einer typologischen Klassifizierung der romanischen Sprachen aufgrund eines Vergleichs ihrer Phoneminventare - allerdings
nur in dreierlei Hinsicht - ergibt eine Gruppengliederung der Romania in:
1. Französisch, 2. Portugiesisch, jeweils mit Sonderstellung gegenüber
3. dem Block der restlichen romanischen Sprachen, in dem sich auch das
Italienische befindet.

   Ž. Muljačić ("Die Klassifikation der romanischen Sprachen", Romanistisches
Jahrbuch 18 (1967), 23-37) untersuchte aufgrund von 40 ausgewählten phonischen
und grammatischen Erscheinungen die "quantitativen Entfernungen zwischen jeder
einzelnen romanischen Sprache und ihren 11 Schwestern" und stellte dann "durch
Summierung dieser Distanzen" "eine sehr interessante Rangliste aller romanischen Sprachen" (S. 30) auf. In dieser Klassifizierung heben sich 1. das
Sardische, 2. das Rumänische und 3. das Französische deutlich ab von den

übrigen romanischen Sprachen, die man mit einem Terminus von A. Alonso als
die "Romania continua" (zu der auch das Italienische gehört) bezeichnen kann.
Vom Italienischen aus gesehen steht dieser Sprache nach Muljačićs Klassifi-
zierungsansatz das Vegliotische (ein Dialekt des Dalmatischen) am nächsten;
dann folgen mit abnehmender Affinität Sardisch, Spanisch, Engadinisch (ein
Dialekt des westlichen Rätoromanisch), Friaulisch, Katalanisch, Okzitanisch,
Portugiesisch, Frankoprovenzalisch, Rumänisch und mit weiterem beträchtlichen
Abstand Französisch.

M. Iliescu ("Ressemblances et dissemblances entre les langues romanes du
point de vue de la morpho-syntaxe verbale", Revue de Linguistique Romane 33
(1969), 113-132) kommt bei ihrer Untersuchung von 48 bzw. 66 Erscheinungen
aus der Verbalmorphologie in 13 romanischen Sprachen bzw. Dialekten zu Ergebnissen, die denen von Muljačić in einer Reihe von Punkten sehr ähnlich sind:
So erweisen sich das Rumänische, das Sardische und das Französische wiederum
als die Sprachen, deren Grad an Ähnlichkeit mit anderen romanischen Sprachen
am niedrigsten ist. Was das Italienische betrifft, so stehen ihm nach M.
Iliescu das Friaulische, das Dolomitenladinische (Zentralrätoromanisch) und
das Frankoprovenzalische am nächsten, während ihm das Portugiesische, das
Rumänische und insbesondere das Französische am fernsten stehen.

Die hier erwähnten Klassifizierungsversuche der romanischen Sprachen auf
quantitativ-statistischer Basis stimmen in ihren Hauptlinien weitgehend mit
dem überein, was W. von Wartburg bereits 1953 auf dem 7. Internationalen
Romanistenkongreß ("Articulation linguistique de la Romania", Actas y
memorias: VII Congreso Internacional de Lingüística Románica, I, Barcelona
1955, 23-38) als Zukunftsperspektive synchroner Sprachklassifizierungs-
forschung im Bereich der romanischen Sprachen skizzierte:

> Quand, un jour, la linguistique synchronique, ..., procédera à une
> classification des langues romanes, elle mettra certainement à part
> le roumain et le français, et elle les opposera aux autres langues
> romanes. Elle établira probablement un groupe méditerranéen comprenant
> l'italien, l'occitan, le sarde, le catalan, l'espagnol et le portugais,
> à moins que ce dernier ne soit aussi mis à part, avec la désignation
> de groupe atlantique. Le réto-roman [sic] ... sera difficile à classer;
> ... Mais en principe je pense, ..., qu'au point de vue descriptif, les
> langues romanes se grouperont en trois familles, dont deux ne se composent
> chacune que d'un membre, le roumain et le français, tandis que la troisième
> comprendra toutes les autres, le groupe méditerranéen ou méridional, ...
> (SS. 37-38).

Schließlich sei noch - da für das Italienische besonders interessant - die
Erweiterung des Klassifizierungsversuches von Muljačić durch G.B. Pellegrini
("La classificazione delle lingue romanze e i dialetti italiani", Forum
Italicum 4 (1970), 211-237) erwähnt, der zu den 12 von Muljačić einbezogenen
romanischen Sprachen und Dialekten noch drei weitere Dialekte aus dem 'italo-

romanischen' Sprachraum hinzufügte, und zwar einen süditalienischen Dialekt
(aus Südlukanien), einen Dialekt des Dolomitenladinischen und einen oberitalienischen Dialekt aus dem Veneto; des weiteren erhöhte er die 40 sprachlichen
Kriterien von Muljačić auf 44. Nach Pellegrini heben sich 1. das Sardische,
2. das Lukanische, 3. das Rumänische und 4. das Französische am stärksten von
den übrigen betrachteten romanischen Sprachen und Mundarten ab, für die auch
er A. Alonsos Terminus *Romania continua* gebraucht.

Dem Standarditalienischen am nächsten stehen nach den Berechnungen von
Pellegrini 1. der Dialekt aus dem Veneto, 2. der zentralrätoromanische Dialekt,
3. das Friaulische und erst an 4. Stelle das Vegliotische; am anderen Ende
der Skala, wo der Abstand der Sprachen zum Italienischen (lingua nazionale)
immer größer wird, befinden sich das Frankoprovenzalische, das Lukanische,
das Rumänische und, wiederum am entferntesten vom Standarditalienischen, das
Französische. Pellegrini hebt die beträchtliche Verschiedenheit der italienischen Dialekte, hier vor allem des Lukanischen, von der italienischen Gemeinsprache besonders hervor.

Zum Schluß weisen wir noch auf die verschiedenartigen Konstellationen hin,
die sich ergeben, wenn man eine Klassifizierung der romanischen Sprachen ausschließlich auf der Grundlage der Verbreitung des romanischen Wortschatzes
versucht. - Nach M. Bartoli mit seiner *linguistica spaziale* hat vor allem
G. Rohlfs diesen Ansatz auf besonders anschauliche Weise (mit viel Kartenmate-
rial) in folgenden Werken vertreten: G. Rohlfs, Die lexikalische Differenzierung
der romanischen Sprachen. Versuch einer romanischen Wortgeographie, München
1954, und in erweiterter Form in: Romanische Sprachgeographie. Geschichte und
Grundlagen, Aspekte und Probleme mit dem Versuch eines Sprachatlas der romanischen Sprachen, München 1971; G. Rohlfs, Panorama delle lingue neolatine.
Piccolo atlante linguistico pan-romanzo, Tübingen 1986. So kann Rohlfs z.B.
unter anderen möglichen immer wieder eine bestimmte Konstellation nachweisen,
in der sich nämlich eine innere Romania (Gallia, Italia) gegenüber einer Rand-
romania (Iberia, Dacia) abhebt (entsprechend einer "Arealnorm" von Bartoli),
wobei anzumerken ist, daß verschiedene der im folgenden Schema angeführten
sprachlichen Gegebenheiten zur Illustration etwas vereinfacht dargestellt
sind:

IBERIA	GALLIA	ITALIA	DACIA
rogare	*precare*	*precare*	*rogare*
(sp. rogar)	(frz. prier)	(it. pregare)	(rum. a ruga)
afflare	*tropare*	*tropare*	*afflare*
(sp. hallar)	(frz. trouver)	(it. trovare)	(rum. a afla)

fervere	*bullire*	*bullire*	*fervere*
(sp. *hervir*)	(frz. *bouillir*)	(it. *bollire*)	(rum. *a fierbe*)
humerus	*spat(h)ula*	*spat(h)ula*	*humerus*
(sp. *hombro*)	(frz. *épaule*)	(it. *spalla*)	(rum. *umăr*)
magis	*plus*	*plus*	*magis*
(sp.*más*)	(frz. *plus*)	(it. *più*)	(rum. *mai*)

Aus anderen Quellen:

formosus	*bellus*	*bellus*	*formosus*
(sp. *hermoso*)	(frz. *beau*)	(it. *bello*)	(rum. *frumos*)
mensa	*tabula*	*tabula*	*mensa*
(sp. *mesa*)	(frz. *table*)	(it. *tavola*)	(rum. *masă*)
dies	*diurnum*	*diurnum*	*dies*
(sp. *día*)	(frz. *jour*)	(it. *giorno*)	(rum. *zi*)

Randromania	innere Romania	Randromania

Die Hauptschwierigkeit bei der Klassifizierung bzw. Typologisierung von Sprachen, sofern diese weder auf geographischer noch auf historisch-genealogischer Basis durchgeführt werden soll bzw. kann, liegt sicherlich in der Wahl von adäquaten Kriterien, sowohl was ihre Qualität (Hierarchisierung der Fakten) als auch ihre Quantität betrifft.

L i t e r a t u r a n g a b e:

Einen wissenschaftsgeschichtlichen Überblick über die Versuche einer Klassifizierung der romanischen Sprachen gibt Y. Malkiel, "The Classification of Romance Languages", Romance Philology 31 (1978), 467-500.

Zum Abschluß dieses Kapitels führen wir noch die heute üblicherweise unterschiedenen 11 romanischen Sprachen in der Reihenfolge ihrer numerischen Wichtigkeit, d.h. nach der Zahl ihrer m u t t e r s p r a c h l i c h e n Sprecher, an (in Klammern geben wir bei den "großen" romanischen Sprachen auch ihren Rang unter den meistgesprochenen Sprachen der Erde in römischen Ziffern an) und informieren gleichzeitig summarisch über die Hauptverbreitungsgebiete der einzelnen romanischen Sprachen. Wir müssen jedoch darauf hinweisen, daß die Angaben über die Zahl der Sprecher in den konsultierten einschlägigen Werken - wie übrigens nicht anders zu erwarten war - z.T. beträchtlich divergieren:

Sprache	Ungefähre Zahl der Sprecher	Wichtigste Verbreitungsgebiete
1. Spanisch (III.)	ca. 300 Mio.	Spanien, Kanarische Inseln, SW der USA, Mexiko, Mittelamerika (außer Belize), Südamerika (außer Brasilien, Guyana, Surinam und frz. Guayana), z.T. im karibischen Raum (Cuba, u.a.).
2. Portugiesisch (VII.)	ca. 170 Mio.	Portugal, Azoren, Madeira, Brasilien, Angola, Mozambique
3. Französisch (XI.)	ca. 80 Mio. (die Frankophonie umfaßt 90-100 Mio.)	Frankreich, südl. Belgien, z.T. Luxemburg, Westschweiz, Monaco, z.T. Andorra, z.T. Kanada (v.a. Provinz Québec), z.T. USA (vereinzelt in Neuenglandstaaten und Louisiana); Haiti, die franz. Antillen, Frz.-Guayana (in den letzteren Gebieten auch Kreolfranzösisch). - Die bedeutende Rolle des Frz. als Zweitsprache bzw. Verkehrssprache ist besonders für große Teile Afrikas hervorzuheben.
4. Italienisch (XII.)	56-63 Mio.	siehe I.2.
5. Rumänisch	ca. 26 Mio.	Rumänien, Moldaurepublik
6. Katalanisch	6-9 Mio.[1]	Katalonien, Andorra, ein Großteil der Provinzen Valencia und Alicante, Balearen, Roussillon (Frankreich)
7. Okzitanisch	10-12 Mio. potentielle Sprecher ca. 2 Mio. aktive Sprecher	Südfrankreich: im Norden begrenzt durch eine Linie, die von der Gironde einen Bogen nördlich um das Massif Central macht und die Rhône zwischen Valence und Vienne schneidet und südlich von Grenoble zur ital. Grenze verläuft.
8. Sardisch	1-1,2 Mio.	Sardinien
9. Rätoromanisch		
a. Bündnerromanisch	ca. 50.000	v.a. Kanton Graubünden (Schweiz)

1 Nach J. Lüdtke, Katalanisch, München 1984, S. 16.

10

b. Zentral- ladinisch	30.000-38.000	verschiedene Dolomitentäler,Comelico und Teile des Cadore (Italien)
c. Friaulisch	600.000-700.000	Region Friuli - Venezia Giulia
10. Franko- provenza- lisch	unter 200.000[2]	Südostfrankreich (mit dem Lyonnais, Savoyen, nördliche Dauphiné mit Grenoble) und die Suisse Romande (ohne den Berner Jura)
11. Dalmatisch	Ausgestorben im Jahre 1898	Dalmatinische Küste und vorge-lagerte Inseln

Literaturangaben:

H. Haarmann, Soziologie und Politik der Sprachen Europas, München 1975;
S. Salvi, Le lingue tagliate. Storia delle minoranze linguistiche in Italia, Milano 1975;
Un milliard de Latins en l'an 2000, Paris 1983;

M. Malherbe, Les langages de l'humanité, Paris 1983;
M. Sala/I. Vintilă-Rădulescu, Les langues du monde, Bucureşti-Paris 1984;
M. Sala (ed.), Enciclopedia limbilor romanice, Bucureşti 1989.

Über die geographische Ausdehnung der Sprachräume der romanischen Sprachen unterrichten im allgemeinen die Handbücher zur romanischen Sprachwissen-schaft; wir verweisen für Einzelheiten zu dieser Frage insbesondere auf C. Tagliavini, Einführung in die romanische Philologie, München 1973.

Aufgabe:

Vertiefen Sie Ihre Kenntnis von der Verbreitung der romanischen Sprachen und Dialekte in Europa und in der Welt, indem Sie die entsprechenden Kar-ten in L. Renzi, Einführung in die romanische Sprachwissenschaft, Tübin-gen 1980, Anhang Tafeln I und III: 1-4, sowie in M. Pei, The Story of Latin and the Romance Languages, New York - San Francisco - London 1976, auf SS. 160-161, 214-215, 38-39, studieren.

2. Die Verbreitung der italienischen Sprache

Wie wir gesehen haben, steht das Italienische als historische Sprache, d.h. Gemeinsprache mit all ihren (dialektalen) Varietäten, aufgrund seiner rund 60 Millionen muttersprachlicher Sprecher etwa an 12. Stelle in der Rangliste der meistgesprochenen Sprachen der Welt.

Wo wird nun Italienisch gesprochen? (Wir folgen in unserer Darstellung weitgehend C. Tagliavini, Einführung, 1973):

---

2 Nach LRL V,1; 679.

- In der Republik Italien: Italienisch und seine Dialekte (vgl. aber auch S. 12ff.)
- Im Staat Vatikanstadt
- In der Republik San Marino (südwestlich von Rimini gelegen):
  Romagnolischer Dialekt, Amtssprache: Italienisch
- z.T. in der Schweiz: Im Kanton Tessin und in vier Tälern im Kanton Grau-
  bünden: Die lokalen Mundarten gehören zum lombardischen Dialekttyp; das
  Italienische ist eine der vier Nationalsprachen und eine der drei Amts-
  sprachen der Schweiz
- Auf französischem Territorium:
  Auf Korsika: Die korsischen Dialekte gehören im wesentlichen zum toskani-
  schen Typ, z.T. stehen sie auch dem Sardischen nahe. Die Amtssprache ist
  jedoch Französisch, da die Insel seit 1768 politisch zu Frankreich gehört.
  Im Umkreis von Nizza (erst 1860 an Frankreich gekommen) sowie teilweise
  im Fürstentum Monaco.
- In den Gebieten von Julisch-Venetien und von Istrien, die nach dem zweiten
  Weltkrieg zu Jugoslawien kamen: teilweise venezische Mundarten, teilweise
  Istrisch (insgesamt nur noch geringe Sprecherzahl).
  In den wichtigsten Städten an der dalmatinischen Küste, z.B. Zadar (Zara),
  Split (Spalato): Venezisch (insgesamt geringe Sprecherzahl).
- Auf der Insel Malta: Italienisch traditionell als Bildungssprache (Das
  Maltesische ist eine arabische Sprache, vgl. evtl. F. Krier, Le maltais
  au contact de l'italien, Hamburg 1976).
- In bestimmten Regionen der USA, v.a. in Städten, in Südamerika insbesondere
  in der Río de la Plata-Region und in Brasilien (italienische Einwanderer).
- In Industrieländern Europas, z.B. Bundesrepublik Deutschland, Holland
  (italienische "Gastarbeiter").
- Z.T. noch in ehemaligen italienischen Kolonien (des ausgehenden 19. und
  des 20. Jahrhunderts) in Afrika: v.a. Eritrea, Italienisch-Somaliland,
  Libyen.

3. Die Sprachen auf dem Territorium des heutigen Italien

Es ist zwar bekannt, aber man ist sich der Tatsache oft nicht genügend be-
wußt, daß die Republik Italien - ähnlich wie Frankreich - ein Vielsprachen-
staat ist. 2,5-3 Millionen Menschen in Italien sprechen als Muttersprache eine nichtitalienische Sprache; sie stellen 'alloglotte' Minderhei-
ten in der italienischen Sprach- und Kulturgemeinschaft dar, mit all den

12

Problemen, die S. Salvi in seinem bereits zitierten Buch Le lingue tagliate
dramatisch und engagiert aufgezeigt hat (die in diesem Kapitel angeführten
Sprecherzahlen wurden in den meisten Fällen diesem Buch entnommen). Es sind
insgesamt 10 nichtitalienische Sprachen aus verschiedenen indogermanischen
Sprachgruppen, die von italienischen Staatsangehörigen als Muttersprache auf
italienischem Boden gesprochen werden, wobei allerdings hinzuzufügen ist,
daß diese Personen heute in einer Situation der Zwei- oder Mehrsprachigkeit
leben, was praktisch heißt, daß sie auch das Italienische zumindest in einer
seiner Varietäten kennen und gebrauchen.

Welches sind nun diese nichtitalienischen Sprachen und wo in Italien
werden sie gesprochen?

L i t e r a t u r a n g a b e n :

Wir verweisen für genauere Information insbesondere auf folgende Arbeiten:
C. Tagliavini, Einführung in die romanische Philologie, München 1973;
T. de Mauro, Storia linguistica dell'Italia unita, I, II, Bari 1976
   [erstmals 1963];
S. Salvi, Le lingue tagliate, Milano 1975: Enthält ein Verzeichnis aller
   "alloglotten" Gemeinden Italiens (SS. 261-283);
K. Bochmann, Regional- und Nationalitätensprachen in Frankreich, Italien
   und Spanien, Leipzig 1989;
G.B. Pellegrini, Carta dei dialetti d'Italia, Pisa 1977 (commento, mit einer
   sehr übersichtlichen Sprachenkarte von Italien).

R o m a n i s c h e Sprachen

Neben dem Italienischen als Landessprache mit seinen Dialekten (s. I.4.) werden auf dem Territorium des heutigen Italien folgende romanische Sprachen gesprochen:

1) O k z i t a n i s c h : Das okzitanische Sprachgebiet hat jenseits der
   französisch-italienischen Staatsgrenze seine Ausläufer in Piemont: Es
   handelt sich um die italienische Seite der Westalpen in den Provinzen
   Turin und Cuneo (bekanntere Orte im okzitanischen Sprachbereich Italiens
   sind z.B. Sestriere, Oulx, Torre Pellice). Eine okzitanische Sprachinsel
   in der Provinz Cosenza ist Guardia Piemontese (AIS - s.S. 43 - Punkt 760).
   Zahl der Okzitanischsprecher in Italien: ca. 200.000.

2) F r a n k o p r o v e n z a l i s c h : Auch das frankoprovenzalische
   Sprachgebiet findet jenseits der französischen und der schweizerischen
   Grenze eine Fortsetzung in Piemont (in der Alpenregion der Provinz Turin,
   jedoch nördlich vom okzitanischen Sprachgebiet) und v.a. in der Valle (Val)
   d'Aosta. Frankoprovenzalische Einsprengsel in der Provinz Foggia sind
   Celle di San Vito und Faeto (vgl. D. Kattenbusch, Das Frankoprovenzalische
   in Süditalien, Tübingen 1982). In der autonomen Region Valle d'Aosta haben
   Französisch und Italienisch offiziellen Status.

In staatlichen italienischen Verlautbarungen wird die Sprache der Be-
wohner der Valle d'Aosta immer wieder als "Französisch" bezeichnet. Dazu
ein Kommentar von C. Tagliavini (Einführung, München 1973, S. 344 Fn. 138):

Wenn man also üblicherweise sagt, in der Val d'Aosta werde Französisch gesprochen, dann sagt man damit etwas Richtiges und etwas Unrichtiges zu-
gleich; etwas Unrichtiges, insofern die örtliche Mundart nicht französisch,
sondern frankoprovenzalisch ist; etwas Richtiges, insofern das Französische
aus kulturhistorischen Gründen (Bindung an Savoyen, vorwiegend französischer Klerus) lange Zeit hindurch die Bildungssprache im ganzen Aostatal
war und zum großen Teil - mit durch Regionalverordnungen anerkannten Son-
derrechten - noch heute ist.

S. Salvi gibt die Zahl der Sprecher des Frankoprovenzalischen in Italien
mit ca. 90.000 an, andere Quellen mit ca. 70.000.

3) R ä t o r o m a n i s c h :

a) F r i a u l i s c h (vgl. auch I.1.): Das Sprachgebiet der friauli-
schen Dialekte entspricht der autonomen Region Friuli - Venezia Giulia
und einer kleinen Zone im Veneto. Häufig herrscht Trilinguismus: Itali-
nische Standardsprache, venezischer Dialekt und Friaulisch. Die Angaben
über die Zahl der Friaulischsprecher schwanken zwischen ca. 430.000 (nach
Haarmann) und ca. 700.000 (nach Salvi).

b) Z e n t r a l l a d i n i s c h (vgl. auch I.1.): Zentralladinische
Dialekte werden in den Dolomitentälern um das Sellamassiv (Fassatal,
Gröden, Gadertal, Enneberg, Buchenstein [Livinallongo], Ampezzo) sowie im
Comelico und in Teilen des Cadore gesprochen.
Bilinguismus je nach Region mit dem Deutschen oder mit dem Italienischen.
Sprecherzahl: ca. 30.000 (Salvi) - 38.000 (Kattenbusch).

4) S a r d i s c h : Das Sardische, auf der Insel Sardinien gesprochen,
gliedert sich in vier Hauptdialekte:
das Logudoresische: Im Zentrum der Insel; dieser Dialekt wird als
                     Prestigeform des Sardischen betrachtet;
das Campidanesische: im Süden der Insel;
das Galluresische: im Nordosten der Insel; } stehen italienischen Fest-
das Sassaresische: im Nordwesten der Insel } landdialekten nahe.
Weitgehende Zweisprachigkeit (Sardisch und Italienisch).
Sprecherzahl: ca. 1 Million (Haarmann) - ca. 1,2 Millionen (Salvi, ohne
den Norden mitzurechnen).

5) K a t a l a n i s c h : Aus der Zeit der aragonesischen Herrschaft über
Sardinien im ausgehenden Mittelalter hat sich als katalanische Sprach-
insel die Stadt Alghero (kat.: L'Alguer) an der Westküste der Insel
(Provinz Sassari) bis heute erhalten. Die Katalanischsprecher von Alghero

14

sind zweisprachig (Katalanisch und Italienisch), z.T. kennen sie auch
die sardischen Mundarten der Umgegend.
Sprecherzahl: ca. 15.000 (nach Salvi).

Die weiteren Sprachen aus indogermanischen Sprachgruppen, die außer den erwähnten romanischen Sprachen auf dem Boden des heutigen Italien gesprochen
werden, sollen in der Reihenfolge ihrer numerischen Wichtigkeit angeführt
werden:

G e r m a n i s c h e Sprachen

D e u t s c h : Das bedeutendste und kompakteste deutschsprachige Gebiet
stellt Südtirol, it.: *l'Alto Adige* (kam nach dem ersten Weltkrieg an Italien),
dar (wichtige Städte: Bozen - Bolzano, Meran - Merano, Brixen - Bressanone);
es wird dort ein südbairischer Dialekt gesprochen. Der Status der Diglossie
(Deutsch und Italienisch) in dieser autonomen Region ist inzwischen staatlich
anerkannt.

> Daneben gibt es noch eine Reihe verstreuter deutschsprachiger Sprach-
> inseln in Oberitalien, und zwar handelt es sich um einige Gemeinden in
> folgenden Provinzen (von West nach Ost): Aosta, Vercelli, Novara, Verona,
> Trento, Vicenza, Belluno und Udine.

Sprecherzahl:

Südtirol	ca. 280.000
Sprachinseln in Oberitalien	ca. 15.000 (stark italianisiert)
	ca. 295.000.

S l a v i s c h e Sprachen

1) S l o v e n i s c h : Eine slovenische Sprachzone erstreckt sich als Strei-
   fen der italienischen Staatsgrenze zum ehem. Jugoslawien vorgelagert in
   der autonomen Region Friuli - Venezia Giulia, und zwar in den Provinzen
   Udine, Gorizia und Trieste. Es herrscht hier weitgehend Zweisprachigkeit
   (Slovenisch und Italienisch), z.T. sogar Dreisprachigkeit (+ Friaulisch).
   Zahl der Sprecher: 100.000-125.000.
2) (S e r b o) K r o a t i s c h : Drei Orte in der Provinz Campobasso
   (Molise) bilden eine kleine (serbo)kroatische Sprachinsel (existiert
   seit dem 15. Jahrhundert) mit ca. 3.500 Sprechern.

A l b a n i s c h

"Il numero più cospicuo di oasi o isole linguistiche alloglotte in Italia è
costituito dalle colonie albanesi" (G.B. Pellegrini, Carta dei dialetti
d'Italia, Pisa 1977, S. 45).

Rund 45 albanischsprachige Gemeinden verteilen sich noch heute von der
Provinz Pescara bis Sizilien unregelmäßig über das süditalienische Territorium.
Eine Massierung albanischsprachiger Orte ist in Kalabrien (insbesondere in
der Provinz Cosenza, weniger in der Provinz Catanzaro) festzustellen, wohin-
gegen in der Basilicata (Provinz Potenza), im Molise (Provinz Campobasso), in
Apulien (Provinz Foggia) und auf Sizilien (Provinz Palermo) nur eine kleine
Zahl solcher Sprachinseln anzutreffen ist (die ersten albanischen Siedlungen
reichen in das 15. Jahrhundert zurück).
Diglossie (Albanisch, Italienisch).
Zahl der Sprecher: ca. 110.000.

Griechisch

In zwei verschiedenen Zonen des südlichsten Unteritalien existieren griechische Sprachinseln:
1. Das griechischsprachige Gebiet mit der höheren Sprecherzahl (ca. 15.000)
liegt im südlichen Apulien (Salento), in der Terra d'Otranto, südlich von
Lecce, und umfaßt heute noch 8 Gemeinden (z.B. Calimera, Sternatîa);
2. das kleinere griechische Sprachgebiet (ca. 5.000 Sprecher) liegt in Südkalabrien, östlich von Reggio, an der Südseite des Aspromonte, und besteht
nur noch aus 4-5 Gemeinden (am bekanntesten: Bova).
Sprecherzahl insgesamt: ca. 20.000 (heute eher weniger, evtl. nur ca. 12.500,
laut Lettera dall'Italia I,2, 1986, S. 39).
Zur noch andauernden Kontroverse über die Herkunft der unteritalienischen
Gräzität: siehe S. 129f..

Aufgaben (Für Italianisten mit Französisch als weiterem Studienfach):

Vergleichen Sie die nichtitalienischen Sprachen in Italien mit den nicht-
französischen Sprachen in Frankreich in bezug auf:
a) Zahl und genealogische Klassifizierung der Sprachen
b) die Ausdehnung der betreffenden Sprachgebiete und die Zahl der Sprecher
c) den soziolinguistischen Status der Minderheitensprachen und ihrer Sprecher.

4.1. Die dialektale Gliederung des Italienischen

Literaturangaben (in Auswahl):

a) Zur überblickartigen Orientierung:

C. Tagliavini, Einführung in die romanische Philologie, München 1973,
SS. 318-338;
G. Rohlfs, "La struttura linguistica dell'Italia", in: G. Rohlfs, Studi
e ricerche su lingua e dialetti d'Italia, Firenze 1972, SS. 6-25;
C. Grassi, Corso di storia della lingua italiana, Parte I: Elementi di
dialettologia italiana, Torino 1966.

16

b) Neuere Gesamtdarstellungen:

   T. de Mauro, La lingua italiana e i dialetti, Firenze 1969 (11 Hefte nach
     Regionen gegliedert, mit Dialekttexten);
   G. Devoto/G. Giacomelli, I dialetti delle regioni d'Italia, Firenze 1972
     (mit Dialektproben);
   G.B. Pellegrini, Carta dei dialetti d'Italia, Pisa 1977.
   Überschaubare Monographien zu den verschiedenen Dialektzonen Italiens gibt
   das Centro di Studio per la Dialettologia Italiana unter dem Titel
   Profilo dei dialetti italiani (a cura di Manlio Cortelazzo) heraus, z.B.
   Bd. 1: G. Berruto, Piemonte e Valle d'Aosta, Pisa 1974; Bd. 5: A. Zamboni,
   Veneto, Pisa 1974; Bd. 9: L. Giannelli, Toscana, Pisa 1976 und Bd. 17:
   H. Lüdtke, Lucania, Pisa 1979.

c) Zu theoretischen und wissenschaftsgeschichtlichen Fragen der (italienischen)
   Dialektologie und der Sprachgeographie:
   F. Coco, Introduzione allo studio della dialettologia italiana, Bologna
     1977;
   M. Cortelazzo, Avviamento critico allo studio della dialettologia
     italiana, I: Problemi e metodi, Pisa 1969 (III: Lineamenti di italiano
     popolare, Pisa 1976);
   E. Coseriu, Die Sprachgeographie, Tübingen 1975.

4.1.1. Was hat man unter "Dialekt" zu verstehen?

Daß der Begriff "Dialekt" etwas mit sprachlicher Variation im Raum (Diatopie)
zu tun hat und daß er dem Begriff "Sprache" ("Hochsprache", "Gemeinsprache")
gegenübersteht, ist unbestritten. Beide Begriffe, "Dialekt" und "Sprache",
stellen für das intuitive Verständnis keine Schwierigkeit dar, sind jedoch
wissenschaftlich nur sehr schwer abzugrenzen, da der Unterschied nur zum Teil
durch linguistische Kriterien bestimmt ist. Welches sprachliche System üblicherweise als "Dialekt" oder als "Sprache" angesehen wird, wird meist von
kulturgeschichtlichen (Prestigefragen, Vorhandensein oder Fehlen einer Literatursprache u.ä.) und politischen Faktoren bestimmt. So werden z.B. Piemontesisch und Sizilianisch als Dialekte, Spanisch und Portugiesisch dagegen
als Sprachen betrachtet, obwohl das linguistische Kriterium der Verstehbarkeit
eher für die erwähnten iberoromanischen als für die beiden italoromanischen
Sprachsysteme zutrifft.

   Language and dialect are relative concepts without necessarily clear
   boundaries; ... But they are psychologically and socially real concepts,
   acknowledged by laymen in various ways. Culture often includes areas
   that cannot be 'scientifically' defined, for example, astrology and
   mythological concepts, and there is nothing peculiar in the notion of
   dialect being a 'clear' concept of 'folk science' rather than strict
   linguistics (R. Anttila, An Introduction to Historical and Comparative
   Linguistics, New York - London 1972, S. 289).

Vgl. auch W. Dietrich/H. Geckeler, Einführung in die spanische Sprachwissenschaft, Berlin 1990, SS.31-32.

In intern-sprachwissenschaftlicher Hinsicht ist die Frage, ob ein Sprachsystem
als Sprache oder Dialekt bezeichnet wird, unwesentlich und letztlich konven-

tioneller Natur, denn sowohl Sprache als auch Dialekt werden linguistisch als
ein System (oder Diasystem) von Isoglossen (Isoglosse = Begrenzungslinie für
ein Gebiet, das durch eine bestimmte sprachliche Erscheinung von einem anderen Gebiet unterschieden ist) in einer Region definiert, wobei Art und Zahl der
Isoglossen vom Sprachwissenschaftler festgelegt werden (Beispiele für sprachliche Fakten, auf denen Isoglossen im italienischen Dialektbereich beruhen,
werden bei der Charakterisierung der einzelnen italienischen Dialekte angeführt werden). Für die gut untersuchten Sprachgebiete existiert jedoch eine
traditionelle Einteilung in Sprachen und Dialekte, die im allgemeinen aus
praktischen und didaktischen Gründen akzeptiert wird.

> NB: Die Termini "Dialekt" und "Mundart" werden meist synonym gebraucht.
> Für eine ausführliche Diskussion des Begriffs (und Terminus) "Dialekt"
> sowie seines Umfeldes verweisen wir auf: M. Cortelazzo, Avviamento critico
> I, SS. 9-27, und H. Löffler, Probleme der Dialektologie. Eine Einführung,
> Darmstadt 1974, SS. 1-10.

H. Löffler schlüsselt die verschiedenen Elemente, die zur Definition von
"Dialekt" in Abhebung gegen "Hochsprache" gemeinhin herangezogen werden, folgendermaßen auf: 1. "Das linguistische Kriterium" (Dialekt = "eine Sprach-
system-Variante mit ungestörter Verstehbarkeit"); 2. "das Kriterium des Ver-
wendungsbereiches" (Dialekt wird verwendet für den "familiär-intimen Bereich,
örtlichen Bereich und Arbeitsplatz, mündliches Sprechen"); 3. "das Kriterium
der Sprachbenutzer" (betrifft die sozio-kulturelle Zugehörigkeit der (Dialekt-)
Sprecher); 4. "das Kriterium der sprachgeschichtlichen Entstehung" (Dialekt
als zeitliche Vorstufe einer Gemeinsprache); 5. "das Kriterium der räumlichen
Erstreckung" (Dialekt hat eine geringere räumliche Verbreitung als die Hochsprache, die überregional gilt); 6. "das Kriterium der kommunikativen Reichweite" (Dialekt ist "von begrenzter und dadurch minimaler kommunikativer
Reichweite; geringster Verständigungsradius").

Schließlich gibt der Autor einen Versuch wieder, "Mundart oder Dialekt
unter Berücksichtigung möglichst vieler Kriterien zu definieren" (Löffler,
SS.9-10):

> Mundart ist stets eine der Schriftsprache vorangehende, örtlich gebundene,
> auf mündliche Realisierung bedachte und vor allem die natürlichen, all-
> täglichen Lebensbereiche einbeziehende Redeweise, die nach eigenen, im
> Verlaufe der Geschichte durch nachbarmundartliche und hochsprachliche
> Einflüsse entwickelten Sprachnormen von einem großen heimatgebundenen
> Personenkreis in bestimmten Sprechsituationen gesprochen wird.

Nun ist jedoch die heutige sprachliche Situation in Italien durch die Alter-
native "Hochsprache/Dialekt" nicht adäquat beschrieben, denn je nach dem
Allgemeinheitsgrad der Isoglossen lassen sich etwa folgende Stufen bzw. Zwischenstufen ansetzen:

- italiano (letterario, o colto, o scritto)
- italiano 'regionale'
- dialetto 'regionale'
- dialetto locale;

Vgl. dazu F. Coco, Introduzione, SS. 123-126 und M. Cortelazzo, Avviamento I,
SS. 184-198.

Die sich aus dieser sprachlichen Situation ergebenden Fragen des "Bilinguismus" (bzw. "Plurilinguismus") und der "Diglossie" werden von der
S o z i o l i n g u i s t i k , einer heute sehr aktiven neueren sprachwissenschaftlichen Disziplin, die in Italien stark vertreten ist (besondere Zentren
in Görz [Gorizia] und Turin, Padua, Trient, Rom, Lecce u.a.), untersucht; vgl.
z.B. Bilinguismo e diglossia in Italia, Pisa s.a. (Consiglio Nazionale delle
Ricerche, Centro di Studio per la Dialettologia Italiana, 1). Als einführende
Orientierung: B. Schlieben-Lange, Soziolinguistik. Eine Einführung, Stuttgart -
Berlin - Köln - Mainz 1978[2] (dort zu Italien: SS. 51-52); vgl. auch III.2.4.

4.1.2. Die Gliederung der italienischen Dialekte

> In un profilo linguistico dell'Italia non si può e non si deve trascurare
> lo studio dei dialetti, la cui varietà e la cui ricchezza sono di gran lunga
> superiori alla varietà e ricchezza dei dialetti degli altri paesi neolatini
> (G. Bertoni, Profilo linguistico d'Italia, Modena 1940, S. 9).

Dieses Urteil über "l'Italia dialettale" hebt dieses Land wegen seiner komplexen dialektalen Konfiguration ab von Ländern wie z.B. Frankreich und
Spanien, die aufgrund anderer historischer Bedingungen - zumindest heute -
diatopisch relativ homogene Sprachgebiete, was das Französische und das
Spanische selbst betrifft, darstellen. Italien, noch weit stärker als Deutschland, ist bis heute ein Eldorado für Dialektforscher geblieben, obwohl durch
Auswanderung und Binnenwanderung sowie durch den Einfluß der Massenmedien
auch in Italien viele Dialekte in ihrer Existenz ernsthaft bedroht sind. Um
einen Eindruck von der Vielfalt der italienischen Dialekte im 19. Jahrhundert
bzw. zu Beginn unseres Jahrhunderts zu vermitteln, verweisen wir auf G. Pa-
pantis Textsammlung I parlari italiani in Certaldo alla festa del V Centenario
di Messer Giovanni Boccacci (Livorno 1875), eine Anthologie von rund 700
Fassungen der Novelle I, 9 des Decamerone, 651 davon in italienischen und
52 in nicht-italienischen Dialekten Italiens, sowie auf den monumentalen Sprachatlas von K. Jaberg/J. Jud, Sprach- und Sachatlas Italiens und der Südschweiz
(Abkürzung: AIS), I-VIII, Zofingen 1928-1940.

Das Studium der italienischen Dialekte ist nicht nur wichtig als eine Sek-

tion der italienischen Linguistik, sondern hat darüber hinaus Paradigma-
Charakter für die romanische Sprachwissenschaft allgemein, denn eine Großzahl
der sprachlichen Erscheinungen, durch die diese oder jene Sprache oder Mundart
der Romania charakterisiert ist, läßt sich auch im italienischen Dialektraum
nachweisen (so findet sich z.B. der altkastilische - und gaskognische - Lautwandel f- > h- auch in verschiedenen italienischen Mundarten, vgl. G. Rohlfs,
Grammatica storica della lingua italiana e dei suoi dialetti, I: Fonetica,
Torino 1966, § 154). P. Tekavčić, Grammatica storica dell'italiano, I:
Fonematica, Bologna 1972, S. 5, (1980²), faßt diesen Sachverhalt in die Worte:

> Data la varietà dei dialetti italiani ed i contatti costanti fra
> l'Italia e la maggior parte della rimanente Românìa, non c'è da
> stupirsi che l'Italia presenti tanto di quello che si ritrova anche
> nelle altre aree romanze, che essa in molti casi sia addirittura una
> Românìa 'in miniatura'.

Italien hat teil am Zentrum und an der Peripherie der Romania.

Wenn man von "italienischen Dialekten" spricht, so kann damit grundsätzlich
zweierlei gemeint sein: erstens "Dialekte Italiens", d.h. Dialekte, die auf
dem italienischen Territorium gesprochen werden, also z.B. auch okzitanische,
rätoromanische, deutsche Dialekte, vgl. Kap. I.3., zweitens "Dialekte des
Italienischen", d.h. Dialekte, die der 'historischen Sprache' "Italienisch"
zugerechnet werden, wie z.B. Lombardisch, Toskanisch, Sizilianisch. Nur in diesem letzteren Sinne verwenden wir hier den Ausdruck "italienische Dialekte".

Auf seiner Suche nach dem *volgare illustre* unterscheidet Dante bereits
zu Beginn des 14. Jahrhunderts in seinem Traktat "De vulgari eloquentia"
(I,x) 14 Dialekte auf dem Boden Italiens, die durch den Apennin in einen lin-
ken und rechten Block aufgeteilt sind. Jeder dieser Hauptdialekte weist nach
Dante weitere Variation, d.h. Unterdialekte, auf, deren Gesamtzahl sich auf
weit über 1000 belaufe.

Nach Leonardo Salviati im 16. Jahrhundert soll im 19. Jahrhundert für die
Zeit vor der Begründung der eigentlichen wissenschaftlichen Dialektologie vor
allem an Arbeiten von C.L. Fernow (1763-1808) und B. Biondelli (1804-1886)
zur Einteilung der Dialekte Italiens erinnert werden. Der in der heutigen
Romanistik weitgehend unbekannte deutsche Kunsthistoriker und Kunstkritiker
Fernow teilte die italienischen Dialekte in eine nördliche und eine südliche
Gruppe ein, wobei er dem Toskanischen eine Mittelstellung zuerkannte. Wir
haben hier in nuce schon die heute übliche dreiteilige Grob-Klassifizierung
der italienischen Dialekte vor uns, vgl. unten.

Zu Fernow: H. Thun, "Carl Ludwig Fernow (1763-1808). Sein Beitrag zur
Romanistik und zur Italianistik", in: H.-J. Niederehe/H. Haarmann (Hrg.),

In Memoriam Friedrich Diez. Akten des Kolloquiums zur Wissenschafts-
geschichte der Romanistik Trier, 2.-4. Okt. 1975, Amsterdam 1976, SS.
145-173.

Biondelli unterschied bereits in seinem Saggio sui dialetti gallo-italici,
Milano 1853, u.a. eine "gallo-italienische" Dialektgruppe (bestehend für
Biondelli aus Lombardisch, Emilianisch und Piemontesisch), die auch heute noch
fester Bestandteil der italienischen Dialektgeographie ist. G. I. Ascoli, der
in der Geschichte der Sprachwissenschaft als Begründer der Dialektologie der
romanischen Sprachen gilt, schrieb 1880 für die Encyclopaedia Britannica eine
Abhandlung über die Dialekte Italiens, die auch in italienischer Version unter
dem Titel "L'Italia dialettale" in der Zeitschrift Archivio Glottologico
Italiano 8 (1882-85), SS. 98-128, erschien.

Ascoli teilt die Dialekte Italiens aufgrund des Kriteriums des Grades
ihrer Affinität zum Toskanischen bzw. zur italienischen Literatursprache
folgendermaßen ein:

A. "Dialetti che dipendono, in maggiore o minor parte, da sistemi
   neo-latini non peculiari all'Italia": Ascoli führt hier die frankoprovenzalischen (und provenzalischen) sowie die rätoromanischen
   Dialekte an, die auf dem (damaligen) Territorium Italiens gesprochen
   wurden bzw. werden.
B. "Dialetti che si distaccano dal sistema italiano vero e proprio, ma
   pur non entrano a far parte di alcun sistema neo-latino estraneo
   all'Italia": Dazu rechnet Ascoli 1. die galloitalienischen Dialekte,
   wobei er vier große Untergruppen unterscheidet:
   a) il ligure, b) il pedemontano, c) il lombardo, d) l'emiliano;
   2. die sardischen Dialekte: il logudorese o centrale; il campidanese
   o meridionale; il gallurese o settentrionale.
C. "Dialetti che si scostano, più o meno, dal tipo schiettamente
   italiano o toscano, ma pur possono entrare a formar col toscano uno
   speciale sistema di dialetti neo-latini": Hierunter ordnet Ascoli
   il veneziano, il côrso, i dialetti di Sicilia e delle provincie
   napolitane, i dialetti dell'Umbria, delle Marche e della provincia
   romana ein. Es handelt sich hier u.a. - in heutiger Terminologie -
   um die "dialetti centro-meridionali".
D. "Il toscano e il linguaggio letterario degli Italiani."

Während das Toskanische bzw. das Florentinische als das *italiano per eccellenza*
durch seine Nähe zum Vulgärlatein, d.h. durch seinen Konservatismus, von Ascoli
charakterisiert wird, weisen die anderen italienischen Dialekte zum Teil tief-
greifende sprachliche Veränderungen gegenüber dem Toskanischen auf; solchen
Sprachwandel führt Ascoli auf den Einfluß des ethnischen Substrats (vgl. Kap.
III.1.3.) zurück.

Wenn wir von Ascolis Sektion A. absehen und das Sardische aus Sektion B.
herausnehmen, haben wir in großen Zügen die Gliederung der italienischen Dialekte (im o.a. Sinne) vor uns, von der C. Grassi (s.v. "dialetto", in: Grande

Dizionario Enciclopedico UTET, VI, S. 254) mit Recht sagt: "La classificazione
adottata dall'Ascoli è rimasta valida fino a oggi, ..."

Clemente Merlo, ein dezidierter Verfechter der Substratthese, nahm die
Dialektgliederung von Ascoli in einem Aufsatz mit dem gleichen Titel "L'Italia
dialettale" in der von ihm begründeten gleichnamigen Zeitschrift Bd. 1(1925),
SS. 12-26, wieder auf, akzeptierte sie grundsätzlich, brachte an dieser Einteilung jedoch einige Korrekturen an. So z.B. rechnet Merlo das inzwischen
erloschene Vegliotische (dalmatischer Dialekt) noch zu Ascolis Sektion A.,
räumt dem Sardischen, bei Ascoli in Sektion B., eine Sonderstellung unter den
romanischen Sprachen ein (es müßte nach F. Coco, Introduzione, Bologna 1977,
SS. 113-114, daher auch in Sektion A. erscheinen), integriert Ascolis
galloitalienische Dialekte in seine größere Gruppe "dialetti italiani
settentrionali", denen er aus Ascolis Sektion C. noch die venezischen Dialekte
zuschlägt (hier folgt Merlo C. Salvioni). Ascolis Sektion C. (ohne das Venezische und das Korsische) faßt Merlo unter "dialetti italiani centro-meridionali" und unterteilt diese in

a) "la sezione marchigiano - umbro - romanesca",
b) "la sezione abruzzese - pugliese settentrionale e molisano - campano -
   basilisca" und
c) "la sezione salentina e calabro - sicula".

Ascolis Sektion D. erscheint bei Merlo als "dialetti toscani" mit einer Unterteilung in vier Hauptzonen:

1. "la sezione centrale o fiorentina",
2. "la sezione occidentale" (mit Pisa, Lucca und Pistoia),
3. "la sezione senese" und
4. "la sezione aretina o chianaiuola".

Cl. Merlo publizierte die von ihm revidierte Version von Ascolis Einteilung
der italienischen Dialekte erneut in dem Kapitel "Lingue e dialetti d'Italia"
(in: Terra e nazioni. L'Italia - caratteri generali per Assunto Mori, Milano
1936, SS. 257-280); dieses dreigliedrige Schema liegt auch der Darstellung der
italienischen Dialekte in C. Tagliavinis Einführung, München 1973, SS. 316-338,
zugrunde, welcher wir in unserem nachstehenden summarischen Überblick über die
italienischen Dialekte weitgehend folgen werden.

Zuvor sei noch auf einen anderen Gliederungsversuch hingewiesen: Anstatt
der üblichen Dreigliederung der italienischen Mundarten schlägt H. Lausberg
(Romanische Sprachwissenschaft, I, Berlin 1969[3], S. 53) nach dem Kriterium
Westromania/Ostromania (vgl. Kap. I.1.) eine Zweiereinteilung vor:

1. Westromanischer Anteil: Norditalien
   a) Galloitalienische Mundarten
   b) Venezianisch und Istrisch

2. Ostromanischer Anteil:
   a) Mittelitalienische Mundarten:
      - Toskana mit Korsika
      - Marken (mit Ancona), Umbrien, Latium
   b) Süditalienische Mundarten: Abruzzen, Kampanien, Apulien,
      Lukanien, Kalabrien, Sizilien.

Wie bereits erwähnt, werden die italienischen Mundarten meist in drei große
Dialektgruppen (I., II., III.) mit weiteren Untergliederungen (A., B., ...;
a), b), c) ...) eingeteilt:

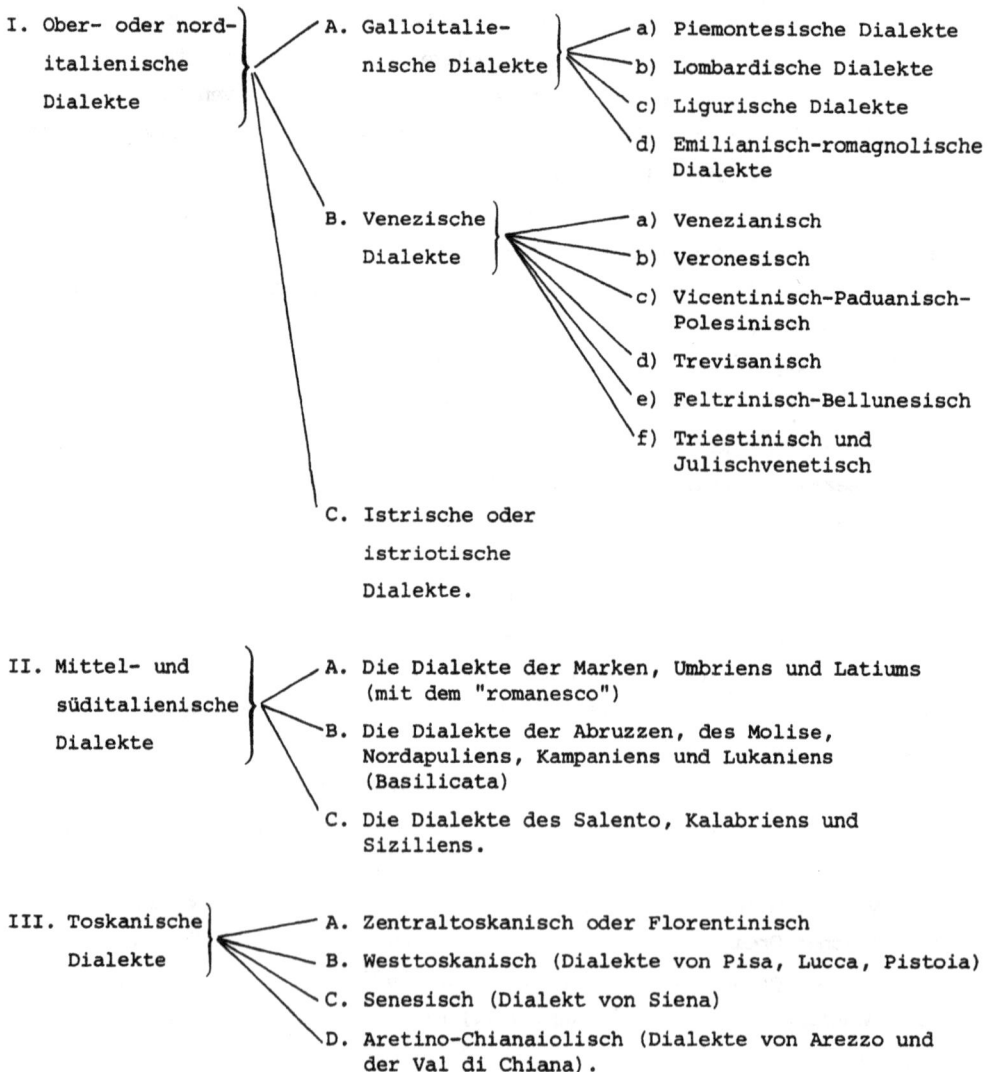

I. Ober- oder nord-
   italienische
   Dialekte

A. Galloitalie-
   nische Dialekte
   - a) Piemontesische Dialekte
   - b) Lombardische Dialekte
   - c) Ligurische Dialekte
   - d) Emilianisch-romagnolische
        Dialekte

B. Venezische
   Dialekte
   - a) Venezianisch
   - b) Veronesisch
   - c) Vicentinisch-Paduanisch-
        Polesinisch
   - d) Trevisanisch
   - e) Feltrinisch-Bellunesisch
   - f) Triestinisch und
        Julischvenetisch

C. Istrische oder
   istriotische
   Dialekte.

II. Mittel- und
    süditalienische
    Dialekte

A. Die Dialekte der Marken, Umbriens und Latiums
   (mit dem "romanesco")
B. Die Dialekte der Abruzzen, des Molise,
   Nordapuliens, Kampaniens und Lukaniens
   (Basilicata)
C. Die Dialekte des Salento, Kalabriens und
   Siziliens.

III. Toskanische
     Dialekte

A. Zentraltoskanisch oder Florentinisch
B. Westtoskanisch (Dialekte von Pisa, Lucca, Pistoia)
C. Senesisch (Dialekt von Siena)
D. Aretino-Chianaiolisch (Dialekte von Arezzo und
   der Val di Chiana).

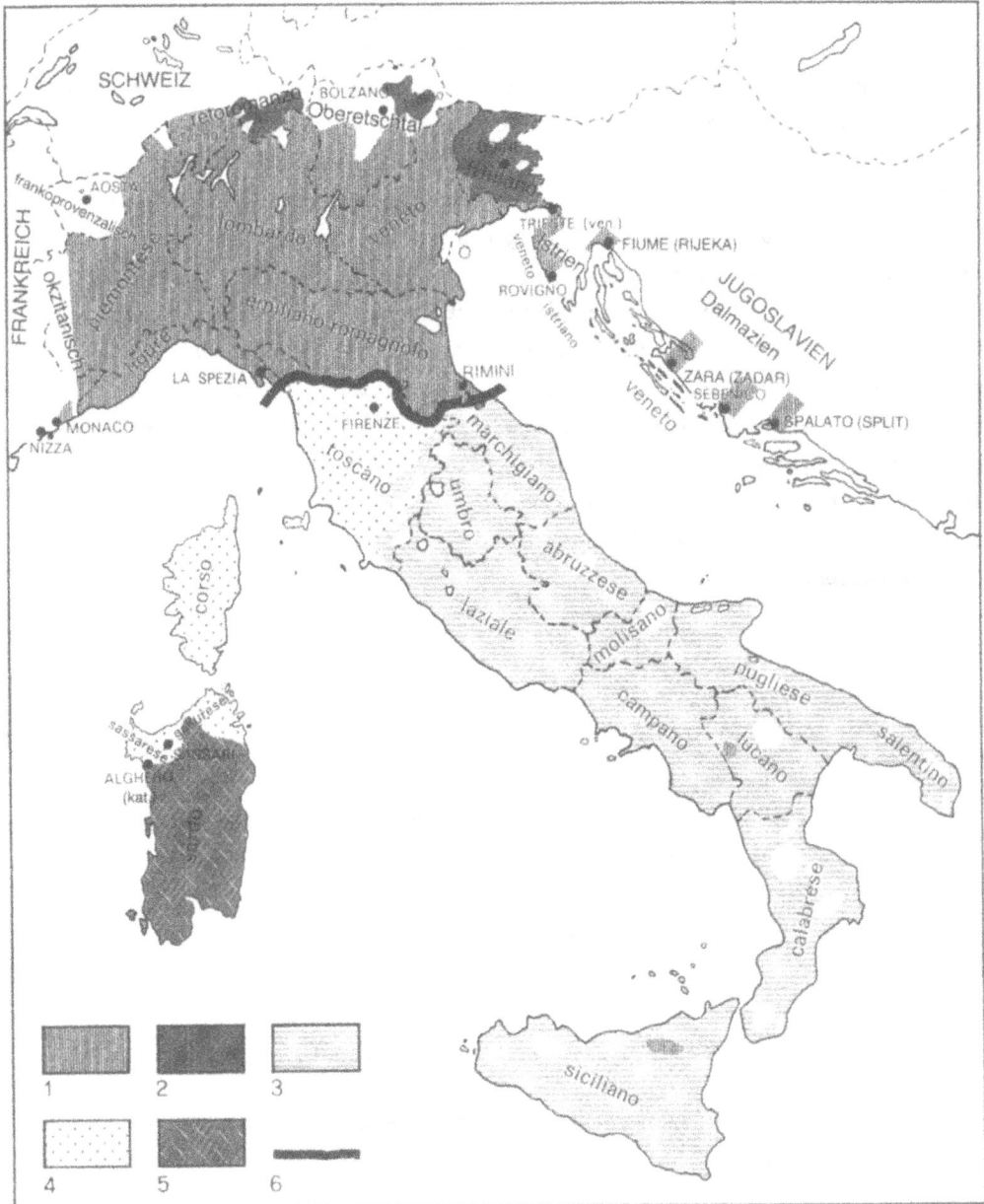

1 Norditalienisch   3 Mittel- und Süditalienisch   5 Sardisch
2 Ladinisch   4 Toskanisch   6 Linie La Spezia–Rimini

(Die italienischen Bezeichnungen der Dialekte wurden belassen.)

(mit freundlicher Genehmigung des Niemeyer-Verlages entnommen aus: L. Renzi, Einführung in die romanische Sprachwissenschaft. Herausgegeben von Gustav Ineichen, Tübingen 1980)

Im folgenden wollen wir die wichtigsten sprachlichen Züge (hauptsächlich
phonischer Natur), die die Dialektgruppen oder Dialekte charakterisieren bzw.
gegeneinander abheben, in Auswahl anführen. Unser Beispielmaterial entnehmen
wir den o.a. historischen Grammatiken von G. Rohlfs und P. Tekavčić (wobei
letztere sich weitestgehend auf Rohlfs' reiche Dokumentation stützt). Es muß
noch angemerkt werden, daß die Ausdehnung eines bestimmten Dialekts, etwa des
Piemontesischen, im allgemeinen nicht genau mit den Grenzen der entsprechenden
gleichnamigen Verwaltungsprovinz, hier mit der Region Piemont, zusammenfällt.
Über diese Nichtübereinstimmungen informiert für die verschiedenen Dialekte
G. Devoto/G. Giacomelli, I dialetti delle regioni d'Italia, Firenze 1972; vergleiche auch die zu G.B. Pellegrinis Carta dei dialetti d'Italia, Pisa 1977,
mitgelieferte große farbige Sprachkarte, die aufgrund von 33 in erster Linie
phonischen Isoglossen ein anschauliches Bild von der dialektalen Differenzierung
in Italien vermittelt. Kritisch anzumerken bleibt, daß diese Karte nicht unbe-
dingt die aktuellen Verhältnisse wiedergibt, da sie hauptsächlich auf den Daten
des AIS basiert.

Ad. I. O b e r - o d e r n o r d i t a l i e n i s c h e D i a l e k t e

Diese Dialektgruppe des Italienischen kann durch folgende lautliche Kriterien
aus dem Konsonantismus charakterisiert werden:

1) Sonorisierung und teilweise weitere Abschwächung (Spirantisierung, bis hin
   zum völligen Schwund) der lateinischen stimmlosen intervokalischen Verschlußlaute [p], [t], [k]:

   -[p]- > -[v]- (über eine Zwischenstufe -[b]-):

   z.B. lig.   *cavèli* ("capelli")
        piem.   *cavèi*
        lomb.   *cavèi*
        venez.   *cavéi*
        romagn. *cavèl*
   bergamasco *kaéi* (mit völligem Schwund des intervokalischen Konsonanten).

   -[t]- > -[Ø]- (über die Zwischenstufen -[d]- und -[δ]-):

   z.B. lig.   *diá* ("ditale")
        piem.   *diál*
        lomb.   *noδ* ("nuotare"), neben Formen mit -[d]-, z.B. *didál*
        bologn. *fiá* ("fiato")
        venez.   *deál*, neben Formen mit -[d]-, z.B. *nadal* ("natale").

-[k]- vor [a], [o] oder [u] > -[g]-:

z.B. lig.   *dumènega* ("domenica")

    lomb.   *urtiga* ("ortica")

    emil.   *urtiga*

    venez. *domèniga*

    piem. gebietsweise [g]: z.B. *dumeŋga*, meist jedoch Weiterent-
wicklung von -[g]- > -[j]- bzw. Schwund, z.B. *furmija, fürmia* ("formica")

2) Reduzierung der lat. Lang- (Doppel-)Konsonanten (Geminaten) zu einfachen
Konsonanten:

    z.B. lig.   *panu* ("panno"), *rusu* ("rosso")

    piem.   *buka* ("bocca")

    lomb.   *galina, spala*

    venez. *pano, spala, sòno* ("sonno")

    emil.   *buka*

    romagn. *bŏka*

    Diese Isoglosse reicht bis in die Marken (in Ancona z.B. *late, martelo*).

3a) Palatalisierung der lat. Konsonantennexus [kl]- und [gl]- im Anlaut:

[kl]- > [tʃ]-: z.B. lig. *čave* ("chiave", < lat. *clave*(m))

          lomb. *čaf*

          venez. *čave*

          romagn. *čaf*

[gl]- > [dʒ]-: z.B. lig. *ğèa* ("ghiaia", < lat. *glarea*)

          piem., lomb., romagn. *ğèra*

          venez. *ğara.*

3b) Palatalisierung von lat. [k] und [g] vor [e] und [i] im Anlaut:

$[k^{e,i}]$- > [tʃ]- > [ts]- ⟶ [s]-: mit der größten Verbreitung

                      ⟶ [θ]-

Belege für die Entwicklungsstufe [tʃ]-: nur sporadisch erhalten,
                               z.T. weiterentwickelt > [ʃ]

Belege für die Entwicklungsstufe [ts]-: lig. (Gebirge): z.B.
                              tsèira ("cera"), *tsènre* ("cenere")

Belege für die Entwicklungsstufe [s]-: lig. (Küste) *sène* ("cenere")

                       piem. *senre*

                       emil., romagn. *sendra*

                       venez. *sénare*

Belege für die Entwicklungsstufe [θ]-: z.T. im Veneto: *θénare*

$[g^{e,i}]$- > [dʒ]- > [dz]- ⟶ [z]-: mit der größten Verbreitung neben [dʒ]

                          ⟶ [ð]-

Belege für die Entwicklungsstufe [dʒ]-: z.T. piem. *ǧénər* ("genero")

z.T. lomb. *ǧéner*

Belege für die Entwicklungsstufe [dz]-: lig. (Gebirge) *źénre*

z.T. piem. *źénu*

Belege für die Entwicklungsstufe [z]-: lig. *śéne*

venez. *śénaro*

piem. (Süden), lomb. (Südwesten),

emil. (z.T.) *śę̃tə* ("gente").

Belege für die Entwicklungsstufe [ð]-: z.T. im Veneto *ðénaro*

3c) Entwicklung (meist Palatalisierung) des lat. Konsonantennexus -[kt]- in intervokalischer Stellung:

$$-[kt]- > \begin{cases} [jt] \\ [t\!\int] \\ [t\ ] \end{cases}$$ gegenüber der Assimilation zu -*tt*- (-[t:]-) in der Toskana sowie in Mittel- und Süditalien.

Belege für die Entwicklungsstufe -[jt]-: piem. *lait* ("latte"),

nŏit ("notte")

lig.: z.T. mit Fusion des [j]:

lę́te, nŏ́te

Belege für die Entwicklungsstufe -[t∫]-: lomb. *laǧ, nŏǧ*

Belege für die Entwicklungsstufe -[t]-: venez. *late, note*

emil. *lat, not*.

I.A. G a l l o i t a l i e n i s c h e D i a l e k t e

Außer den unter 1)-3) angeführten Erscheinungen des Konsonantismus weisen die galloitalienischen Mundarten auch galloromanische Charakteristika im Vokalismus (vgl. Französisch) auf, die sie von den anderen ober- oder norditalienischen Dialekten, vor allem den venezischen, abheben.

1) Schwund von Vokalen in unbetonter Stellung:

a) Auslautvokale:

In den galloitalienischen Dialekten (mit Ausnahme des Ligurischen) verstummen im allgemeinen die (unbetonten) Auslautvokale außer -[a].

Zur Veranschaulichung diene folgende Tabelle (Beispiele, wie meistens, aus G. Rohlfs, Grammatica I):

(Standardital.)	neve	fiume	morti	gallo	braccio	bocca
Piemonte	nef	fiüm	mòrt	gal	bras	buka
Lombardia	nef	fiüm	mòrt	gal	bras	bóka
Emilia	néva	fium	mòrt	gal	bras	buka
dagegen Liguria	nèive	sciüme	mòrti	galu	brasu	buka
(zum Vergleich						
Veneto:	neve	fiume	mòrti	galo	braso	bóka)

b) Vor- und Nachtonvokale:

Ihr Verstummen läßt sich vor allem im Emilianisch-Romagnolischen sowie im Piemontesischen und, in geringerem Maße, im Lombardischen feststellen, vgl. z.B.

emil. slèr ("sellaio"), tlèr ("telaio"), gumde ("gomito")

piem. slè,   tlè

romagn. dmenga ("domenica"), mdor ("mietitore"), stil ("sottile")

lomb. pcà ("peccato"), stmana ("settimana").

2) Existenz gerundeter Palatalvokale im Phoneminventar:

Die aus dem Frz. bekannten Vokale [ü] (< lat. ū) und [ö] (< lat. ŏ) kommen in folgenden Mundarten vor: im Piemontesischen, im Lombardischen, im Ligurischen und im westlichen Emilianisch:

piem. scür ("scuro"), lüm ("lume"), kör ("cuore"), piöve ("piove")

lomb. füm ("fumo"); kör, piöf ("piove")

lig. brütu ("brutto"); fögu ("fuoco"), öve ("piove")

emil. (westl.) füm, brüt; fök ("fuoco"), röda ("ruota").

3) Spontaner Wandel von lat. haupttonigem [á] > [ę] (im allgemeinen in freier Stellung):

Dieser uns aus dem Französischen geläufige Lautwandel, den Ascoli als "una delle più importanti fra le 'spie galliche o celtiche'" (AGI 8, 1882-85, S. 105) betrachtet, weist in den galloitalienischen Dialekten folgende Verteilung auf:

Die weiteste Verbreitung läßt sich in den emil.-romagnolischen Mundarten feststellen, vgl. folgende Beispiele aus der Gegend von Bologna: nęs ("naso"), lęna ("lana"), dę ("dato"). Daneben tritt diese Palatalisierung von [á] > [ę] in einigen lombardischen Alpendialekten sowie im Piemontesischen, hier allerdings eingeschränkt auf die Infinitive der -are-Konjugation (vgl. arè "arare", vulè "volare"), auf. Dieser Lautwandel reicht über die galloitalienischen Dialekte hinaus und erstreckt sich entlang der adriatischen Küste mit Unterbrechungen bis nach Kalabrien; von der Romagna und den Marken aus erfaßt er auch die südöstliche Toskana und das nördliche Umbrien.

Anmerkung:

Neben dem spontanen Lautwandel [á] > [ę̃], meist an die ungedeckte Stellung
des Vokals gebunden, existiert im galloitalienischen Dialektbereich ein ana-
loger Lautwandel [á] > [ę̃], der jedoch durch Umlaut bedingt ist und damit
kein galloitalienisches Spezifikum darstellt.

Unter Umlaut (Metaphonie, ital. metafonesi, metafonia) versteht man die von
der Silbenstruktur unabhängige Beeinflussung des Öffnungsgrades des Haupttonvokals eines Wortes durch den (kleineren) Öffnungsgrad des Auslautvokals (meist
-i oder -u), also eine Art Vokalharmonisierung (z.B. *kámpi* > *kęmp(i)*). Diese
kann sich in der gradweisen Schließung oder in der Diphthongierung des Haupttonvokals realisieren. Der Umlaut ist eine der wichtigsten Erscheinungen im
Vokalismus der italienischen, aber nicht toskanischen Dialekte. In den galloitalienischen Mundarten wird der Umlaut vorwiegend durch das auslautende [i]
vor dessen Schwund, in den mittel- und süditalienischen Mundarten sowohl durch
auslautendes [i] als auch durch -[u] bewirkt (vgl. dazu Abschnitt II.).

Beispiele für umlautbedingten Wandel [á] > [ę̃] aus dem galloitalienischen
Raum:

Besonders starke Verbreitung im Romagnolischen: *fat* ("fatto") - *fęt* ("fatti"),
pas ("passo") - *päs* ("passi"), *kaval* - *kaväl*; lomb. (nördl.): *nas* ("naso") -
nęs ("nasi"); piem.: *gat* ("gatto") - *gęt* ("gatti"), *kamp* ("campo") -
kęmp ("campi"); lig.: *kaŋ* ("cane") - *kęŋ* ("cani"), *maŋ* ("mano") - *męŋ* ("mani").

NB: Diese Belege zeigen, daß der Umlaut als "innere" Flexion zur Markierung des nominalen Plurals in diesen Dialekten ausgenutzt wird,
nachdem durch das Verstummen des Auslautvokals die morphologische
Funktion der Pluralbildung von der Endung nicht mehr getragen werden kann.

I.A. a) P i e m o n t e s i s c h e   D i a l e k t e
Zur Charakterisierung der piemontesischen vor allem gegenüber den lombardischen Dialekten erinnern wir an folgende Züge (vgl. oben, insb. I.3c) und
I.A.3.):
-[kt]- > -[jt]: piem. *fait* ("fatto");
spontaner Lautwandel [á] > [ę̃]: eingeschränkt im Piemontesischen auf die
   Infinitive der -are-Verben, z.B. *portè* ("portare").

I.A. b) L o m b a r d i s c h e   D i a l e k t e
Zur Abhebung gegen die piemontesischen Dialekte:
-[kt]- > -[tʃ]: lomb. *fač* ("fatto");
spontaner Lautwandel [á] > [ę̃]: nur in den Randgebieten belegt.

I.A. c) L i g u r i s c h e   D i a l e k t e
Neben den oben erwähnten Fakten (z.B. Erhaltung der unbetonten Auslautvokale)
werden die ligurischen Mundarten vor allem durch folgende Erscheinungen aus
dem Konsonantismus charakterisiert und ziemlich deutlich von den anderen
galloitalienischen Dialekten unterschieden:
- Palatalisierung der lat. Konsonantennexus [pl], [bl], [fl]
  im Anlaut:
  [pl]- > [tʃ]-: z.B. *čöve* ("piove"), *čü* ("più")
  [bl]- > [dʒ]-: z.B. *ǧaŋku* ("bianco")
  [fl]- > [ʃ] -: z.B. *šama* ("fiamma"), *šüme* ("fiume"), vgl. die parallele
  Lautentwicklung in Süditalien.
- Schwund von [r] in intervokalischer Stellung:
  -[r]- > ∅: z.B. *pea* ("pera"), *düu* ("duro"), *müa* ("matura").

I.A. d) E m i l i a n i s c h - r o m a g n o l i s c h e   D i a l e k t e
Von den bereits besprochenen Erscheinungen kann in erster Linie der spontane
Wandel von [á] > [ę̄] z.B. *lę̄g* ("lago"), *prę̄* ("prato"), im Romagnolischen
sogar in geschlossener Silbe, z.B. *bę̄rba* ("barba"), für diese Mundarten als
charakteristisch gelten. Auch wirkt sich die Metaphonie in dieser Dialektgruppe am stärksten in der Galloitalia aus.

I.B.   V e n e z i s c h e   D i a l e k t e
Wir verwenden v e n e z i s c h als Adjektiv zu *Venetien* (≙ ital. *Veneto*),
damit v e n e t i s c h als Adjektiv mit Bezug auf die alten Veneter aus
indogermanischer Zeit ("Paläoveneter") und v e n e z i a n i s c h als
Adjektiv zu *Venedig* (it. *Venezia*) vorbehalten bleiben.
    Zur generellen Charakterisierung der venezischen Dialekte wird in der
Literatur gesagt, daß sie sich im Vokalismus konservativ verhalten und sich
damit stark von den galloitalienischen Mundarten abheben und in die Nähe des
Toskanischen rücken, daß sie jedoch vom Konsonantismus her deutlich zur ober-
oder norditalienischen Dialektgruppe zu rechnen sind.

Vokalismus:
- Nichtvorhandensein der gerundeten Palatalvokale [ü] und [ö].
- Relativ gute Erhaltung der unbetonten Vokale, so auch der Auslautvokale,
  im Vergleich zu den umgebenden Dialekten. Die Erhaltung der Auslautvokale
  nimmt in den venezischen Dialekten nach Norden hin ab.
- Kein spontaner Wandel von [á] > [ę̄].

Konsonantismus:

Siehe I.1.-3c), wobei hier noch einmal an die spezifischen Fakten aus I.3.b)
und I.3.c) erinnert werden soll:

$[k^{e,\ i}]$- >   →[s]-: venez. *sèna* ("cena"), *sènto* ("cento")
             →[θ]-: z.T. im Veneto: θéna, θénto ("cento")

$[g^{e,\ i}]$- >   →[z]-: venez. *ʒelár* ("gelare")
             →[δ]-: z.T. im Veneto: δelár

-[kt]-   >   [t] : venez. *fato* ("fatto"), *peto* ("petto")
                    (Diese Entwicklung trifft jedoch auch für das Emi-
                    lianische zu).

Auf die einzelnen Untergruppen des venezischen Dialektkomplexes kann hier
nicht eingegangen werden.

I.C.   I s t r i s c h e   o d e r   i s t r i o t i s c h e   D i a l e k t e

Die istroromanischen Dialekte, die noch in einem kleinen Gebiet im Südwesten
der Halbinsel Istrien (also außerhalb des heutigen italienischen Staatsgebietes) gesprochen werden und deren Einordnung in der wissenschaftlichen Literatur
kontrovers ist, charakterisiert C. Tagliavini (Einführung, München 1973, S. 325
Fn. 101) wie folgt:

> Im ganzen erscheint das Istrische auch unter der Patina einer seit dem
> 13. Jahrhundert wirksamen Venetisierung als oberitalienische Mundart
> archaischen Typs.

Eine alte Verbindung zum Dalmatischen sehen dagegen P. Tekavčić u.a.
Den Übergang von der großen Gruppe der ober- oder norditalienischen Dialekte
zu der nach geographischer Verbreitung und Zahl der Sprecher wichtigsten
Dialekt-Gruppe, nämlich den mittel- und süditalienischen Mundarten, bilden
die sog. gallopicenischen Mundarten in den nördlichen Marken, die eine 'Brücke'
zwischen dem Romagnolischen und den Dialekten der Zentral-Marken schlagen.

Ad II.   M i t t e l -   u n d   s ü d i t a l i e n i s c h e   D i a l e k t e

Zur Charakterisierung dieser in sich wieder stark differenzierten großen
Dialektgruppe wollen wir nicht auf phonische Züge zurückgreifen, die diese
Dialekte zusammen mit den toskanischen Dialekten von den ober- oder norditalienischen Mundarten abheben, wie z.B. die Existenz von Lang- (Doppel-)
Konsonanten oder die Assimilation von -[kt]- > -*tt*- [t:], sondern sie sollen
aufgrund einer Auswahl von für sie spezifisch differenziellen Zügen abgegrenzt
werden.

Angesichts der extremen Vielfalt der italienischen Dialektgeographie ist
jedoch nicht auszuschließen, daß der eine oder andere Zug sporadisch auch in
anderen Regionen auftreten kann.

Beginnen wir mit Fakten aus dem Konsonantismus:

1) Assimilationserscheinungen

a) Totale progressive Assimilation:

-[mb]- > -mm- [m:]:

z.B. romanesco *sammuco* ("sambuco")

    neapol.   *sammuco*

    kalabr.   *sammucu*

    sizil.   *sammucu*

-[nd]- > -nn- [n:]:

z.B. romanesco *mannare* ("mandare"), *quanno* ("quando")

    neapol.   *vènnere* ("vendere")

    kalabr.   *vínnere, quannu*

    sizil.   *munnu* ("mondo"), *quannu.*

Diese beiden Fälle von Assimilation, die viele Romanisten als Auswirkung von osko-umbrischem Substrat erklären (vgl. S. 128f.), werden von verschiedenen Autoren als typische Züge *par excellence* für die mittel- und süditalienischen Dialekte gewertet. Die nördliche Grenze dieser phonischen Erscheinung verläuft von SW nach NO quer durch die Apenninenhalbinsel, beginnend in der Maremma, dann durch Umbrien zwischen dem Trasimenischen See und Perugia bis hin zur Adria nördlich von Ancona und trennt so in der Tat einerseits die toskanischen, andererseits die oberitalienischen von den mittel- und süditalienischen Mundarten (Allerdings wird der nördliche Teil Umbriens durch diese Isoglosse nicht in den mittel- und süditalienischen Block einbezogen). Es gibt jedoch im südlichsten Italien einige Zonen, die die Konsonantennexus -[mb]- und -[nd]- erhalten haben: Südkalabrien, z.T. Salento sowie der äußerste Nordosten von Sizilien.

b) Partielle progressive Assimilation:

Sonorisierung der Verschlußlaute nach Nasal in folgenden Konsonantennexus:

-[mp]- > -[mb]-:

z.B. umbr. *cambo* ("campo")

    abruzz. *cambana* ("campana")

    neapol. *rômbə* ("rompere")

-[nt]- > -[nd]-:

z.B. umbr. *dènde* ("dente")

    abruzz. *andikə* ("antico")

    neapol. *mondə* ("monte")

-[nk]- > -[ng]-:

z.B. umbr.   *biango* ("bianco")

    abruzz. *angora* ("ancora")

    neapol. *angora*

Die Isoglosse dieser Sonorisierungen verläuft weiter südlich als diejenige von 1.a).

2) Anlautphänomene

a) Konsonantennexus mit [l] als zweitem Element:

    [pl]- > [kj]- (z.T. [k:j])

    z.B. laz.   *chiagne* ("piangere")

        neapol. *chiðvere* ("piovere")

        kalabr. *chiuppu* ("pioppo")

        sizil. *chiðvi* ("piove"), *cchiú* ("più")

Vereinzelt sind auch andere Entwicklungen festzustellen; in den Abruzzen z.T. Erhaltung dieser und der folgenden Nexus.

(A n m e r k u n g :   [kl]- > [kj]- stellt die normale Entwicklung in der Toskana sowie in Mittel- und Süditalien dar.)

[bl]- > [j]- (und z.T. andere Entwicklungen)

z.B. neapol. *janco* ("bianco")

        kalabr. *jancu*

[gl]- > [ʎ]- (auch [ʎ:] und z.T. andere Ergebnisse)

z.B. neapol. *łanna* ("ghianda"), *łutto* ("ghiotto")

        kalabr. *łłanna*

[fl]- > [ʃ]- (und z.T. andere Ergebnisse wie [X]- und [j]-)

z.B. neapol. *šamma* ("fiamma"), *šorire* ("fiorire")

        kampan. *šamma*

        lukan. *šórə* ("fiore")

        apul. (nördl.) *šórə*.

A n m e r k u n g :   Diese Entwicklung stellt eine Verbindung zum Ligurischen (vgl. oben) dar.

b) [b]- > [v]- (z.T. auch Erhaltung des [b]- oder "rafforzamento" [b:]-):

    z.B. neapol. *vagno* ("bagno"), *varva* ("barba"), *vévere* ("bere", lat. *bibere*)

        kalabr. (nördl.) *vagnu*, *vucca* ("bocca")

        sizil. (z.T.) *varva*, *vucca*.

Analog entwickelte sich [br]- > [vr]-:

        z.B. neapol. *vraccio* ("braccio")

            kalabr. *vruodu* ("brodo")

und -[rb]- > -[rv]-:

z.B. *varva* (vgl. oben).

3) Nexus im Inlaut:

-[m̭i̭]- > -[n̩:]-:

z.B. abruzz. *vənnégnə* ("vendemmia", lat. *vindemia*)

     kamp. *vəl(l)égna*

     kalabr. *vinnigna*

     salent. *endigna*

-[pi̭]- > -[tʃ:]-:

z.B. abruzz. *laǧǧ* ("appio", lat. *apiu*)

     neapol. *accio*

     salent. *acciu*

     kalabr. *acciu, sacciu* ("(io) so", < lat. *sapio*)

     sizil. *acciu, sacciu*

-[bi̭]- > -[dʒ:]-:

z.B. neapol. *aǧǧə* ("(io) ho", < lat. *habeo*)

     lukan. *aǧǧə*

     kalabr. *raggia* ("rabbia").

Nun zum Vokalismus:

1) Umlaut (Metaphonie)

Typisch für den Vokalismus der mittel- und süditalienischen Dialekte sind die
häufig festzustellenden Umlauterscheinungen. Wie wir bei der Besprechung der
galloitalienischen Dialekte (I.A.3. Anm.) bereits gesehen haben, tritt die
Metaphonie auch in dieser Mundarten-Gruppe (nicht dagegen im Toskanischen)
auf, so daß der Umlaut für die mittel- und süditalienischen Dialekte zwar als
typisch, aber nicht als ausschließlich typisch anzusehen ist. Während die
Umlautwirkung in den galloitalienischen Dialekten in erster Linie durch ein
finales [i] ausgelöst wird bzw. wurde, kommen dafür in den mittel- und süditalienischen Mundarten sowohl auslautendes [i] als auch auslautendes [u] in
Betracht.

    Der Umlaut kann entweder die gradweise Schließung oder die Diphthongierung
des Haupttonvokals bewirken. Gemäß dieser beiden verschiedenen Resultate werden in den Darstellungen der italienischen Dialekte für Mittel- und Süditalien üblicherweise zwei Haupttypen der Metaphonie unterschieden:

A. Metaphonie des "neapolitanischen" Typs:

    Unter dem Einfluß von ursprünglich auslautendem [i] oder [u] treten fol-
gende Umlautwirkungen auf Haupttonvokale ein:

[é̦] > [î̦], z.B. neapol. *me̦sə* ("mese") – *misə* ("mesi"),
pe̦š ("pesce") – *piš* ("pesci")

[ó̦] > [ú̦], z.B. neapol. *šǫrə* ("fiore") – *šurə* ("fiori")
rǫssa ("rossa") – *russə* ("rosso")

[ė̦] diphthongiert z.B. > [i̦é], z.B. sizil. *bje̦ddu* ("bello") –
be̦dda ("bella"), *bje̦ddi* ("belli") –
be̦dde ("belle")

[ǫ̇] diphthongiert z.B. > [u̦ó], z.B. kalabr. *grṷossu – grǫssa,*
grṷossi – grǫsse

B. Metaphonie des "arpinatischen" (oder "ciociaresco") Typs:

[é̦] > [î̦] ⎱
[ó̦] > [ú̦] ⎰ wie "neapolitanischer" Typ

[ė̦] > [é̦], z.B. mark. *pe̦de – pe̦di,* laz. *kontentu – konte̦nta*

[ǫ̇] > [ó̦], z.B. laz. *nǫstra – nǫstru,* kalabr. *nǫva – nǫvu.*

Die angeführten Beispiele zeigen, daß der Umlaut in den Fällen, in denen die
Endungen die grammatischen Kategorien "Numerus" (Singular/Plural) und "Genus"
(Maskulinum/Femininum) beim Nomen eindeutig markieren, funktionell gesehen
redundant ist, daß er aber dort, wo die Endungen ihre Unterscheidungsfunktion
verloren haben oder wo sie gar völlig verstummt sind (vgl. die obigen Beispiele aus dem Neapolitanischen), als "innere" Flexion den Ausdruck dieser
grammatischen Kategorien übernimmt.

Der durch auslautendes [i] hervorgerufene Umlaut kommt dabei für die Plu-
ralmarkierung, der durch finales [u] bewirkte Umlaut für die Maskulinumkenn-
zeichnung in Frage.

Die Metaphonie ist über ganz Mittel- und Süditalien verbreitet; eine Ausnahme bilden jedoch Südkalabrien, der südlichste Teil des Salento sowie bestimmte Regionen in Sizilien.

2) Unbetonte Auslautvokale

Für die Aufteilung des mittel- und süditalienischen Dialektkomplexes in drei
Untergruppen (s. Überblicksschema) wird im allgemeinen das Kriterium der
unbetonten Auslautvokale als wichtigstes angeführt.

II.A. Die Dialekte der (südlichen) Marken, Umbriens und Latiums (mit dem "romanesco")

Hier wird oder wurde der Unterschied aus lateinischer Zeit zwischen aus-
lautendem [o] und [ŭ] bewahrt: z.B. romanesco *ǒtto* (< lat. *octo*), *quanno*
(< *quando*) gegenüber *cuorpu* (< *corpus*), *fe̦gatu* (< *ficatum*).

Außerdem existiert in diesen Dialekten, im Gegensatz zur folgenden Mundart-
Gruppe B, der unbestimmte oder neutrale Vokal [ə] (vgl. im Frz. das sog.
"e muet" oder besser "e instable") nicht.

A n m e r k u n g :

Unter "romanesco" versteht man den spätmittelalterlichen einheimischen
Dialekt Roms, der vor der schon früh einsetzenden Toskanisierung (hängt mit
der Geschichte des Papsttums zusammen) ein stark mittel- bzw. süditalieni-
sches Gepräge hatte.

II.B. Die Dialekte der Abruzzen, des Molise, Nordapuliens, Kampaniens
      und Lukaniens (Basilicata)

Das hervorstechende Merkmal dieser Dialektgruppe ist die radikale Reduzierung
aller unbetonten Auslautvokale zum neutralen Vokal [ə] oder gar zu deren
völligem Schwund, mit Ausnahme von [a], das sich als der Vokal mit der größten
Resistenz erweist (je nach Region erhalten bzw. zu [ə] reduziert oder auch
völlig verstummt). Beispiele für:

-[e]: z.B. neapol. *canə* ("cane"), *mesə, nevə*; abruzz. *latt* ("latte"), *vacch*
      ("vacche")

-[i]: z.B. neapol. *canə* ("cani"), *misə* ("mesi"), abruzz. *trif* ("travi")

-[o]: z.B. lukan. *lupə* ("lupo"), abruzz. *vinə* ("vino"); abruzz. *ȯss* ("osso"),
      fȯk ("fuoco")

-[a]: erhalten, z.B. neapol. *šamma* ("fiamma"), *vocca* ("bocca"), *varva* ("barba")
      : > [ə], z.B. abruzz. *trendə* ("trenta"), *bḕllə, crapə* ("capra")
      : > Ø, z.B. apul. *vakk* ("vacca"), *sét* ("seta").

II.C. Die Dialekte des Salento, Kalabriens und Siziliens

Die Mundarten dieser südlichsten Zone Italiens sind dadurch charakterisiert,
daß in ihnen die Auslautvokale auf 3 reduziert sind: -[i], -[a], -[u] (Der
neutrale Vokal [ə] tritt hier nicht auf):

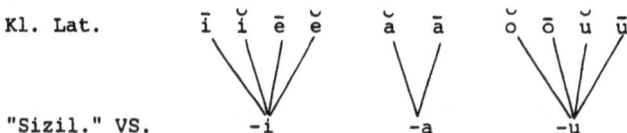

Kl. Lat.   ī ĭ ē ĕ   ă ā   ŏ ō ŭ ū

"Sizil." VS.   -i   -a   -u

Beispiele: sizil. *cantari* ("cantare"), *latti* ("latte");
           kalabr. *lumi* ("lume"), *vacchi* ("vacche");
           sizil. *manu* ("mano"), *ȯttu* ("otto"), *fattu* ("fatto");
           kalabr. *quandu, tḕmpu*.

Auch der Haupttonvokalismus dieser Dialekte zeigt Besonderheiten (es handelt sich um das sog. "sizilianische" Vokalsystem); er hebt sich von dem sog. vulgärlateinischen Vokalsystem und dem anderer italienischer Dialekte deutlich ab (vgl. auch II.1).

> Sozusagen in Parenthese sei aus dem Konsonantismus zur weiteren Bestimmung dieser Dialekte noch angefügt, daß die Nexus [mb] und [nd] in Südkalabrien, z.T. im Salento sowie im äußersten Nordosten Siziliens erhalten geblieben sind und daß sich -ll- [1:] zur kakuminalen Geminate -dd- [ḍ:] entwickelt hat in fast ganz Sizilien, in einem Großteil von Kalabrien und im Süden des Salento, z.B. sizil. *cavaḍḍu* ("cavallo"), kalabr. *vaḍḍi* ("valle"), salent. *bèḍḍa* ("bella"). Dieser Kakuminallaut ist aus dem Sardischen gut bekannt.

C. Tagliavini (Einführung, München 1973, S. 331) sagt von den sizilianischen Dialekten, daß "ihre Einheit eher eine angenommene als eine tatsächliche" sei. Häufig findet man eine auf G. Piccitto zurückgehende Unterteilung der sizilianischen Dialekte in eine konservativere westliche Gruppe (ohne Metaphonie) und in eine mittlere und östliche jüngeren Typs (mit Umlautdiphthongierung).

"In ogni caso, le parlate siciliane nel loro complesso presentano caratteri di innegabile modernità di evoluzione nei confronti delle altre parlate meridionali" (C. Grassi, Corso di storia della lingua italiana, Parte I, Torino 1966, S. 126). Die Versuche einer Erklärung für den wider Erwarten relativ jungen Entwicklungsstand des Sizilianischen reichen von galloitalienischem bis zu galloromanischem Einfluß.

Ad III. Toskanische Dialekte

Von fundamentaler Wichtigkeit für das Entstehen der italienischen Schriftsprache ist das Toskanische.

> Den toskanischen Mundarten kommt eine besondere Bedeutung zu, einerseits wegen ihres sehr konservativen Charakters, andererseits durch die Tatsache, daß eine von ihnen, das Florentinische, die Grundlage der italienischen Schriftsprache [lingua letteraria] bildet (C. Tagliavini, Einführung, S. 332).

Charakteristika der toskanischen Dialekte:

1) Konservativer Charakter
Der konservative Charakter der toskanischen Mundarten, d.h. ihre im Vergleich zu den übrigen italienischen Dialekten (und auch zu den anderen romanischen Sprachen) relativ geringe Abweichung bzw. Wegentwicklung vom gesprochenen Latein ("Vulgärlatein"), läßt sich z.B. an folgenden Fakten aus dem phonischen Bereich aufzeigen:

a) Einfacher, d.h. mit dem Vulgärlatein weitgehend übereinstimmender Vokalismus. Dies bedeutet: Wenig lautliche Veränderungen bei den betonten
Vokalen; gute Bewahrung der unbetonten Vokale, auch der Auslautvokale;
Nichtexistenz der gerundeten Palatalvokale [ö] und [ü], auch nicht des
neutralen Vokals [ə], Nichtexistenz von Umlauterscheinungen.

b) Erhaltungen im Konsonantismus, z.B.:

α) Im Gegensatz zu den oberitalienischen Dialekten und zu den westromanischen Sprachen bewahrt das "toscano comune" (Rohlfs) - bis auf eine
Reihe von Ausnahmen oberitalienischen Ursprungs - die stimmlosen Verschlußlaute [p], [t], [k] in intervokalischer Stellung aus lateinischer
Zeit, z.B. *capello, catena, ortica*; dieser Zustand entspricht demjeni-
gen der italienischen Schrift- und Gemeinsprache (vgl. dagegen die sog.
"gorgia toscana", weiter unten). Diese Bewahrung gilt auch für intervokalisches stimmloses [s].

β) Im Gegensatz zu den mittel- und süditalienischen Dialekten bewahren
die toskanischen Mundarten die Konsonantennexus -[mb]- und -[nd]-, vgl.
z.B. *sambuco, piombo; mondo, quando*.

2) Innovationen

a) Vokalismus:

An Diphthongierungserscheinungen kennen die toskanischen Dialekte und die
ital. Schrift- und Gemeinsprache nur den Lautwandel von lat. [ĕ] > [i̯é]
und [ŏ] > [u̯ó] jeweils in offener Silbe, z.B. *pĕdem > piede, dĕcem > dieci*;
fŏcum > fuoco, nŏvum > nuovo. Obwohl G. B. Pellegrini ("I cinque sistemi...",
in: Revue Roumaine de Linguistique 18(1973), S. 127) diese Diphthongierung
als typisch für das Toskanische angibt, mahnen die Ausführungen von G. Rohlfs
(Grammatica storica I, Torino 1966, SS. 102-110, 133-137) zur Situation der
Diphthongierung in den toskanischen Dialekten eher zur Vorsicht. Die Entstehung der Diphthongierung war lange Zeit Gegenstand heftiger Diskussionen.

b) Konsonantismus:

α) Häufig wird zur Charakterisierung der toskanischen Dialekte an erster
Stelle die Reduktion von -[ri̯]- > -[j]- angeführt, z.B. *area > aia*, die
Suffixe *-ariu > -aio* (z.B. in *fornaio*), *oriu > -oio* (*coriu > cuoio*), wohingegen in angrenzenden Gebieten (Umbrien, Latium) -[ri̯]- > -[r]-, z.B.
-ariu > -aro.

β) Ein weiteres für einen Großteil der toskanischen Dialektzone charakte-
ristisches Phänomen ist die sog. "gorgia toscana", d.h. die Aspirierung
bzw. Spirantisierung der stimmlosen Verschlußlaute -[k]-, -[t]- und -[p]-

in intervokalischer Stellung ("intervokalisch" sowohl innerhalb der Wort-
grenzen als auch satzphonetisch verstanden, jedoch nicht in der Position
des "rafforzamento iniziale"). Die "gorgia" ist eine Erscheinung des gesprochenen Toskanisch und spiegelt sich nicht in der Schriftsprache wider;
sie existiert bekanntlich nicht in der italienischen Gemeinsprache.

-[k$^{a, o, u}$]- > -[kh]- > -[X]- > -[h]- > [Ø] je nach Region: z.B. *amiXo*
("amico"), *amiho*, *la hasa* ("la casa"), *amio*.

-[t]- > -[th]- > -[θ]- > -[h]- je nach Region: z.B. *pratho* ("prato"),
andaθo ("andato"), *la θorre* ("la torre"), *andaho*.

-[p]- > -[ph]- > - [ɸ]- je nach Region: z.B. *scopha* ("scopa"), *luɸo* ("lupo"),
la ɸena ("la pena").

Die Verbreitung dieses Lautwandels in der Toskana ist am größten im Falle
von -[k]- > ..., etwas geringer für -[t]- > ..., noch eingeschränkter für
-[p]- > ...

Zur vieldiskutierten Frage der Herkunft der "gorgia toscana", siehe
Teil III.1. 3.

γ) -[rv]- > -[rb]- (vereinzelt auch außerhalb der Toskana belegt): Zur
Illustration mögen Beispiele dienen, die in ihrer für das Toskanische typisch
gewerteten Form auch in der italienischen Gemeinsprache existieren:

lat. *corvu* > *corbo* (neben *corvo*)

    nervu > *nerbo* (neben *nervo*)

    servare > *serbare* (cf. dagegen *conservare*).

III.A. Charakteristika des Z e n t r a l t o s k a n i s c h e n oder F l o r e n t i n i s c h e n

Außer durch die im vorausgehenden dargelegten Charakteristika der toskanischen Dialekte läßt sich das Zentraltoskanische oder Florentinische durch die
folgenden sprachlichen Fakten weiter bestimmen, und zwar nun in spezifischer
Abhebung gegenüber den anderen toskanischen Mundarten (sehr ausführlich dazu: A. Castellani (ed.), Nuovi testi fiorentini del Dugento, Firenze 1952,
Band I, SS. 19-166):

1) Phonischer Bereich:

a) Vlt. [é] vor

$$\begin{rcases} nk \\ ntʃ \\ ng \\ nʒ \\ skj \\ ʎ \\ ɲ \end{rcases} > \text{flor. [i], z.B.}$$

lt. *vĭnco* > flor. *vinco*

lt. *vĭncere* > fl. *vincere*

lt. *lĭngua* > fl. *lingua*, dagegen in Lucca: *lengua*

lt. *fĭngere* > fl. *fingere*

lt. *mĭsculat* > fl. *mischia*

lt. *famĭlia* > fl. *famiglia*

lt. *patrĭniu* > fl. *patrigno*

Vlt. [ọ̆] vor $\left\{\begin{array}{l} nk \\ ng \\ nʒ \\ ɲ \end{array}\right\}$ > flor. [ú], z.B.

lt. *iŭncu* > flor. *giunco*

lt. *fŭngu* > flor. *fungo*, dagegen in Arezzo *fọngo*

lt. *iŭngere* > fl. *giungere*

lt. *pŭgnu* > flor. *pugno*.

NB: Abgesehen von dieser speziellen lautlichen Umgebung werden im Florentinischen und in der gesamten Toskana vlt. [ẹ̆] und [ọ̆] erhalten, vgl. z.B. *mēnse* > *mese*, *mĭssu* > *mẹsso*; *vōce* > *vọce*, *fŭrnu* > *fọrno*.

b) Nach G.B. Pellegrini ("I cinque sistemi ...", S. 128) auch folgende Lautentwicklung:

Vortoniges [e] > [i] in der Anlautsilbe:

z.B. *securu* > flor. *sicuro*, *revidere* > *rivedere*, *cepulla* > *cipolla*.

Vortoniges [o] > [u] in der Anlautsilbe:

z.B. lat. *occidere* > flor. *uccidere*, *focile* > *fucile*, *coquina* > *cucina*.

c) -[ar]⁼ > -[er]⁼:

z.B. *Margarita* > *Margherita*, *Catharina* > *Caterina*; auch wichtig für die Bildung des Futurs und des Konditionals:

vlt. *cantare habes* > *cantarás* > *canterai*; vlt. *cantare habuit* > *canterebbe*.

Zur weiteren Charakterisierung des Florentinischen greifen wir ausnahmsweise noch auf zwei Fakten aus der Grammatik zurück:

2) Verbalmorphologie:

a) Die Verallgemeinerung der Verbalendung der 1. Person Plural Präsens Indikativ Aktiv *-iamo* in allen Konjugationsparadigmen (also z.B. *cantiamo*, *temiamo*, *vendiamo*, *finiamo*) ging gegen Ende des 13. Jhs. vom Florentinischen aus und charakterisiert dieses - und die italienische Gemeinsprache - gegenüber den anderen toskanischen und italienischen Dialekten (vgl. D. Wanner, "Die historische Motivierung der Endung *-iamo* im Italienischen", ZRPh 91(1975), 153-175).

[Es muß jedoch angemerkt werden, daß heute im Florentinischen (und in anderen Mundarten der Toskana) die 1. Person Plural weitgehend durch Formen des Typs (*noi*) *si mangia* ersetzt wird (vgl. dazu auch im Frz.: *on va au cinéma* für *nous allons* ...).]

b) Die Verbalendung *-ei* der 1. Person Singular Konditional (z.B. *canterei*, *dormirei*) ist für das Florentinische - und die italienische Gemeinsprache - typisch im Unterschied zur Endung *-ebbi*, die in anderen toskanischen Mundarten erscheint.

III.B. W e s t t o s k a n i s c h (Dialekte von Pisa, Lucca, Pistoia)

Nach G. Bertoni (Profilo, SS. 79-80) lassen sich diese Dialekte u.a. durch
folgende Züge charakterisieren:

- Anstelle von flor. "Kons. + [ts]" und -[ts:]- weist das Westtoskanische
  "Kons. + [s]" und -[s:]- auf:
  z.B. aus Lucca: *speransa* ("speranza"); *piassa* ("piazza"), *grandessa*
  ("grandezza").
- Vereinfachung der Geminate -[r:]- > -[r]-:
  z.B. *tera* ("terra"), *caro* ("carro").
- Vortoniges [o] und [e] bleiben, im Unterschied zum Florentinischen, wo
  diese, wie bereits gesehen, zu [u] bzw. [i] werden, als solche erhalten:
  z.B. *cocina, focile; mesura.*

III.C. S e n e s i s c h

Wiederum nach G. Bertoni (vgl. oben):
Bei Proparoxytona wird unbetontes [e] in der vorletzten Silbe vor [r] zu [a]:
z.B. *véndare* ("vendere"), *léttara* ("lettera"), *álbaro* ("albero").

III.D. A r e t i n o - C h i a n a i o l i s c h (Dialekte von Arezzo und
         der Val di Chiana)

Die Mundarten von Arezzo und der Val di Chiana bezeichnen den Übergang
von den rein toskanischen Dialekten zu denen Umbriens. Schon der Wandel
a > ä weist auf nicht eigentlich toskanische Verhältnisse hin (C. Tagliavini, Einführung, München 1973, S. 333).

Vgl. dazu auch S. 27.
Beispiele für die lautliche Entsprechung von flor. [å] und südosttosk. [ę̈]:
lęna ("lana"), *nęso* ("naso"), *kępra* ("capra").
Weitere Übergangsmundarten sind im Norden die Mundarten der Lunigiana (werden
von G. B. Pellegrini u.a. zum Emilianischen gerechnet), die der Garfagnana
und der Versilia (= "dialetti apuani"), im Süden die "dialetti grossetani e
amiatini" (vgl. auch die Carta dei dialetti d'Italia von G. B. Pellegrini).

  Im Zusammenhang der toskanischen Mundarten muß auch ein Wort zu den Dialekten auf Korsika gesagt werden, die in der Fachliteratur üblicherweise in zwei
Gruppen eingeteilt werden:

La divisione fondamentale dei dialetti corsi è quella tra oltramontani
e cismontani, separati da una catena di monti che attraversano l'isola
in direzione NO - SE" (G. B. Pellegrini, Carta, Pisa 1977, S. 62).

Die nördlichen und nordöstlichen Dialekte ("dialetti cismontani"), die sich über den größten Teil Korsikas erstrecken, sind eindeutig toskanischer Natur, während die südlichen und südwestlichen Mundarten ("dialetti oltramontani") mit geringerer Verbreitung noch sprachliche Züge aufweisen, die auf eine alte Verwandtschaft mit dem Sardischen schließen lassen.

Dies ist der Sachverhalt aus "innerlinguistisch-dialektologischer" Sicht; aus aktuell-soziolinguistischer Sicht kann das Korsische als "eine zwar kleine, doch rundum ausgebildete *neue romanische Schriftsprache*" betrachtet werden (vgl. H. Goebl, "Das Korsische oder: Wie entsteht eine neue Sprache?", in: D. Messner (ed.), Scripta Romanica Natalicia. Zwanzig Jahre Romanistik in Salzburg, Salzburg 1984, SS. 147-165, hier: SS. 149, 164).

A u f g a b e :

Vergleichen Sie die bekannte nachstehend wiedergegebene Sprachkarte von G. Rohlfs mit den in Kap. I.4.1. behandelten sprachlichen Erscheinungen.

4.2.   Die Sprachatlanten

Die Sprachatlanten sind das wichtigste Arbeitsmittel der Sprachgeographie. Hierunter verstehen wir einer Definition E. Coserius folgend

eine dialektologische und vergleichende Methode, die ... entweder die
Aufzeichnung einer verhältnismäßig hohen Anzahl durch direkte und einheitliche Befragung in einem Punktenetz auf einem bestimmten Territorium
festgestellter sprachlicher (phonetischer, lexikalischer oder grammatischer) Formen beinhaltet oder zumindest die Verteilung der einzelnen
Formen auf den geographischen Raum berücksichtigt, welcher der untersuchten Sprache bzw. den untersuchten Sprachen, Dialekten oder Mundarten
zukommt. (E. Coseriu, Die Sprachgeographie, Tübingen 1979, S. 1).

Ihre Anfänge nahm die Sprachgeographie 1876 in Deutschland mit einer vom Germanisten Georg Wenker (1852-1911) in großem Maßstab angelegten Befragung in zunächst 30.000 (!) Ortschaften, die auf postalischem Wege anhand eines einheitlichen Fragebogens erfolgte. Wenker selbst veröffentlichte jedoch nur ein Faszikel des von ihm als Großatlas konzipierten Werkes (1881). Erst 1926 begann die Veröffentlichung des "Deutschen Sprachatlas" (zunächst unter der Leitung von Ferdinand Wrede, später von Walther Mitzka).

Die romanische Sprachgeographie wurde begründet vom Schweizer Romanisten Jules Gilliéron (1854-1926), der bereits 1880 einen Petit Atlas phonétique du Valais roman veröffentlichte (43 Ortschaften, 38 Seiten + 30 Karten). Sein Lebenswerk jedoch war der Atlas linguistique de la France, kurz ALF (9 Bände, Paris 1902-1910). Als Enquêteur bereiste Edmond Edmont in den Jahren 1897 bis

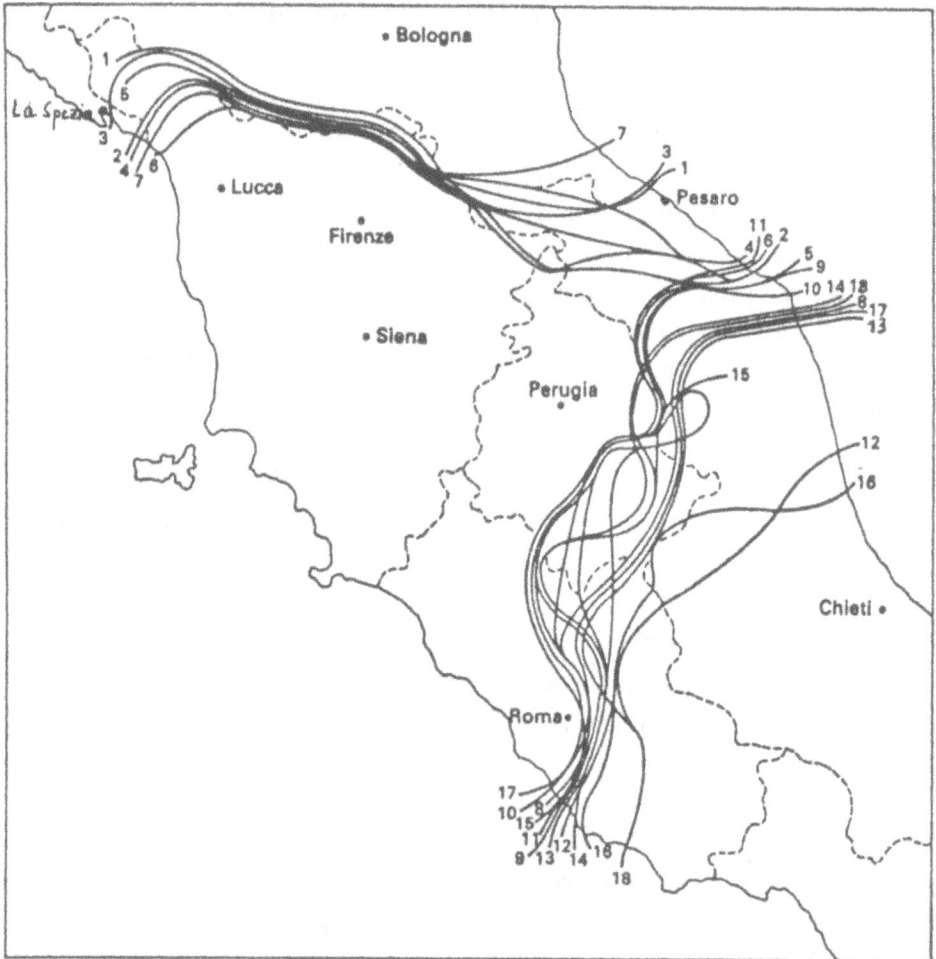

Limiti dialettali in Italia.

Legenda:

1.	Limite	merid.	di	*ortiga* «ortica»	10.	Limite	sett.	di	*femmina* «donna»
2.	»	»	»	*sal* «sale»	11.	»	»	»	*figliomo* «mio figlio»
3.	»	»	»	*cavei* «capelli »	12.	»	»	»	*tène le spalle larghe*
4.	»	»	»	*spala* «spalla»	13.	»	»	»	*còssa* «coscia»
5.	»	»	»	*sler o slar* «sellaio»	14.	»	»	»	*lu cimice* «la c.»
6.	»	»	»	*pá* «pane»	15.	»	»	»	*fagu* «faggio»
7.	»	»	»	*incô, incù* «oggi»	16.	»	»	»	*mondone* (nt > nd)
8.	»	sett.	»	*ferraru* «fabbro»	17.	»	»	»	*dimti* «denti»
9.	»	»	»	*frate* «fratello»	18.	»	»	»	*acitu* «aceto»

(adaptiert nach G. Rohlfs, La struttura linguistica dell'Italia, Leipzig 1937 u.ö., S. 9)

1901 Frankreich und sammelte in insgesamt 639 Ortschaften (davon auch 8 in Italien) in direkter Befragung ein enormes Sprachmaterial, das auf 1920 Karten abgedruckt wurde.

Der erste Sprachatlas, der ein größeres zum italienischen Sprachraum gehörendes Gebiet umfaßt, nämlich Korsika, wurde ebenfalls von J. Gilliéron und E. Edmont als eine Art Fortsetzung des ALF erstellt: L'Atlas linguistique de la France: Corse (Paris 1914-1915); der ALC umfaßt 799 Karten für 44 Ortschaften.

Zwei Schweizer Romanisten, Karl Jaberg (1877-1958) und Jakob Jud (1882-1952), beide Schüler Gilliérons, erarbeiteten das Konzept für den ersten italienischen Großraumatlas. Der Sprach- und Sachatlas Italiens und der Südschweiz (ital. Titel: Atlante linguistico-etnografico dell'Italia e della Svizzera meridionale = AIS) erschien mit 1705 Karten (= 8 Bände) in Zofingen in den Jahren 1928 bis 1940.

Dem Erscheinen war eine jahrelange Vorbereitungs- und Enquêtierphase vorausgegangen. Zahlreiche Veröffentlichungen, die Probleme bei der Enquête und die verwendete Methode behandeln, zeugen davon, z.B.

K. Jaberg/J. Jud: Der Sprachatlas als Forschungsinstrument, kritische Grundlegung und Einführung in den Sprach- und Sachatlas Italiens und der Südschweiz, Halle (Saale) 1928;
K. Jaberg/J. Jud: Transkriptionsverfahren, Aussprache- und Gehörschwankungen, Prolegomena zum Sprach- und Sachatlas Italiens und der Südschweiz, in: ZRPh 47, 1927, S. 171-218.

Drei Enquêteure wurden mit den Aufnahmen betraut, damit durchbrachen die beiden Herausgeber das von Gilliéron angewandte Prinzip des "einzigen Enquêteurs".

In insgesamt 6 Jahren (zwischen 1919 und 1928) führte Paul Scheuermeier den größten Teil der Erhebungen durch: in 306 Ortschaften Mittel- und Norditaliens und in der romanischen Schweiz (5 davon zweimal).

Gerhard Rohlfs hielt sich in der Zeit von 1922 bis 1928 insgesamt 15 Monate in Süditalien und Sizilien auf und führte dort die Erhebungen in 81 Ortschaften durch.

Das Material der im AIS aufscheinenden 20 Punkte Sardiniens schließlich wurde in fünfmonatiger Arbeit (1925-1927) von Max Leopold Wagner gesammelt.

Das normale Questionnaire (= Fragebuch, ital. *questionario*) mit circa 2000 Fragen wurde in 354 Punkten abgefragt. Daneben gibt es ein auf 800 Fragen reduziertes Questionnaire, das in 28 Orten Verwendung fand und ein erweitertes von ca. 4000 Fragen, das in 30 Ortschaften benutzt wurde.

Der AIS zeichnet sich gegenüber seinen Vorläufern durch verschiedene methodische Neuerungen aus, so ist u.a.

- das Material nach Sachgruppen geordnet (im ALF ist die Reihenfolge alphabetisch)

- der AIS auch ein Sachatlas, er verfügt über mehr als 900 Zeichnungen mit
  Begleittext; vgl. auch den ethnographischen Band von P. Scheuermeier:
  Bauernwerk in Italien, der italienischen und rätoromanischen Schweiz. Eine
  sprach- und sachkundliche Darstellung landwirtschaftlicher Arbeiten und Ge-
  räte, Erlenbach-Zürich 1943 (Vorwort: K. Jaberg/J. Jud),
- er berücksichtigt, anders als der ALF, auch die Städte.

Da die Enquêteure impressionistisch (d.h. nach Gehöreindruck) und nicht
schematisierend transkribierten, handelt es sich bei den im AIS dargestellten
Ergebnissen um sprachliches Rohmaterial, dessen Interpretation dem einzelnen
Linguisten überlassen bleibt. So läßt sich beispielsweise auf der Basis jeder
beliebigen AIS-Karte (die Karten sind allesamt Punkt-Karten) eine synthetische
Karte herstellen. Vgl. zum Beispiel die synthetische Karte auf der folgenden
Seite (entnommen aus: C. Grassi: Corso di geografia. La geografia linguistica:
principii e metodi, Torino 1968, Anhang, tavola II) mit der AIS-Karte Nr. 13
(Band I) "tuo fratello".

Unter anderem auf der Grundlage des AIS-Materials verfaßte G. Rohlfs seine
Historische Grammatik der italienischen Sprache und ihrer Mundarten, 3 Bände,
Bern 1949-54 (ital. Übersetzung: Grammatica storica della lingua italiana e
dei suoi dialetti, Torino 1966-69), in deren Vorwort er darauf hinweist, daß die

> bisher so schwierige Orientierung über die Abgrenzung gewisser sprachlicher
> Erscheinungen, über die Beziehungen zwischen diesem und jenem Phänomen,
> über die Wirkung der sprachlichen Kräfte in den einzelnen mundartlichen
> Räumen ... dadurch [durch den AIS] nun wesentlich erleichtert, unser Wissen
> von all diesen Dingen unendlich bereichert worden [ist] (Band I, S. 8).

Wie man die einzelnen Karten interpretieren kann, hat J. Jud exemplarisch an
der Karte Nr. 248 (Band 2) "la sugna" dargestellt in seinem Aufsatz Methodische Anleitung zur sachgemäßen Interpretation von Karten der romanischen
Sprachatlanten, in: VR 13, 1953/54, S. 219-265.

Der AIS kann natürlich nicht die zahlreichen vor und nach seiner Veröffentlichung erschienenen Dialekt-Monographien ersetzen, die methodisch ganz anders
konzipiert sind, nämlich versuchen, Dialekte (meist räumlich stark begrenzt,
häufig punktuell) exhaustiv darzustellen. Demgegenüber ermöglicht es der
Sprachatlas, auf eine Grundkarte eingetragenes sprachliches Material zu untersuchen, das
- nach einer einheitlichen Methode,
- etwa zur gleichen Zeit,
- in einer Vielzahl von Ortschaften erhoben wurde.

Durch die kartographische Wiedergabe des Materials läßt sich einerseits ein
synchronischer Vergleich durchführen (z.B. Abgrenzung unterschiedlicher sprach-

TAV. II -"fratello"

frate

fratello

licher Erscheinungen), andererseits lassen sich Rückschlüsse auf die Sprachgeschichte ziehen (diachronischer Aspekt).

> Der AIS ist auch über einen Index erschließbar: K. Jaberg/J. Jud,
> Index zum Sprach- und Sachatlas Italiens und der Süd-Schweiz. Ein
> propädeutisches etymologisches Wörterbuch der italienischen Mund-
> arten, Bern 1960.

Der AIS ist bis heute die umfangreichste veröffentlichte Sammlung von Sprach-
daten des italienischen Staatsgebietes (Berücksichtigung finden im übrigen
auch die frankoprovenzalische und okzitanische Sprachkolonie und die griechischen und albanischen Sprachinseln in Süditalien, sowie das friaulische,
zentralladinische, frankoprovenzalische und okzitanische Sprachgebiet im
Norden des Landes).

Ein dem AIS vergleichbares Projekt, wenn auch mit verdichtetem Punktenetz
(ca. 1000 Orte) und stark erweitertem Questionnaire (mehr als 7600 Fragen)
stellt der seit 1924 in Vorbereitung befindliche Atlante linguistico italiano
(ALI) dar. Die Leitung hatten zunächst Matteo Bartoli und Giulio Bertoni. Nach
dem Tode von Ugo Pellis, der in den Jahren 1925 bis 1943 rund 700 Ortschaften
untersucht hatte, geriet das Unternehmen ins Stocken. Unter einem neuen Redak-
tionsstab wurden die Aufnahmen 1947 fortgesetzt und 1965, 40 Jahre nachdem Ugo
Pellis die erste Enquête durchgeführt hatte, beendet. 1969 wurde eine erste
Probekarte "se mi fai il solletico" veröffentlicht (T. Franceschi: I lavori
dell'Atlante linguistico italiano, in: Atti del Convegno internazionale sul
tema: Gli atlanti linguistici. Problemi e risultati [Roma 20-24 ottobre 1967],
Roma 1969, S. 317-326).

Bis heute jedoch, fast 70 Jahre nach den ersten Aufnahmen, ist noch nicht mit
der systematischen Veröffentlichung des ALI begonnen worden. Das Material wird
im Istituto dell'Atlante linguistico italiano in Turin aufbewahrt und kann
dort zu Forschungszwecken benutzt werden.

Neben dem AIS gibt es einige kleinräumige Sprachatlanten. Das Umfragege-
biet dieser sog. Regionalatlanten ist stark eingegrenzt, was eine wesentlich
detailliertere Inventarisierung der sprachlichen Realität eines Gebietes ermöglicht als die Darstellung im weitmaschigen Netz eines Großatlasses.

So wurde das nach rein linguistischen Kriterien zum Toskanischen gehörende
Korsische erneut dargestellt im Atlante linguistico etnografico italiano della
Corsica (ALEIC) von Gino Bottiglioni, 10 Bände, Pisa 1933-42. Der Atlas umfaßt
2001 Karten; 55 Ortschaften wurden untersucht, davon 2 auf Sardinien, 1 auf
Elba, 3 in der Toskana.

Auf der Grundlage der Aufnahmen von Ugo Pellis für den ALI entstand der sardische Sprachatlas: Saggio di un atlante linguistico della Sardegna, herausgegeben von Benvenuto Terracini und Temistocle Franceschi, Torino 1964. Er umfaßt einen Text- und einen Kartenband (60 Karten).

Von Giovan Battista Pellegrini wurde der Atlante storico-linguistico-etnografico friulano (ASLEF), 6 Bände, Padova-Udine 1972-86 herausgegeben. Verzeichnet sind 129 Orte, wobei das noch unveröffentlichte Material des ALI und die Erhebungen des AIS für Friaul berücksichtigt wurden. Die Ergebnisse von 10 ALI-Punkten und 6 AIS-Punkten wurden ohne Kontrollaufnahmen übernommen. Jüngeren Datums ist auch der Atlante linguistico e etnografico della Daunia (ALED) von Armistizio Matteo Melillo. Der bisher erschienene 1. Band (Foggia 1979) umfaßt 100 Karten. 64 Ortschaften werden untersucht, auch die zwei frankoprovenzalischen Ortschaften Faeto und Celle San Vito.

Von K.H.M. Rensch stammt ein Nordkalabrischer Sprachatlas anhand der Parabel vom verlorenen Sohn (The Hague-Paris 1973), der für 27 Orte in kartographischer Form (166 Karten) die dialektale Version des Gleichnisses wiedergibt.

Daneben gibt es verschiedene sprachgeographisch orientierte Arbeiten, die zwar den Titel "Sprachatlas" tragen, in denen aber auf die kartographische Darstellung des Materials verzichtet wird, dieses vielmehr in Tabellenform dargeboten wird, so z.B. der Atlante fonetico pugliese (AFP) von Michele Melillo (Roma 1955).

Weitere Regionalatlanten sind im Entstehen begriffen oder befinden sich im Stadium der Planung.

L i t e r a t u r a n g a b e n :

E. Coseriu: Die Sprachgeographie, Tübingen 1979[2].
K. Jaberg: Großräumige und kleinräumige Sprachatlanten, in: VR 14, 1954/55, S. 1-61.
S. Pop: La dialectologie. Aperçu historique et méthodes d'enquêtes linguistiques, Band 1: Dialectologie romane [Teil G, S. 467-618, behandelt das Italienische, die Seiten 560-597 den AIS, 598-610 den ALI].
G. Rohlfs: Panorama delle lingue neolatine. Piccolo atlante linguistico pan-romanzo, Tübingen 1986.
G. Rohlfs: Romanische Sprachgeographie, Geschichte und Grundlagen, Aspekte und Probleme mit dem Versuch eines Sprachatlas der romanischen Sprachen, München 1971.
Vgl. auch die verschiedenen Handbücher der romanischen Sprachwissenschaft.

A u f g a b e n :

1. Versuchen Sie, anhand verschiedener AIS-Karten das Phänomen der *gorgia toscana* (vgl. S. 37f.) einzugrenzen und zeichnen Sie die Isoglosse(n) in die nachfolgende "stumme" Karte ein.

2. Vergleichen Sie die in T. Franceschi: I lavori dell'Atlante linguistico italiano, a.a.O., abgedruckte Karte des ALI mit der entsprechenden AIS-Karte und stellen Sie die Unterschiede fest.

3. Stellen Sie anhand der AIS-Karte "la testa" eine synthetische (lexikalische) Karte her und kennzeichnen Sie die Gebiete, die den jeweils gleichen lexikalischen Typ aufweisen, durch gleiche Schraffierung oder gleiche Farben.

4. Vertiefen Sie Ihre Kenntnis von der Verbreitung dialektaler (v.a. phonetischer) Eigenheiten des Italienischen, indem Sie von folgenden AIS-Karten synthetische Karten anfertigen (in Klammern jeweils das zu untersuchende Merkmal):

```
Bd. I,      K.9    "mio figlio" (Stellung des Possessivpronomens)
Bd. II,     K.366  "piovere" (lat. pl- > ...)
Bd. III,    K.622  "ortica" (lat. [-k-] > ...)
Bd. IV,     K.825  "vendere" (lat. -nd- > ...)
Bd. V,      K.928  "fumo" (lat. ū > ...)
Bd. VI,     K 1079 "capra" (lat. [k-] > ...)
Bd. VII,    K.1468 "aia" (lat. -ri- > ...)
Bd. VIII,   K.1652 "saputo" (lat. -p- > ...)
```

Hinweis: Von der auf der folgenden Seite abgedruckten Karte sollten zur Vereinfachung der Arbeitsweise Kopien angefertigt werden. - Das Auffinden einzelner AIS-Karten wird erleichtert durch:

K. Jaberg/J. Jud: Index zum Sprach- und Sachatlas Italiens und der Südschweiz. Ein propädeutisches etymologisches Wörterbuch der italienischen Mundarten, Bern 1960.

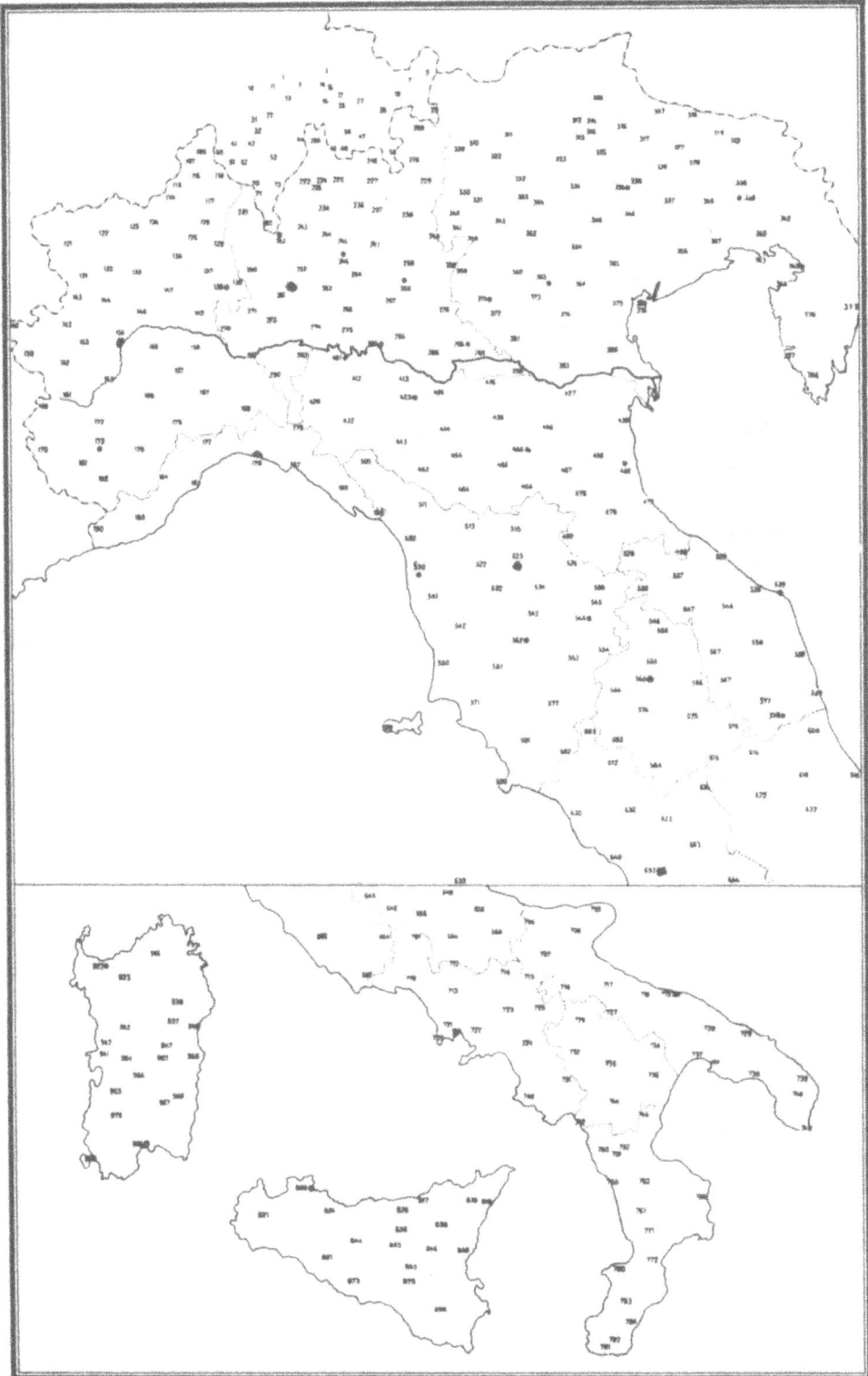

II. SYNCHRONIE UND DIACHRONIE DER ITALIENISCHEN SPRACHE
     (anhand ausgewählter Beispiele)

0. Synchronie und Diachronie

L i t e r a t u r a n g a b e :

J. Albrecht, Europäischer Strukturalismus, Tübingen 1988.

Die Ideen des Genfer Linguisten Ferdinand de Saussure (1857-1913), dessen Vorlesungen nach seinem Tod auf der Grundlage von Mitschriften seiner Schüler
von Charles Bally und Albert Sechehaye rekonstruiert und unter dem Titel
"Cours de linguistique générale" 1916 veröffentlicht wurden, waren für die
moderne Sprachwissenschaft von entscheidender Bedeutung.

Wenn quellenkritische Untersuchungen des "Cours" auch herausgefunden haben,
daß Saussures Gedankengut z.T. in gewissen Traditionslinien stand und beispielsweise seine Lehre vom sprachlichen Zeichen bis zu Augustinus und den Stoikern
zurückverfolgt werden kann, so kommt ihm doch das Verdienst zu, erstmals eine
umfassende Theorie der allgemeinen Sprachwissenschaft erarbeitet und for-
muliert zu haben.

Saussures Konzept der Sprache und seine terminologischen Unterscheidungen
haben die Diskussion befruchtet, sind jedoch z.T. nicht unwidersprochen geblieben. Saussure schlägt eine Unterscheidung von historischer und deskriptiver Sprachwissenschaft - diachronischer und synchronischer Betrachtungsweise
(*linguistica diacronica*, *linguistica sincronica*) - vor und tritt für ihre
strikte Trennung ein. Die Dichotomie S y n c h r o n i e - D i a c h r o n i e
ist nicht in der Sprache selbst begründet, sondern stellt eine methodologische
Unterscheidung dar, denn sie bezeichnet zwei verschiedene Betrachtungsweisen
von Sprache.

> I termini di *evoluzione* e di *linguistica evolutiva* sono più precisi e noi
> li impiegheremo spesso; per opposizione, si può parlare della scienza
> degli *stati* di lingua o *linguistica statica*.
>   Ma per meglio dar rilievo a questa opposizione e a quest'incrociarsi
> di due ordini di fenomeni relativi al medesimo oggetto, preferiamo parlare
> di linguistica *sincronica* e di linguistica *diacronica*. È sincronico tutto
> ciò che si riferisce all'aspetto statico della nostra scienza, è diacronico
> tutto ciò che ha rapporti con le evoluzioni. Similmente, *sincronia* e

diacronia designeranno rispettivamente uno stato di lingua ed una fase di evoluzione. (F. de Saussure, Corso di linguistica generale. Introduzione, traduzione e commento di Tullio de Mauro, Bari 1968[2], S. 100).

Es ergibt sich also für die sprachwissenschaftliche Untersuchung - wie für andere Wissenschaften auch - eine Achse der Gleichzeitigkeit (*asse delle simultaneità*) AB und eine Achse der Aufeinanderfolge (*asse delle successioni*) CD:

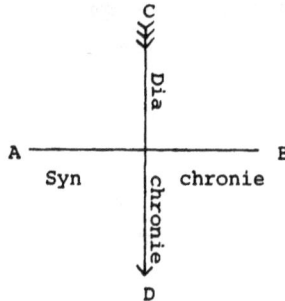

C. Tagliavini, Panorama di storia della linguistica, Bologna 1970, S. 305, gibt ein anschauliches Beispiel:

L'asse A-B indica la simultaneità (...), quello C-D la successione nel tempo (...). Secondo l'asse C-D, noi studieremo per esempio come da *fŏcus* si sia arrivati all'it. *fuoco*, franc. *feu*, ecc.; secondo l'asse A-B, studieremo invece il rapporto che passa tra due forme sincroniche come per es. fra l'it. *fuoco* ~ plur. *fuochi* e l'it. *cuoco* ~ plur. *cuochi*.

Saussure definiert Sprache als einheitlichen Untersuchungsgegenstand, der zwar auch in seiner geschichtlichen Entwicklung betrachtet werden kann, dessen systemhafter Charakter zu einem bestimmten Zeitpunkt (Sprachzustand) jedoch im Vordergrund wissenschaftlicher Untersuchung zu stehen hat (Synchronie).

Diachronie kann als Aneinanderreihung synchroner Schnitte (Beschreibungen) verstanden werden:

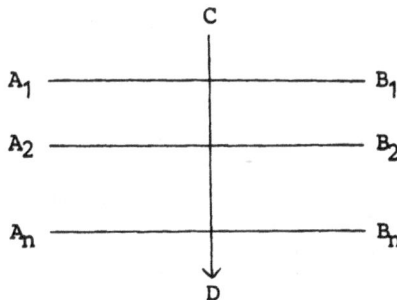

(adaptiert nach: H. Berschin/J. Felixberger/H. Goebl, Französische Sprachgeschichte, München 1978, S. 13).

Sowohl der Forderung nach strenger methodischer Trennung von Synchronie und Diachronie als auch der Behauptung, Synchronie zeichne sich durch Systemhaftig-

52

keit aus, bei der Diachronie habe man es jedoch "mit Erscheinungen zu tun, die keinerlei Zusammenhang mit Systemen haben ..." (F. de Saussure, Grundfragen der allgemeinen Sprachwissenschaft, Berlin 1967[2], S. 119), ist bereits sehr früh widersprochen worden (schon 1929 von Vertretern der Prager Schule; vgl. auch W. v. Wartburg, Einführung in Problematik und Methodik der Sprachwissenschaft, Tübingen 1970[3], SS. 137-155; weiterführend: E. Coseriu, Synchronie, Diachronie und Geschichte. Das Problem des Sprachwandels, München 1974).

Auch wenn der amerikanische Strukturalismus und die Glossematik am Primat der Synchronie festgehalten haben, so hat sich doch die Ansicht durchgesetzt, daß einerseits Sprachwandel durchaus funktional sein kann (vgl. A. Martinet, Sprachökonomie und Lautwandel, Stuttgart 1981), daß - mit anderen Worten - auch Diachronie strukturiert ist, und daß andererseits ein funktionierendes Sprachsystem kein monolithischer Block ist, sondern verändernden Einflüssen ausgesetzt ist; zu berücksichtigen sind Faktoren wie Zeit, soziale Umgebung, Raum, Sprechsituation. Wir sprechen dann von diachronischer, diastratischer, diatopischer und diaphasischer Variation.

Wenn wir in der Folge synchrone und diachrone Beschreibung formal trennen, so geschieht das aus praktischen Gründen (Übersichtlichkeit) und Platzmangel (es hätte sich beispielsweise auch ein Kapitel über diachronische Phonologie angeboten).

A u f g a b e n :

1. Erklären Sie anhand der von Tullio de Mauro herausgegebenen und kommentierten italienischen Übersetzung: F. de Saussure, Corso di linguistica generale, Bari 1968[2], die Termini
   linguaggio - lingua - "parole"
   segno - significato - significante
   sintagma - paradigma.
2. Informieren Sie sich mit Hilfe eines linguistischen Wörterbuches über den "Amerikanischen Strukturalismus", die "Glossematik", die "Prager Schule".

1. Phonetik und Phonologie

L i t e r a t u r a n g a b e n :

J. Felixberger/H. Berschin, Einführung in die Sprachwissenschaft für Romanisten, München 1974, Teile B und C;
H. Lausberg, Romanische Sprachwissenschaft, Teil I: Einleitung und Vokalismus, Berlin 1969[3], Teil II: Konsonantismus, Berlin 1967[2];
K. Lichem, Phonetik und Phonologie des heutigen Italienisch, München 1969;
A.M. Melillo, Primi appunti per lo studio della fonologia italiana, Manfredonia 1979;
W. Meyer-Lübke, Grammatica storico-comparata della lingua italiana e dei dialetti toscani, per cura di Matteo Bartoli e Giacomo Braun, Torino 1901;

Ž. Muljačić, Fonologia generale e fonologia della lingua italiana,
    Bologna 1969, 1973[2];
G. Rohlfs, Grammatica storica della lingua italiana e dei suoi dialetti,
    volume I: Fonetica, Torino 1966;
F. Sabatini, La comunicazione e gli usi della lingua, Torino 1985, S. 691-707;
M. Schubiger, Einführung in die Phonetik, Berlin, New York, 1977[2];
C. Tagliavini/A.M. Mioni, Cenni di trascrizione fonetica dell'italiano,
    Bologna 1974;
P. Tekavčić, Grammatica storica dell'Italiano, volume I: Fonematica, Bologna
    1972, 1980[2];
N.S. Trubetzkoy, Grundzüge der Phonologie, Prag 1939 (Göttingen 1967).

Phonetik

Die Phonetik ist der Teilbereich der Linguistik, dessen Ziel es ist, sprachliche Laute, sogenannte P h o n e (ital. s u o n o , f o n o) als konkrete
physikalische Erscheinungen zu untersuchen und zu beschreiben.

Die a r t i k u l a t o r i s c h e P h o n e t i k (*fonetica arti-
colatoria*) befaßt sich mit der Art und Weise, wie Laute (mittels des Sprech-
apparats [*apparato fonatorio*] und seiner Bewegungen) gebildet werden.

Die a k u s t i s c h e P h o n e t i k (*fonetica acustica*) untersucht
die bei der Übertragung von Lauten ablaufenden Vorgänge (Schallwellen, ital.
onde sonore, Frequenz, Tonhöhe, Lautstärke, Klangfarbe).

Wenig Erkenntnisse brachte bislang die Untersuchung des Hörvorganges, wo-
mit sich die a u d i t i v e P h o n e t i k (*fonetica auditiva*) beschäftigt.

Außer auf Selbstbeobachtung basieren die Erkenntnisse der Phonetik auf
experimentellen Untersuchungen unter Zuhilfenahme von z.T. komplizierten Appa-
raturen (e x p e r i m e n t e l l e P h o n e t i k , *fonetica sperimen-
tale*). Genannt seien hier das Palatogramm, Röntgenaufnahme und Röntgenfilm,
welche die Lage bzw. Bewegung der Artikulationsorgane bei der Realisierung
bestimmter Laute zeigen.

Wir konzentrieren uns auf die artikulatorische Phonetik.

Sprachlaute werden herkömmlicherweise in *Vokale* und *Konsonanten* eingeteilt.
Vokale entstehen beim Entweichen der Atemluft durch den Mund (bei Nasalvokalen
zusätzlich durch die Nase) bei gleichzeitigem Vibrieren der Stimmlippen
(Stimmbänder). Die einzelnen Vokalqualitäten werden hervorgerufen durch unterschiedlich starkes Anheben der Zunge und ihr Verschieben nach vorn zum Palatum (harter Gaumen) bzw. nach hinten zum Velum (weicher Gaumen). Folglich
spricht man von Palatal- und Velarvokalen. Je nach der Form, die die Lippen
bei der Vokalrealisierung bilden, handelt es sich um gerundete oder gespreizte
Vokale. Außerdem spielt der Grad der Mundöffnung (Kiefernwinkel) eine Rolle
(Gegensatz offen/geschlossen).

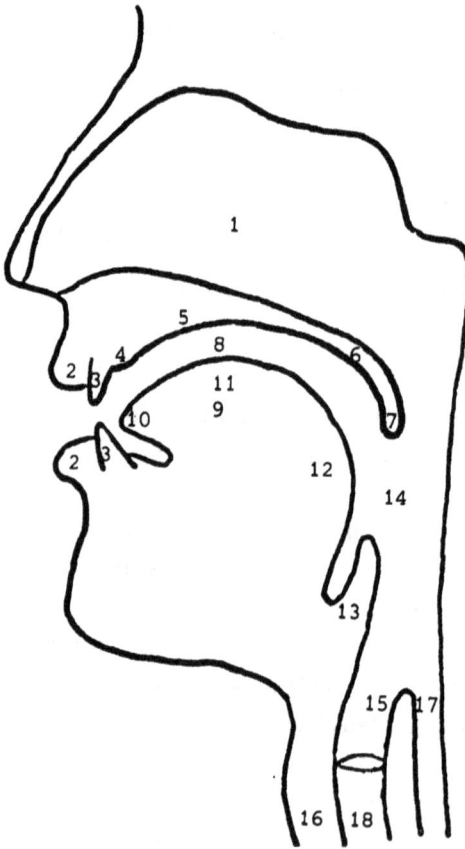

1 = Nasenhöhle - *cavità nasale*
2 = Lippen - *labbra*
3 = Zähne - *denti*
4 = Zahndamm - *alveoli*
5 = harter Gaumen, Palatum - *palato*
6 = weicher Gaumen, Velum - *velo palatino (palato molle)*
7 = Zäpfchen - *ugola*
8 = Mundhöhle - *cavità orale*
9 = Zunge - *lingua*
10 = Zungenspitze - *apice*
11 = Zungenrücken - *dorso*
12 = Zungenwurzel - *radice*
13 = Kehlkopfdeckel - *epiglottide*
14 = Rachen - *cavità faringale*
15 = Luftröhre - *trachea*
16 = Kehlkopf (Larynx) - *laringe*
17 = Speiseröhre - *esofago*
18 = Stimmlippen (Stimmbänder) - *corde vocali*

Der Sprechapparat, adaptiert
nach Schubiger, S. 13

Die Vokale des Italienischen lassen sich also folgendermaßen charakterisieren:

[i][1] - palatal, (Kiefernwinkel) geschlossen, ([Lippen] gespreizt);

    z.B. [i:][2] - *Pisa*   [i] - *mille*

[e] - palatal, halb geschlossen, (gespreizt);

        [e:] - *mese*   [e] - *stesso*

[ɛ] - palatal, halb offen, (gespreizt)

        [ɛ:] - *bene*   [ɛ] - *tempo*

[a] - zentral, offen

        [a:] - *mano*   [a] - *fatto*

---

1 Lautliche Umschreibungen werden in eckige Klammern gesetzt. Wir verwenden die Lautzeichen der Association Phonétique Internationale (A.P.I.).
2 In offener Silbe treten die italienischen Vokale normalerweise gelängt auf, in geschlossener Silbe kurz. Lange Vokale werden durch folgenden Doppelpunkt gekennzeichnet.

[ɔ] - velar, halb offen, (gerundet)

      [ɔ:] - *poco*   [ɔ] - *porta*

[o] - velar, halb geschlossen, (gerundet)

      [o:]   - *dono*   [o] - *conte*

[u] - velar, geschlossen, (gerundet)

      [u:]   - *duro*   [u] - *lusso*

Das Merkmal-Paar gespreizt/gerundet ist redundant, d.h. im Italienischen sind alle palatalen Vokale gespreizt (im Gegensatz zum Französischen, wo es gerundete Palatalvokale gibt) und alle velaren gerundet (vgl. Rumän.), zur Charakterisierung der einzelnen Vokale kann also darauf verzichtet werden.

Daraus ergibt sich für das Italienische folgendes Artikulationsschema (ein sogenanntes Vokaldreieck):

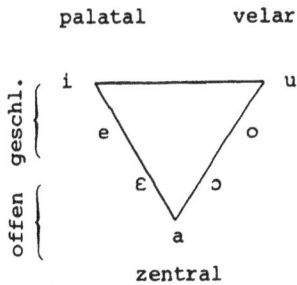

Konsonanten entstehen, wenn die Atemluft im Sprechapparat auf Hindernisse (= Artikulationsorgane) stößt.

Die beweglichen Artikulationsorgane heißen Artikulatoren (Zäpfchen, Lippen, Zunge), die unbeweglichen nennt man Artikulationsstellen (Zähne, Zahndamm, Gaumen); zur Bezeichnung der einzelnen Laute verwendet man den Terminus für die beteiligte Artikulationsstelle, nur wenn die Bezeichnung mehrere Deutungen zuläßt, wird der Terminus für den beteiligten Artikulator hinzugezogen.

Übersicht (nach Felixberger/Berschin, Einführung, München 1974, S. 26):

Artikulator	Terminus	Artikulationsstelle
	(bi)labial	Oberlippe (labial)
Unterlippe (labial)	labiodental	
	(apiko)dental	Obere Schneidezähne (dental)
Zungenspitze (apikal)	alveolar	
		Zahndamm (alveolar)
	palatal	harter Gaumen (palatal)
Zungenrücken (dorsal)	velar	
		weicher Gaumen (velar)
Zäpfchen (uvular)	uvular	Zungenwurzel

Zur Beschreibung eines Konsonanten gehören weiterhin Angaben darüber, ob er
s t i m m h a f t oder s t i m m l o s ist (d.h. ob an der Realisierung
die Stimmlippen beteiligt sind), und schließlich zur Artikulationsart; je nach
Überwindungs- und Artikulationsmodus unterscheidet man:

O k k l u s i v e = V e r s c h l u ß l a u t e = E x p l o s i v e
(ital. *consonanti occlusive*):
der Artikulationskanal wird durch Artikulator und Artikulationsstelle ver-
schlossen und sofort wieder geöffnet;

F r i k a t i v e = R e i b e l a u t e = S p i r a n t e n
(consonanti fricative):
Reibung durch Engebildung im Artikulationskanal;

N a s a l e *(consonanti nasali)*: Verschluß der Mundhöhle, die Atemluft
entweicht durch die Nase;

L a t e r a l e *(consonanti laterali)*: die Zunge berührt den Gaumen in der
Mitte, die Luft entweicht seitlich;

V i b r a n t e n *(consonanti vibranti)*: Verschluß und Öffnung des Artiku-
lationskanals (durch Zunge oder Zäpfchen) folgen schnell aufeinander
(ein oder mehrere Male).

Laterale und Vibranten können unter dem Terminus L i q u i d e zusammen-
gefaßt werden.

A f f r i k a t e n *(affricate)* sind kombinierte Verschluß-Reibelaute.

Die Konsonanten des Italienischen im Überblick

		bilabial	labiodental	dental	alveolar	palatal	velar
Okklusive	stimmlos	p		t			k
	stimmhaft	b		d			g
Frikative	stimmlos		f	s		ʃ	
	stimmhaft		v	z			
Nasale		m	(ɱ)	n		ɲ	(ŋ)
Laterale					l	ʎ	
Vibranten					r		
Affrikaten	stimmlos			ts		tʃ	
	stimmhaft			dz		dʒ	

[ɱ] und [ŋ] treten nur als Varianten des Phonems /n/ auf (vgl. S. 59ff. "Phonologie").

phonetische Transkription	Schreibung	Beispiel
[k]	c (+ a, o, u)	casa
	ch (+ e, i)	che
	q (+ ua, ue, ui, uo)	questo
[g]	g (+ a, o, u)	gusto
	gh (+ e, i)	ghianda
[ʃ]	sc (+ e, i)	scendere
	sci (+ a, o, u)	sciame
[s]	s	sera
[z]	s	sbaglio
[ɱ]	n (+ f, v)	ninfa
[ɲ]	gn	segno
[ŋ]	n (+ g, c [k])	vengo
[ʎ]	gl (+ i)	gli
	gli (+ a, o, u, e)	sveglia
[ts]	z	zio
[dz]	z	zero
[tʃ]	c (+ e, i)	cena
	ci (+ a, o, u)	ciao
[dʒ]	g (+ e, i)	giro
	gi (+ a, o, u)	giorno

Einen besonderen Status nehmen die H a l b k o n s o n a n t e n und
H a l b v o k a l e ein; sie entstehen, wenn die Zunge über die für die
Vokale [i] und [u] charakteristische Stellung hinaus angehoben wird und durch
die Engebildung eine Reibung hervorgerufen wird. Die Halbkonsonanten [j] und
[w], die stärkere Engebildung und somit Reibung aufweisen, bilden jeweils
den ersten Bestandteil in steigenden Diphthongen: *piede, fiato, fuoco* ['pjɛde],
['fjato], ['fwɔko][1] und treten intervokalisch auf: *paio* ['pajo]. Die Halb-
vokale [i̯] und [u̯] (schwächere Engebildung und Reibung) bilden den zweiten
Bestandteil in fallenden Diphthongen: *mai* [ma̯i], *causa* ['ka̯uza].

Eine Besonderheit des Italienischen im Rahmen der romanischen Sprachen
sind die Langkonsonanten (Geminaten). Der gelegentlich verwendete Ausdruck
"Doppelkonsonant" ist irreführend, da es sich nicht um die Artikulation von
2 aufeinanderfolgenden gleichen Konsonanten handelt, sondern um die Längung
der Artikulation e i n e s Konsonanten. Schwierigkeiten haben Deutschsprachige hauptsächlich bei der Realisierung geminierter Verschlußlaute und
Affrikaten. In beiden Fällen wird die Längung durch das Herauszögern der
Sprengung des Verschlusses erreicht. In der Lautschrift werden Geminaten allerdings durch das Setzen zweier gleicher Grapheme gekennzeichnet: *otto*
['ɔtto] (vgl. den dt. Namen Otto ['ɔto]), *faccio* ['fattʃo].

Der einzige Konsonant des Italienischen, der nicht gelängt werden kann,
ist das stimmhafte [z]; dagegen treten [ɲ], [ʃ], [ʎ], [ts] und [dz] intervokalisch immer als Geminaten auf, also: *segno* ['seɲɲo], *asciutto* [aʃ'ʃutto], *figlia*
['fiʎʎa], *mazzo* ['mattso], *mazurca* [mad'dzurka].

T r a n s k r i p t i o n s b e i s p i e l

Das folgende Transkriptionsbeispiel (1) ist entnommen aus: The Principles
of the International Phonetic Association, London 1968 (Nachdruck von
1949), S. 22. Es handelt sich dabei um eine weite Transkription, so wird
z.B. der Akzent nur bezeichnet, wenn er nicht auf die vorletzte Silbe
fällt. Außerdem ist m̲ vor f̲ und v̲ als [ɱ] zu lesen, und jeder Vokal in
offener Silbe ist lang, *sole* = ['so:le]. Unter (2) geben wir eine enge
Transkription und unter (3) schließlich die schriftliche Version (Normal-
orthographie).

(1) si bistit'tʃavano un dʒorno il vɛnto di tramontana e il sole, 1 uno
pretendɛndo d ɛsser pju ffɔrte dell altro, kwando 'videro um viaddʒatore,
ke vveniva innantsi, avvɔlto nel mantɛllo. i due litiganti kom'vennero
allora, ke ssarɛbbe ritenuto pju ffɔrte, ki ffosse riuʃʃito a ffar si,
ke il viaddʒatore si toʎʎesse il mantɛllo di dɔsso. il vɛnto di tramontana
komin'tʃɔ a ssoffjare kom violɛntsa, ma pju ssoffjava, pju il viaddʒatore
si strindʒeva nel mantɛllo; tanto ke alla finɛ il 'povero vɛnto dovette
de'sistere dal suo pro'pɔzito. il sole allora si mos'trɔ nnel tʃɛlo, e
ppoko dopo il viaddʒatore, ke ssentiva kaldo, si tɔlse il mantɛllo. e
lla tramontana fu kkostretta ko'si a rriko'noʃʃere, ke il sole ɛra pju
ffɔrte di lɛi.

---

1 Die Silbe, die den Hauptton trägt, wird durch einen Apostroph vor der Silbe
bezeichnet.

(2) si bistit't∫a:vano un 'dʒorno il 'vɛnto di tramon'ta:na e il 'so:le,
l u:no preten'dɛndo d 'ɛsser pju f'fɔrte del 'laltro, 'kwando 'vi:dero uɱ
vjaddʒa'to:re, ke vve'ni:va in'nantsi, av'vɔlto nel man'tɛllo. i due
liti'ganti koɱ'vennero al'lo:ra, ke ssa'rɛbbe rite'nu:to pju f'fɔrte, ki
f'fosse riu∫'∫i:to a ffar si, ke il vjaddʒa'to:re si toʎ'ʎesse il man'tɛllo
di 'dɔsso. il 'vɛnto di tramon'ta:na komin't∫ɔ a ssof'fja:re koɱ vio'lɛntsa,
ma pju ssof'fja:va, pju il vjaddʒa'to:re si strin'dʒe:va nel man'tɛllo;
'tanto ke alla 'fi:ne il 'po:vero 'vɛnto do'vette de'sistere dal suo
pro'pɔ:zito. il 'so:le al'lo:ra si mos'trɔ nnel 't∫ɛ:lo, e p'pɔ:ko 'do:po
il vjaddʒa'to:re, ke ssen'ti:va 'kaldo, si 'tɔlse il man'tɛllo. e lla
tramon'ta:na fu kkos'tretta ko'si a rriko'no∫∫ere, ke il 'so:le 'ɛ:ra pju
f'fɔrte di lɛi̯.

(3) Si bisticciavano un giorno il vento di tramontana e il sole, l'uno
pretendendo d'esser più forte dell'altro, quando videro un viaggiatore,
che veniva innanzi, avvolto nel mantello. I due litiganti convennero
allora, che sarebbe ritenuto più forte, chi fosse riuscito a far sì, che
il viaggiatore si togliesse il mantello di dosso. Il vento di tramontana
cominciò a soffiare con violenza, ma più soffiava, più il viaggiatore si
stringeva nel mantello; tanto che alla fine il povero vento dovette
desistere dal suo proposito. Il sole allora si mostrò nel cielo, e poco
dopo il viaggiatore, che sentiva caldo, si tolse il mantello. E la tramontana fu costretta così a riconoscere, che il sole era più forte di lei.

Phonologie

Die im wesentlichen auf den im Jahre 1926 gegründeten Prager Linguistenkreis
(wichtige Vertreter sind N.S. Trubetzkoj, R. Jakobson) zurückgehende Methode
der Phonologie untersucht Sprachlaute unter dem Aspekt ihrer Funktionalität
(funktionelle Phonetik). Im Mittelpunkt der Analyse steht das P h o n e m
als kleinste bedeutungsunterscheidende Einheit einer Sprache. Die einfachste
Möglichkeit, Phoneme zu identifizieren, besteht in der K o m m u t a t i o n s -
p r o b e : ergibt sich durch das Ersetzen nur eines Elementes (Lautes) in
einem bestimmten Wort durch ein anderes Element ein anderes Wort oder verliert
das Wort seine Identität, so handelt es sich bei den beiden Elementen um
Phoneme.

_c_ane : _p_ane   /k/ : /p/[1]
_s_ino : _s_ano   /i/ : /a/

Vokalismus:

Das System der italienischen Vokalphoneme entspricht dem S. 55 aufgezeigten
vierstufigen Vokaldreieck. Die phonologische Relevanz der sieben Vokale läßt
sich durch folgende Minimalpaare begründen:[2]

---

1 Phoneme bzw. phonologische Transkription werden durch Schrägstriche
   gekennzeichnet.
2 Kommutationsproben werden nur für die Vokale durchgeführt, die sich jeweils nur durch ein phonetisches Merkmal unterscheiden, da sie im Vokalsystem "benachbart" sind.

/i/ : /e/	/sino/	: /seno/[1]	sino		: seno	
/i/ : /u/	/mito/	: /muto/	mito 'Mythos'		: muto 'stumm'	
/e/ : /ɛ/	/peska/	: /pɛska/	pesca 'Fischfang'		: pesca 'Pfirsich'	
/e/ : /o/	/seno/	: /sono/	seno		: sono	
/ɛ/ : /a/	/bɛllo/	: /ballo/	bello		: ballo	
/ɛ/ : /ɔ/	/ɛ/	: /ɔ/	è		: ho	
/a/ : /ɔ/	/kasa/	: /kɔsa/	casa		: cosa	
/ɔ/ : /o/	/vɔlto/	: /volto/	volto von volgere		: volto 'Gesicht'	
/o/ : /u/	/molte/	: /multe/	molte, Plural Fem. von molto :			
			multe, Plural von multa 'Strafe'			

Für die nicht haupttonigen Vokale gilt folgendes: die nicht sehr stark belasteten Oppositionen (d.h. es gibt nicht viele Minimalpaare mit diesen Oppositionen) /e/ : /ɛ/ und /o/ : /ɔ/ sind in unbetonter Stellung aufgehoben (neutralisiert), d.h. es gilt das dreistufige Phonemsystem (vgl. oben):

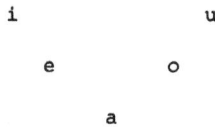

$$i \qquad\qquad u$$
$$e \qquad o$$
$$a$$

Für die Vortonvokale lassen sich folgende Minimalpaare aufstellen:

/i/ : /e/	ristare 'aufhören'	: restare 'bleiben'
/i/ : /u/	girare 'drehen'	: giurare 'schwören'
/e/ : /a/	seccata von seccare	: saccata 'Sackvoll'·
/e/ : /o/	pesare	: posare
/a/ : /o/	cantare	: contare
/o/ : /u/	osare	: usare

Nachtonig kommen die fünf Vokale z.B. in folgenden Wörtern vor:

pertica, vendere, lavano, telefono, modulo

Im Auslaut ist das Vokaldreieck defektiv:

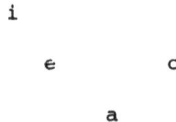

$$i$$
$$e \qquad o$$
$$a$$

da unbetontes kurzes lateinisches u zu italienisch o wird.

/i/ : /e/ : /a/ : /o/   molti : molte : molta : molto.

---

1   Da im Italienischen die Vokallänge nicht phonologisch relevant, sondern von der Silbenstruktur abhängig ist, kann in der phonologischen Transkription auf die entsprechenden diakritischen Zeichen verzichtet werden.

Schwierig ist die Frage zu beantworten, ob [i̯], [j] und [u̯], [w] selbständige
Phoneme oder Varianten von /i/ und /u/ sind. Da [i̯] und [u̯] nur als zweiter Bestandteil einer Vokalverbindung (Diphthong) auftreten, wo [i] und [u] nicht möglich sind, muß man sie als kombinatorische (positionelle) Varianten[1] von /i/ und
/u/ ansehen.

Bezüglich [j] und [w] sind die Meinungen der Linguisten getrennt. Es ließen
sich zwar (allerdings sehr wenige) Minimalpaare bilden (*Piano* von *Pio* mit [i]:
piano 'flach' mit [j]; *lacuale* 'Binnensee' mit [u]: *la quale* mit [w] oder
arcuata 'gebogen, f.' mit [u]: *Arquata* (Name) mit [w]), doch hängt es (so
Camilli, Pronuncia e grafia dell'italiano, Firenze 1965[3] und Fiorelli, Córso
di pronúnzia italiana, Padova 1964) sowohl von äußeren Faktoren (z.B. Sprechge-
schwindigkeit) als auch von der lautlichen Umgebung ab, ob [i] und [u] oder
[j] und [w] realisiert werden. Es kommt hinzu, daß wir es hier streng genommen
nicht mit Minimalpaaren zu tun haben, da in Pi-ano, lacu-ale und arcu-ata
eine Morphemgrenze vorliegt, die in den anderen Wörtern nicht vorhanden ist.
[j] und [w] sind unseres Erachtens ebenfalls als kombinatorische Varianten
von /i/ und /u/ zu werten (vgl. auch Lichem, § 59).

Konsonantismus

Wir müssen darauf verzichten, für alle möglichen konsonantischen Oppositionen
Minimalpaare aufzuführen.

Die konsonantischen Phoneme des Italienischen lassen sich folgendermaßen
schematisch darstellen.

p	t		k
b	d		g
	f	s	ʃ
	v	z	
m	n	ɲ	
		l	ʎ
	r		
		dʒ	

vgl. Übersicht S. 57

Das Phonem /n/ tritt mit den kombinatorischen Varianten [ɱ] (vor [f] und
[v]) und [ŋ] (vor [g] und [k]) auf.

Von den Affrikaten wird nur /dʒ/ als selbständiges Phonem gewertet, da bei
[ts], [dz] und [tʃ] jeweils beide Bestandteile als eigenständige Phoneme vorkommen; [ʒ] tritt jedoch nur in Verbindung mit [d] auf.

---

1   Demgegenüber spricht man von freien (fakultativen) Varianten, wenn in der
    gleichen lautlichen Umgebung verschiedene Laute auftreten, ohne daß dadurch
    eine Bedeutungsänderung eintritt. So ist es z.B. unerheblich, ob im Italie-
    nischen /r/ als uvulares [ʁ] oder alveolares [r] realisiert wird.

Wir kommen also auf eine Gesamtzahl von 25 Phonemen (7 Vokale, 18 Konsonanten). Zahlreiche Forscher nennen jedoch abweichende Zahlen, je nachdem ob sie die Geminaten, [j], [w] und die drei soeben genannten Affrikaten als selbständige Phoneme werten (es ließe sich auf diese Weise eine Höchstzahl von 50 Phonemen errechnen).

Es muß erwähnt werden, daß die Geminaten durchaus distinktiv sein können:

eco   : ecco
fato   : fatto
papa 'Papst'   : pappa 'Kinderbrei' etc.

Der phonologische Status der Geminaten (einzelne Phoneme oder Abfolge zweier gleicher Phoneme) ist umstritten (vgl. H. Stammerjohann in LRL IV, SS. 5-7).

Prosodie

Die Prosodie untersucht die suprasegmentalen (d.h. von anderen Phänomenen nicht abtrennbaren) Erscheinungen einer Sprache, wie z.B. Länge (siehe unten die Vokallänge im Lateinischen), Tonhöhe, Akzent. Wie bereits gezeigt, sind bei den italienischen Konsonanten Länge und Kürze distinktiv. Gleiches gilt für die Akzentstelle:

ancora 'Anker'   : ancora 'noch'
condito 'gegründet'   : condito 'gewürzt'
desideri 'du wünschst'   : desideri 'Wünsche'

Dagegen ist die Tonhöhe (außer zur Unterscheidung von Aussage und Frage) nicht phonologisch relevant.

Diachrone Phonetik

Ebenso wie andere sprachliche Phänomene lassen sich Laute sowohl synchron als auch diachron betrachten (fonetica sincronica / fonetica diacronica).

Das klassische Latein kannte 5 Vokale, wobei Länge und Kürze jeweils phonologisch relevant waren, und drei phonologisch relevante Diphthonge. Bei der Herausbildung des sog. Vulgärlateins kam es zum Zusammenbruch der ursprünglichen Quantitätsoppositionen (sog. Quantitätenkollaps) und zur Herausbildung der Qualitätsoppositionen (Bedeutungsunterscheidung durch Öffnungsgrad der Vokale), wobei die Diphthonge zu Monophthongen wurden (oe > e, ae > ę; aus au entstandenes vlat. [ǫ] nimmt jedoch nicht an der Diphthongierung zu [uǫ] in offener Silbe teil).

klass. Latein ī ĭ ē ĕ ā ŏ ō ŭ ū

Vulgärlatein i e̯ ẹ a ǫ ọ u

Dieses vulgärlateinische Vokalsystem bildet die Grundlage für die Vokalentwick-
lung in den meisten romanischen Sprachen, auch für das Italienische. Abweichungen finden sich vor allem in Dialekten Süditaliens und Siziliens, im Sardischen
und Rumänischen. In der weiteren Entwicklung ist zwischen betonten und unbetonten Vokalen zu unterscheiden; während bei den unbetonten Vokalen die e- und o-
Qualitäten zusammenfallen, zeigt sich bei den betonten Vokalen eine unterschiedliche Entwicklung von [ẹ] und [ǫ] je nach Silbenstruktur: in geschlossener Silbe (gekennzeichnet durch eine nach links offene eckige Klammer:]) bleiben sie
erhalten, während sie in offener Silbe ([) diphthongieren.

u n b e t o n t e   V o k a l e   (nicht im Auslaut)

Vulgärlatein i e ẹ a ǫ o u

Italienisch i e a o u   [e] und [o] mit einer
                              leichten Öffnung

b e t o n t e   V o k a l e

Vulgärlatein i e ẹ a ǫ o u

Italienisch i e ẹ [jɛ a wǫ ọ o u

vino pero tempo piede parte fuoco porta forcà muto

Auch der K o n s o n a n t i s m u s zeigt bei der Entwicklung vom Lateinischen zum Italienischen einige wichtige Veränderungen.

c ([k]) vor e, i, ae > [tʃ]   centum > cento
                                     caelum > cielo
                                     vicinum > vicino

g vor e, i, ae; di̯, j > [dʒ]   gentem > gente
                                     diurnum > giorno
                                     iam > già

pl-[1] > [pj]   placere > piacere
bl- > [bj]   blank (germ.) > bianco
fl- > [fj]   flamma > fiamma

---

1 X- bedeutet: X steht im Anlaut
  -X- bedeutet: X steht zwischen Vokalen = intervokalisch
  -X   bedeutet: X steht im Auslaut

cl- > [kj]	*clamare > chiamare*
gl- > [gj]	*glacia > ghiaccia*
-pl- > [ppj]	*duplum > doppio*
-ffl- > [ffj]	*sufflare > soffiare*
-cl- > [kkj]	*auriculum > orecchio*
-ct-, -pt-, -bt- > tt	*noctem > notte*
	ruptum > rotto
	subtu > sotto
-gd- > dd	*frig(i)du > freddo*
-cs-, -ps- > ss	*saxu > sasso*
	capsa > cassa
-bu̯- > bb	*habuit > ebbe*
-nu̯- > nn	*tenuit > tenne*
-cu̯- > [kkw]	*aqua > acqua*
-li̯- > [ʎʎ]	*filia > figlia*
-ni̯- > [ɲɲ]	*campania > campagna*
-ci̯- > [ttʃ]	*brachium > braccio*
-ti̯- > [tts]	*pretium > prezzo*
-gi̯-, -di̯- > [ddʒ]	*fageum > vlat. *fagjum > faggio*
	hodie > oggi
-pi̯- > [ppj]	*sapiat > sappia*
-mi̯- > [mmj]	*vindemia > vendemmia*
-ri̯- > [j]	*area > aia*, vgl. tosk. *-aio < -arium* (*calzolaio*); im Gegensatz zu süd-ital. *-aro*
-si̯- > [tʃ]	*camisia > camicia*
-m > Ø (verstummt schon im Vlat.)	*gentem > gente*
-n > Ø	*non > no*, betont; aber unbetont *non: non vado*
-r, -l bleiben in lat. Einsilbern erhalten, es ist aber davon auszugehen, daß bereits im Vulgärlatein ein epithetisches -e angefügt wurde:	*cor > core > it. cuore*
	mel > mele > it. miele
-s > i in Einsilbern	*stas > stai*
	nos > noi
	plus > altit. piui
-t > Ø	*amat > ama*

Es muß nochmals darauf hingewiesen werden, daß die obige Liste keineswegs voll-
ständig ist. Es gibt selbstverständlich sowohl Ausnahmen (z.B. Latinismen,
Dialektismen) als auch zahlreiche andere phonetische Erscheinungen wie Assimilation, Dissimilation, Metathese, Aphärese etc. (s. dazu H. Bußmann, Lexikon
der Sprachwissenschaft, Stuttgart 1990[2]).

Eine Erscheinung des heutigen Italienischen, die in der historischen Entwicklung der Sprache begründet ist, muß jedoch noch erwähnt werden: die
s y n t a k t i s c h e   V e r d o p p e l u n g   (*raddoppiamento sintattico*,
rafforzamento sintattico). Es handelt sich dabei um ein Assimilationsphänomen,
wobei der Auslautkonsonant eines proklitischen Wortes (sehr häufig einer
Präposition) mit dem Anlautkonsonanten des folgenden Wortes zu einer Geminate
verschmilzt; phonetisch bilden beide Wörter eine Einheit, auch wenn sie getrennt geschrieben werden; einige sind allerdings schon als feste Fügungen
lexikalisiert.

ad Venetiam > *a Venezia* [avve'nɛttsja] (wie *advocatu* > *avvocato*), *quis sapit*
> *chi sa, chissà* [kis'sa], *et Petrus* > *e Pietro* [ep'pjɛtro]; vgl. Lichem,
§§ 137-139.

A u f g a b e n :

1. Identifizieren Sie anhand der folgenden Angaben die jeweils gemeinten
   Konsonanten:

   - stimmloser dentaler Okklusiv
   - stimmhafter labiodentaler Frikativ
   - stimmloser palataler Frikativ
   - palataler Lateral
   - stimmlose dentale Affrikate

2. Informieren Sie sich bei K. Jaberg/J. Jud, Der Sprachatlas als Forschungsinstrument, Halle 1928, über die im AIS (vgl. Kapitel I.4.2.) verwendete
   Transkription.

3. Transkribieren Sie phonetisch die folgende Textstelle (nach A.P.I.) und kon-
   trollieren Sie die Richtigkeit der Transkription bei Lichem, S. 152-153;
   erklären Sie, worin eventuelle Abweichungen begründet sind.

   Text: Dove un pezzo, dove un altro, dove una lunga distesa di quel vasto e
   variato specchio dell'acqua; di qua lago, chiuso all'estremità o
   piuttosto smarrito in un gruppo, in un andirivieni di montagne, e
   di mano in mano più allargato tra altri monti che si spiegano, a
   uno a uno, allo sguardo, e che l'acqua riflette capovolti, co'
   paesetti posti sulle rive; di là braccio di fiume, poi lago, poi
   fiume ancora, che va a perdersi in lucido serpeggiamento pur tra'
   monti che l'accompagnano, degradando via via, e perdendosi quasi anch'
   essi nell'orizzonte. Il luogo stesso da dove contemplate que' vari
   spettacoli, vi fa spettacolo da ogni parte: il monte di cui passeggiate
   le falde, vi svolge, al di sopra, d'intorno, le sue cime e le balze,
   distinte, rilevate, mutabili quasi a ogni passo, aprendosi e
   contornandosi in gioghi ciò che v'era sembrato prima un sol giogo,
   e comparendo in vetta ciò che poco innanzi vi si rappresentava sulla
   costa: e l'ameno, il domestico di quelle falde tempera gradevolmente
   il selvaggio, e orna vie più il magnifico dell'altre vedute.
   (Alessandro Manzoni, I Promessi sposi, I, nach Lichem, S. 152).

4. Suchen Sie weitere Beispiele für die phonologische Relevanz von Geminaten
   und Akzentstelle.

66

2. Grammatik: Morphologie und Syntax

2.1. Allgemeines

Unter "Grammatik" kann zumindest dreierlei verstanden werden:

- die Strukturierungsebene der Sprache, die zwischen der Ebene des rein Phonischen und der Ebene der Lexik anzusiedeln ist (z.B. "die Grammatik des Italienischen");

- der Zweig der Sprachwissenschaft, der sich mit der sprachlichen Strukturierungsebene "Grammatik" (s.o.) befaßt (z.B. "strukturelle Grammatik des Italienischen");

- ein Lehrbuch, das die grammatischen Strukturen einer Sprache beschreibt (z.B. "eine Grammatik des Italienischen").

Es ist einfach, die Ebene der Grammatik von der Ebene des Phonischen zu unterscheiden: Die grammatischen Elemente sind vollwertige sprachliche Zeichen - also mit *signifiant* und *signifié* -, vgl. z.B. Präpositionen, Konjunktionen, Verbendungen, während Phoneme keine sprachlichen Zeichen sind, da sie nur eine Differenzierungsfunktion, aber keine Bedeutung besitzen. Schwieriger ist die Abgrenzung zwischen Grammatik und Lexik. Manche Linguisten sehen einen wichtigen Unterschied zwischen diesen beiden Ebenen darin, daß die Einheiten der Grammatik eine g e s c h l o s s e n e Liste darstellen - kurz- und mittelfristig verändert sich beispielsweise die Zahl der Artikel, die Zahl der grammatischen Genera oder die der Tempora und der Modi in einer Sprache nicht -, während die Wortschatzelemente ein o f f e n e s Inventar bilden, das einem ständigen Wandel unterliegt - bedingt etwa durch die sich dauernd ändernden Bezeichnungsnotwendigkeiten. Die grammatischen Einheiten einer Sprache existieren in sehr begrenzter Zahl, sind exhaustiv aufzählbar, kommen in den Texten (gesprochene und geschriebene) jedoch sehr häufig vor, da sie sich oft wiederholen. Die lexikalischen Einheiten einer Sprache gehen hingegen in die Hunderttausend, sind nicht exhaustiv aufzählbar und haben eine viel niedrigere Frequenz als die grammatischen Elemente - wenn man von einigen 'Allerweltsverben' absieht. Die Grammatik weist im Gegensatz zum Wortschatz eine relativ große materielle Regelmäßigkeit und starke Rekurrenz auf. Während es in der Grammatik um relativ abstrakte Funktionen und Relationen geht, stellt der Wortschatz die letzte sprachliche Schicht vor dem Übergang zur außersprachlichen Wirklichkeit, d.h. zu den 'Sachen' selbst, dar. Veränderungen in der Realität wirken sich im Sprachlichen zuerst im lexikalischen Bereich (offenes Inventar!) aus. Viel mehr als die Grammatik oder gar der Lautstand einer Sprache spiegelt der Wortschatz die geistig-kulturellen und die politisch-sozial-ökonomischen Verhältnisse einer Sprachgemeinschaft wider.

Aufgabe:

Orientieren Sie sich über das Modell des sprachlichen Zeichens und dessen Eigenschaften bei F. de Saussure.

"Grammatik" in den o.a. Verwendungen wird üblicherweise aufgeteilt in Morphologie und Syntax. Da es Schwierigkeiten in der Abgrenzung der beiden Bereiche untereinander gibt, sprechen manche Autoren - um die Abgrenzungsprobleme zu umgehen - einfach additiv von "Morphosyntax".

M o r p h o l o g i e (Formenlehre)

Unter "Morphologie" wollen wir hier die Lehre von den Formen und den grammatischen Funktionen der Wörter verstehen. Darunter fällt in flektierenden Sprachen in erster Linie die Flexionslehre, d.h. die Untersuchung der Deklination und der Konjugation.

Die Minimaleinheit der Morphologie ist das Morphem.

Definition: Das Morphem ist die kleinste bedeutungstragende Einheit des Sprachsystems.

Vergleichen wir: Auch das Phonem ist - wie das Morphem - eine Minimaleinheit, d.h. eine linear nicht weiter aufteilbare Größe, aber mit dem grundlegenden Unterschied zum Morphem, daß es die kleinste b e d e u t u n g s u n - t e r s c h e i d e n d e - und nicht b e d e u t u n g s t r a g e n d e - Einheit des Sprachsystems darstellt. Ein Morphem ist also ein minimales sprachliches Zeichen, dessen 'signifiant' eine Phonemkette und dessen 'signifié' eine grammatische Funktion ist. Mit letzterer Bestimmung haben wir das Morphem bereits als Basiseinheit der Grammatik festgelegt und schließen uns dabei einer Tradition der europäischen Sprachwissenschaft an, die die kleinsten bedeutungstragenden Einheiten des Sprachsystems aufgliedert in solche der Grammatik: M o r p h e m e , und solche des Wortschatzes: L e x e m e (auch: Semanteme), während eine nordamerikanische Tradition diese Trennung nicht vornimmt und in beiden Bereichen undifferenziert von M o r p h e m e n spricht (es ist natürlich immer möglich, zwischen "grammatischen" und "lexikalischen" Morphemen zu unterscheiden). A. Martinet hingegen gebraucht M o n e m als übergeordneten Terminus:

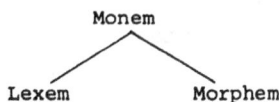

```
                    Monem
                   /     \
              Lexem       Morphem
```

Ein Morphem kann mit einem Wort zusammenfallen, muß aber nicht; zum Begriff "Wort": s. Kapitel "Wortbildung" Abschnitt 1 (S. 79).

Kommen wir nun zu verschiedenen Typen von Morphemen (wir beschränken uns im folgenden auf die Haupttypen und führen dazu Beispiele aus dem Italienischen an)

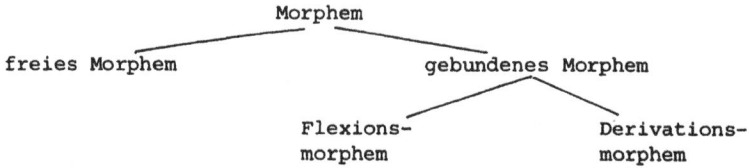

```
                        Morphem
              _____|_____
             |                             |
     freies Morphem              gebundenes Morphem
                              _____|_____
                             |                   |
                       Flexions-            Derivations-
                       morphem              morphem
```

Ein "freies Morphem" ist ein Morphem, das in der Sprache autonom als Wort vorkommen kann, z.B. ital. *il, essa, fra, poiché*, während ein "gebundenes Morphem" nicht selbständig, sondern nur in fester Verbindung mit einem Basiselement auftreten kann, und zwar entweder als Flexionsmorphem, z.B. Deklinations- oder Konjugationsmorphem, vgl. etwa *-iamo* in *andiamo*, oder als Derivationsmorphem – wenn man die Wortbildung zur Morphologie rechnet –, z.B. Präfix und Suffix, vgl. Kapitel "Wortbildung".

Weiterhin kann man die Morpheme danach unterteilen, ob sie ein eigenes signifiant besitzen oder nicht:

- mit eigenem signifiant: z.B. *-ato* in *cantato*, *-ezza* in *bellezza*;
- ohne eigenes signifiant: z.B. das sogenannte Nullmorphem in italienischen Pluralbildungen vom Typ *(il)caffè/(i)caffè, (la)città/(le)città, (la)crisi/ (le)crisi, (il)film/(i)film*, oder Modifizierungen im Lexem durch innere Flexion: Ablaut (ital. *apofonia*) z.B. in *vede/vide*, Umlaut (ital. *metafonesi*) in dialektaler Pluralbildung, z.B. piem. *gat* 'gatto'/*gęt* 'gatti', abruzz. *ken* 'cane'/*kin* 'cani'.

Syntax

Während es sich in der Morphologie um die Paradigmatik der Formen und der grammatischen Funktionen handelt, geht es in der Syntax um die syntagmatischen Verhältnisse, d.h. um die Regeln und Verfahren, nach denen Wörter zu komplexeren Einheiten, zu Syntagmen, Sätzen und Satzgefügen, kombiniert werden. So umstritten wie die Frage: "Was ist Syntax?" (J. Ries) ist in der Sprachwissenschaft die andere Frage: "Was ist ein Satz?" (J. Ries; E. Seidel); siehe dazu B. L. Müller, Der Satz. Definition und sprachtheoretischer Status, Tübingen 1985. Es ist klar, daß die Satzdefinition ein zentrales Problem der Syntax darstellt – in der deutschsprachigen Terminologie wird "Syntax" ja häufig gerade mit "Satzlehre" wiedergegeben. In den zahllosen Versuchen, zu einer Definition des Satzes zu gelangen, greifen die Autoren auf inhaltliche und/oder grammatische und/oder intonatorische Kriterien zurück.

Ohne daß wir hier in eine Diskussion über ihre Stärken und Schwächen eintreten können, wollen wir nachfolgend zwei bekannte - auch in neueren Werken immer wieder zitierte - ältere Satzdefinitionen anführen, die einander recht ähnlich sind:

Der bekannte französische Sprachwissenschaftler A. Meillet (Introduction à l'étude comparative des langues indo-européennes, Paris 1903, 1934[7], Nachdruck University of Alabama Press 1964, S. 355) definiert den Satz als "un ensemble d'articulations liées entre elles par des rapports grammaticaux et qui, ne dépendant grammaticalement d'aucun autre ensemble, se suffisent à elles-mêmes".

Die Definition des Begründers des nordamerikanischen Strukturalismus L. Bloomfield (Language, New York 1933, London 1935, S. 170) lautet wie folgt: "each sentence is an independent linguistic form, not included by virtue of any grammatical construction in any larger linguistic form."

Die syntaktische Analyse sieht je nach den verschiedenen sprachwissenschaftlichen Ansätzen unterschiedlich aus, vgl. dazu in knapper Form etwa H. Gipper, Sprachwissenschaftliche Grundbegriffe und Forschungsrichtungen, München 1978, SS. 139-151. - Als Überblick und Einführung mag dienen: S. Stati, La sintassi, Bologna 1976.

A u f g a b e n :

1. Wenden Sie die bei Gipper unter a), c), d) und e) vorgeführten Beschreibungsverfahren auf die syntaktische Analyse des folgenden italienischen Satzes an:

   Il fiato odoroso di lei [di Angelica] gli [a Tancredi] agitava i capelli.

2. Informieren Sie sich in den einschlägigen terminologischen Wörterbüchern zur Linguistik weiter über die Begriffe "Syntax" und "Satz".

2.2.   Zur Morphologie des Italienischen

Wir wollen hier - wie bereits gesagt - die Morphologie als den Bereich der Formen und der grammatischen Funktionen der verschiedenen Wortarten (partes orationis) auffassen und nachfolgend überblicksartig auflisten, welche sprachlichen Erscheinungen der italienischen Sprache man der Morphologie zurechnen kann (ohne Anspruch auf Vollständigkeit). Wir beschränken uns auf die flektierenden Wortarten:

S u b s t a n t i v : Substantivparadigmen (z.B. *cosa - cose, capo - capi, padre - padri, città - città*); Kategorie "Numerus" (Singular - Plural); Kategorie "Genus" (Maskulinum - Femininum).

A d j e k t i v : Adjektivparadigmen (*vero - vera, dolce - dolce*); Kategorie "Numerus" (wie oben), Kategorie "Genus" (wie oben); Kategorie "Steigerung" (Positiv, Komparativ, relativer Superlativ, absoluter Superlativ oder Elativ).

V e r b : Verbparadigmen (Typen: *cantare, temére, véndere, dormire, finire*); Kategorie "Person" kombiniert mit Kategorie "Numerus" (1. Person Singular, 2. Person Singular, 3. Person Singular, 1. Person Plural, ...); Kategorie "Tempus" (Präsens, Imperfekt, ..., Futur, ...); Kategorie "Modus" (Modi finiti: Indikativ, Konjunktiv, Konditional, Imperativ; modi infiniti: Infinitiv, Partizip, Gerundium); Kategorie "Vox (Diathese)" (Aktiv, Passiv, Reflexiv); Kategorie "Genus" ($\neq$ genus verbi) (Maskulinum - Femininum; tritt nur auf bei der Kongruenz des Partizip Perfekt, z.B. La ragazza è partita stamattina).

P r o n o m e n :

- Personalpronomina: Kategorie "Person" kombiniert mit Kategorie "Numerus" (1. Person Singular, ...); Kategorie "Genus" (Maskulinum - Femininum - Neutrum); Kategorie "Kasus" (Nominativ, Präpositionalkasus, Akkusativ, Dativ); Kategorie "Reflexivität"; Kategorie "Betontheit" (betont - unbetont)

- Possessiva "Zugehörigkeit zu Person (kombiniert mit Numerus)", Kategorien "Numerus" und "Genus" bezogen auf das "Besessene".

- Demonstrativa: Kategorie "Distanz bezogen auf den Sprecher" (nahe - nicht nahe); Kategorie "Numerus" (Singular - Plural); Kategorie "Genus" (Maskulinum - Femininum - Neutrum).

Dazu kommen noch die Relativa, die Interrogativa und die Indefinita, die hier nicht behandelt werden sollen.

Synchrone Beschreibung des bestimmten Artikels

Nicht zuletzt um noch einige wichtige Termini einzuführen, stellen wir nachfolgend kurz die Morphologie des bestimmten Artikels im heutigen Italienisch dar; auf den unbestimmten Artikel und den Partitivartikel gehen wir nicht ein.

Die drei Arten des Artikels gehören zu den Determinationselementen des Substantivs. Die spezifische Funktion des bestimmten Artikels ist nach E. Coseriu die der "Aktualisierung" (Opposition "aktuell"/"virtuell", vgl. E. Coseriu, in: Teoría del lenguaje y lingüistica general, Madrid 1962, SS. 294-295).

Sehen wir uns nun die Formen des bestimmten Artikels im Italienischen und die Bedingungen ihres Vorkommens an.

Der bestimmte Artikel ist numerus- und genusvariabel; die Polymorphie des Artikels zeigt folgendes Schema:

Numerus \ Genus	Maskulinum	Femininum
Singular	il, lo, l'	la, l'
Plural	i gli (gl')	le (l')

Die Wahl der entsprechenden Form des Artikels hängt vom phonischen Kontext,
genauer: vom Anlaut des dem Artikel unmittelbar folgenden Wortes, ab, z.B.
lo studente, aber *il vecchio studente*.

- Die Form *lo* (Mask., Sing.) erscheint vor *s* + Konsonant (s "impura"), z.B.
  lo specchio, lo straniero, vor *sce-, sci-* (z.B. *lo scellerato, lo sciopero*),
  vor *z-* (z.B. *lo zucchero*), vor *gn-* (z.B. *lo gnomo*) (vereinzelt auch mit
  Ausnahmen);
- die Form *l'* (Mask., Sing.) tritt vor Vokal auf, z.B. *l'amico, l'esito,
  l'inganno, l'oro, l'urto*;
- die Form *il* (Mask., Sing.) ist obligatorisch vor Konsonant - mit Ausnahme
  von *s*"impura", *sce-, sci-* und *z-* (vgl. oben), z.B. *il disco, il filo, il
  mito, il suono*;
- die Form *la* (Fem., Sing.) erscheint vor jedwedem Konsonanten, z.B. *la piazza,
  la spiaggia, la scelta, la zona*;
- die Form *l'* (Fem., Sing.) tritt auf vor Vokal, z.B. *l'amica, l'edizione,
  l'impazienza, l'opera, l'unione*;
- die Form *i* (Mask., Plur.) wird unter denselben Bedingungen gebraucht wie *il*
  im Singular (s.o.), z.B. *i dischi, i fili, i miti, i suoni*;
- die Form *gli* (Mask. Plur.) entspricht den Singularformen *lo* und *l'* (s. oben),
  z.B. *gli specchi, gli stranieri, gli scellerati, gli gnomi, gli amici, gli
  esiti, gli urti*, vor *i* kann auch die elidierte Form *gl'* erscheinen:
  gl' Italiani, üblicher aber *gli Italiani*;
- die Form *le* (Fem., Plur.) erscheint vor Konsonant und vor Vokal, z.B. *le
  piazze, le spiagge, le zone, le amiche, le unioni*, vor *e* wird gelegentlich
  die elidierte Form *l'* verwendet, z.B. *l'erbe*, aber geläufiger *le erbe*.

  Gewisse Schwankungen im Gebrauch der maskulinen Artikelformen existieren
vor Wörtern, die mit *ps-, pn-, x-* und vorvokalischem *i-* beginnen, z.B. *lo
psicologo* (seltener *il psicologo*), *lo pneumatico* neben *il pneumatico, lo
xilofono* (daneben die Variante *il silofono*), *lo iato* neben *l'iato* und *il iato*
- entsprechend im Plural.

L i t e r a t u r a n g a b e :

Sehr ausführlich werden die Artikel des Italienischen untersucht in: J. Brunet,
Grammaire critique de l'italien, vol. 2, Paris 1979.

A u f g a b e :

Führen Sie diese Beschreibung für den unbestimmten Artikel weiter.

Kommen wir nochmals zur Morphemanalyse zurück. Es gibt im grammatischen System der italienischen Standardsprache eine funktionelle Einheit, d.h. *ein* Morphem 'maskuliner Artikel im Singular', das je nach dem phonischen Kontext durch eine(s) von drei existierenden "kontextuellen Varianten" (oder "Allomorphen") repräsentiert wird:

	lo	vor *s*+Kons., *sce-*, *sci-*, *z-*
maskuliner Artikel im Singular	*l'*	vor Vokal
	il	vor Konsonant mit Ausnahme von *s* impura, *sce-*, *sci-*, *z-*

Die Artikelvarianten *il*, *lo*, *l'* treten unter den angeführten Bedingungen in "komplementärer Distribution" auf, d.h. sie schließen sich in denselben phonischen Umgebungen aus; sie sind somit "obligatorische Varianten". Der mögliche Gebrauch von *lo* oder *il* vor z.B. *pseudonimo* weist diese Formen hier als "fakultative Varianten" aus.

B i b l i o g r a p h i s c h e   H i n w e i s e :

In der 1. Auflage dieser Einführung haben wir an dieser Stelle darauf hingewiesen, daß für das Italienische kaum verläßliche und keine umfassenden wissenschaftlichen deskriptiven Grammatiken existieren. Dies stimmt inzwischen nicht mehr, da in den letzten Jahren eine Reihe von großen und größeren beschreibenden Grammatiken erschienen bzw. im Erscheinen begriffen sind. Ältere Grammatiken des Italienischen:

- S. Battaglia/V. Pernicone, La grammatica italiana, Torino 1970 (nuova edizione): die immer wieder aufgelegte klassische traditionelle Grammatik des Italienischen (Ausgabe mit oder ohne Übungen).
- M. Regula/J. Jernej, Grammatica italiana descrittiva su basi storiche e psicologiche, Bern-München 1965, 1975[2].
- M. Fogarasi, Grammatica italiana del novecento. Sistemazione descrittiva, Budapest 1969; seconda edizione riveduta e aggiornata, Roma 1983.
- R.A. Hall Jr., La struttura dell'italiano, Roma 1971.

In den vergangenen 15 Jahren sind rasch aufeinander folgend wichtige Grammatiken der italienischen Sprache erschienen:

- A.L. Lepschy/G. Lepschy, The Italian Language Today, London 1977 (ital. Übersetzung: La lingua italiana. Storia, varietà dell'uso, grammatica, Milano 1981; deutsche Übersetzung: Die italienische Sprache, Tübingen 1986).
- M. Dardano/P. Trifone, La lingua italiana. Morfologia. Sintassi. Fonologia. Formazione delle parole. Lessico. Nozioni di linguistica e sociolinguistica, Bologna 1985.
- L. Serianni (con la collaborazione di Alberto Castelvecchi), Grammatica italiana. Italiano comune e lingua letteraria. Suoni, forme, costrutti, Torino 1988 (sehr umfangreich).

- Chr. Schwarze, Grammatik der italienischen Sprache, Tübingen 1988.
- L. Renzi (a cura di), Grande grammatica italiana di consultazione. Volume I:
  La frase. I sintagmi nominale e preposizionale, Bologna 1988 (weitere Bände
  bisher nicht erschienen).
- M. Sensini (con la collaborazione di Federico Roncoroni), La grammatica della
  lingua italiana, Milano 1990.
- W. Reumuth/O. Winkelmann, Praktische Grammatik der italienischen Sprache, Wilhelmsfeld 1991[3] (gut geeignet im Italienischunterricht für Deutschsprachige).
- Die vollständigste deskriptive Grammatik des Italienischen verspricht zu
  werden: J. Brunet, Grammaire critique de l'italien, bisher erschienene Bände 1-11, Paris/Saint-Denis 1978-1991: Bd. 1: Le pluriel; Bd. 2: L'article;
  Bd. 3: Le possessif; Bd. 4: Le démonstratif, les numéraux, les indéfinis;
  Bd. 5: Le genre; Bd. 6: L'adjectif; Bd. 7: La comparaison; Bd. 8: Les pronoms
  personnels; Bd. 9: Tu, voi, lei; Bd. 10-11: Les suffixes.

Eine kritische und z.T. vergleichende Sichtung der Grammatiken von Dardano/
Trifone, Schwarze, Renzi, Serianni, Reumuth/Winkelmann liefert der Sammelband
von E. Radtke (ed.), Le nuove grammatiche italiane, Tübingen 1991.
Wir führen hier keine Grammatiken generativ-transformationeller Ausrichtung
an, da sie nur Teilbereiche der Grammatik behandeln.
Über eine größere Anzahl für Muttersprachler verfaßte Schulgrammatiken des
Italienisch informiert J. Albrecht, "Die italienischen Schulgrammatiken. -
Eine vergleichende Untersuchung aus linguistischer, soziolinguistischer und
sprachdidaktischer Sicht", in: W.N. Mair/H. Meter (Hrsg.), Italienisch in
Schule und Hochschule. Probleme, Inhalte, Vermittlungsweisen, Tübingen 1984,
SS. 7-26.
Auf die Erwähnung von Lehrbüchern und Sprachkursen zum Italienischen kann
hier verzichtet werden, angeführt sei nur: G. Ernst, Einführungskurs Italienisch,
Tübingen 1991[10].

Eine diachrone Fragestellung: Die Herausbildung der italienischen Futurformen

B i b l i o g r a p h i s c h e H i n w e i s e zur historischen Morphologie
und Syntax des Italienischen:

Die besten und umfassendsten historischen Grammatiken des Italienischen sind
die folgenden:
G. Rohlfs, Grammatica storica della lingua italiana e dei suoi dialetti, hier:
vol. II: Morfologia, Torino 1968; vol. III: Sintassi e formazione delle
parole, Torino 1969 und P. Tekavčić, Grammatica storica dell'italiano, hier:
vol. II: Morfosintassi, Bologna 1980[2]. - Mit gesamtromanischer Perspektive:
H. Lausberg, Romanische Sprachwissenschaft, hier: Band III: Formenlehre,
Berlin - New York 1972[2] (der Band Syntax ist nicht erschienen).

Als ein Beispiel für historische Morphologie wollen wir in skizzenhafter Form
die Entwicklung der Futurformen des Italienischen darstellen.

Sowohl das klassische Latein als auch die romanischen Sprachen besitzen in
ihrem Verbalsystem ein Tempus "Futur", aber die romanischen Futurformen haben
sich nicht aus diesen lateinischen Futurformen entwickelt. Die lateinischen
synthetischen Futurformen sind in der gesprochenen Sprache untergegangen; in
den romanischen Sprachen treten uns neuentwickelte Formen zum Ausdruck des
Futurs entgegen. Die romanischen Ersatzformen des Futurparadigmas gehen zwar

alle auf lateinische Periphrasen zurück, aber nicht auf einen materiell einheitlichen Typ. In verschiedenen Mundarten, v.a. in Süditalien, existiert allerdings kein Futurparadigma; dort tritt das Präsens für das Futur ein.

Mögliche Gründe für den Schwund der lateinischen synthetischen Futurform:
- morphologische Schwächen: Die lateinischen synthetischen Futurformen wurden
in den vier Konjugationsklassen heterogen, d.h. nach zwei verschiedenen Verfahren gebildet: einerseits *cantabo, cantabis,* ... und *videbo, videbis,* ...,
andererseits *legam, leges,* ... und *audiam, audies,* ..., wobei in der 3. und 4.
Konjugationsklasse die 1. Person Singular Futur mit der 1. Pers. Sing. Konjunktiv Präsens identisch war (Synkretismus). Durch verschiedene Lautent-
wicklungen im Vulgärlatein fielen dann noch weitere Formen des Futurs mit anderen Verbalformen zusammen (Homophonie): So z.B. fallen die Formen vom Typ
cantabit mit denen vom Typ *cantavit* (Perfekt) zusammen, desgleichen Formen wie
leges, leget mit *legis, legit* (Präsens) im größten Teil der Romania. Solche
materiellen Schwächen könnten das oder zumindest ein Motiv für den Schwund der
synthetischen Futurformen des Lateinischen gewesen sein.
- Semantisch-stilistische Erklärungsversuche: Aufgrund einer spezifischen
  Geisteshaltung soll die rein zeitliche Vorstellung der Zukunft zugunsten
  einer affektischen bzw. modalen Auffassung, zu deren Ausdruck Periphrasen
  des Wollens, des Sollens und des Müssens besonders geeignet sind, aufgegeben worden sein. Zu den Vertretern dieser Richtung siehe E. Coseriu, "Über
  das romanische Futur" [1957], in: E. Coseriu, Sprache - Strukturen und
  Funktionen, Tübingen 1970 (u.ö.), SS. 53-70, der "die Erneuerung des lateinischen Futurs ... in die lange Reihe der Veränderungen eingefügt" sieht,
  "die aus den neuen vom Christentum geschaffenen Ausdrucksbedürfnissen zu
  motivieren sind" (S. 68). Kritisch zu Coserius These: B. Müller in: Romanische Forschungen 76 (1964), SS. 51-54.

Ersatzperiphrasen (Prinzip der "Auxiliation") für die klassisch-lateinischen
Futurformen: P. Wunderli (Modus und Tempus, Tübingen 1976, S. 307) führt diese
auf folgendes Strukturschema (in zwei Stellungsvarianten) zurück:
1. Modalverb im Präsens (+ Präposition) + Infinitiv;
2. Infinitiv + Modalverb im Präsens.

Ad 1. a) Typ *voleo cantare*:	lebt im üblichsten rumänischen Futur fort; auch in alpinlombardisch-tessinischen Mund- arten;	
b) Typ *debeo cantare*:	lebt als ein Typ des sardischen Futurs weiter;	
c) Typ *venio ad cantare*:	ist die Grundlage des Futurs im Surselvischen (= ein Dialekt des Bündnerromanischen)	
d) Typ *habeo cantare*:	bildet das Futur in süditalienischen und sardischen Dialekten sowie im Galicischen;	

e) Typ *habeo de cantare*: ist die Grundlage eines Futurtyps im Portugiesischen:

f) Typ *habeo ad cantare*: lebt im Futur von süditalienischen und
sardischen Dialekten fort.

Ad 2. Typ *cantare habeo*: Diese Periphrase stellt die Basis der Futurformen
in der Mehrzahl der romanischen Sprachen dar: im Italienisch,
Engadinisch (Schriftsprache), Zentralladinisch, Friaulisch, Französisch, Okzitanisch, Katalanisch, Spanisch, Portugiesisch (neben
habeo de cantare).

Die Futurformen des Standarditalienischen *canterò* usw. gehen also auf eine
aus dem Infinitiv des Verblexems und dem Präsens des Modalverbs *habere* gebildete futurhaltige Periphrase mit der ursprünglichen Bedeutung 'ich habe
zu ...' zurück.

Die weitere Entwicklung ist dann - in verkürzter Darstellung - wie folgt
verlaufen:

```
cantare habeo    >  cantaráịo      >  canterò
cantare habes    >  cantarás       >  canterai
cantare habet    >  cantarát       >  canterà
cantare habemus  >  cantar(av)èmus >  canteremo
cantare habetis  >  cantar(av)ètis >  canterete
cantare habent   >  cantaránt      >  canteranno.
```

Die Endungen des italienischen Futurs entsprechen auch heute noch weitgehend
den Indikativ-Präsens-Formen des Verbs *avere* (mit Ausnahme der 1. Pers. Plural;
in der 2. Pers. Plural nur deren Endung).

Abschließend soll noch hervorgehoben werden, daß sich im größten Teil der
Romania die Formen zum Ausdruck des Futurs vom synthetischen lateinischen Typ
cantabo über den analytischen Typ *cantare habeo* wieder zum synthetischen Typ
- vgl. ital. *canterò*, span. *cantaré*, frz. *je chanterai* - 'zurückentwickelt'
haben; eine erneute Hinwendung zum analytischen Typ vollziehen das Französische und das Amerikanisch-Spanisch mit ihrer Präferenz für das periphrastische
Futur *je vais chanter* bzw. *voy a cantar* v.a. in der gesprochenen Sprache. Die
Problematik um die Entwicklung des romanischen Futurs ist in neuerer Zeit
übrigens wieder verstärkt Gegenstand der wissenschaftlichen Diskussion geworden; vgl. auch G. Ineichen in: Festschrift Helmut Stimm, Tübingen 1982,
SS. 111-115.

A u f g a b e :

Orientieren Sie sich in den historischen Grammatiken über die entsprechende
Herausbildung des Konditionals.

2.3.   Zur Syntax des Italienischen

Da heute viele recht unterschiedliche Modelle der Syntax existieren und in der
Linguistik miteinander konkurrieren, steht der Sprachwissenschaftler, der die
Syntax einer bestimmten Sprache beschreiben möchte, vor dem Dilemma der Wahl
des syntaktischen Ansatzes. So kann ein Überangebot an Beschreibungsmodellen
sich auch hemmend auf eine Disziplin auswirken. In der Tat gibt es keine umfassende Darstellung der Syntax der italienischen Sprache.

Nachfolgend beschränken wir uns auf einige Bemerkungen zu einer Reihe von
uns wichtig erscheinenden sprachlichen Erscheinungen, die der Syntax des Italienischen zuzurechnen sind (diese Phänomene können sowohl synchron als auch
diachron untersucht werden). Wir bedienen uns einer vorwiegend traditionellen
Terminologie.

Ebene des S y n t a g m a s :
Unter "Syntagma" wollen wir eine freie (d.h. nicht fixierte) Kombination von
mindestens zwei sprachlichen Zeichen verstehen, die eine bestimmte Funktion
in einer höherrangigen Struktur - im Satz - übernimmt. Das Syntagma nimmt also
einen Rang zwischen Wort und Satz ein. Üblicherweise werden Nominalsyntagmen
(z.B. *il mio medico*) und Verbalsyntagmen (z.B. *parlare chiaramente*) unterschieden.

Zum Nominalsyntagma im Italienischen: Dieses kann sehr einfach strukturiert
sein, z.B. *la macchina, questa macchina*, mit mehr als zwei Gliedern: *le mie
macchine, una bella macchina italiana* usw., wobei das Substantiv jeweils den
Nukleus des Syntagmas bildet. Die Stellung des attributiven Adjektivs - ein
berühmtes Kapitel der Syntax der romanischen Sprachen - ist also diesem Bereich zuzuordnen (vgl. etwa A. G. Sciarone, La place de l'adjectif en italien
moderne, The Hague - Paris 1970).

A u f g a b e :

Informieren Sie sich über die Stellungsregeln des attributiven Adjektivs im
heutigen Italienisch.

Komplexere Formen des Nominalsyntagmas: z.B. *la macchina del presidente, la
macchina di lusso del presidente della Repubblica italiana*. Nominalsyntagmen
können als Subjekt, Objekt oder Apposition in einem Satz funktionieren.

Ebene des S a t z e s (Definition siehe unter 2.1.):
Der Satz in seiner Minimalform besteht aus Subjekt und Prädikat, z.B. *Il
direttore parla* oder *Parliamo* (wobei hier das Subjekt durch die Verbendung aus-
gedrückt wird). Der Satz in erweiterter Form kann zusätzlich enthalten: Ob-
jekte - direktes Objekt, z.B. *Il professore legge un romanzo*, und indirektes

Objekt, z.B. *La guida regala una foto ai turisti* - sowie verschiedene Arten
von Ergänzungen (Zirkumstanten, L. Tesnière), etwa lokaler (z.B. *Passiamo per
la città*), temporaler Natur (z.B. *Non siamo usciti durante tutta la settimana*)
oder der Art und Weise (z.B. *Parlava con molto coraggio*).

Ein Satz wie *La ragazza è bella* besteht aus Subjekt, Prädikat und Prädikats-
nomen, welches in Numerus und Genus mit dem Subjekt kongruiert.

Es gibt verschiedene Möglichkeiten, Sätze zu klassifizieren, so beispielsweise (hier weitgehend nach H. Bußmann, Lexikon der Sprachwissenschaft,
Stuttgart 1983, S. 444):
- Nach ihrer kommunikativen Funktion werden unterschieden: Aussage-, Frage-,
  Befehls- und Ausrufesatz;
- nach der unterschiedlichen Komplexität ihrer syntaktischen Struktur: einfache und komplexe Sätze;
- aufgrund unterschiedlicher Abhängigkeitsbeziehungen: Haupt- und Nebensätze;
- nach der Art ihrer Verknüpfung: koordinierte und subordinierte Sätze (Para-
  taxe und Hypotaxe).

Aufgabe:

Illustrieren Sie die o.a. Satztypen mit italienischen Beispielen.

Ebene des Satzgefüges (Periode):
Unter einem "Satzgefüge" versteht man die "Verknüpfung von syntaktisch nicht-
gleichrangigen Sätzen zu einem komplexen Satz" (W. Abraham, Terminologie zur
neueren Linguistik, Tübingen 1974, S. 387), also z.B. die Verbindung von einem
Hauptsatz mit einem oder mehreren Nebensätzen, vgl. *Ho letto un racconto, il
quale dimostra che il male può essere vinto* (Regula/Jernej, Grammatica ...,
S. 281). Mit dieser Konstruktion - Hauptsatz, davon abhängig ein Relativ-
(neben)satz, davon abhängig ein Objekt(neben)satz - sind wir im Bereich der
Hypotaxe.

Die Nebensätze können nach ihrer Satzgliedfunktion z.B. als Subjekt-, Ob-
jekt-, Adverbial-, Attributivsätze klassifiziert werden, nach semantischen
Kriterien dagegen z.B. als Temporal-, Lokal-, Kausal-, Konzessiv-, Adversativ-,
Final-, Konsekutiv-, Konditionalsätze.

Aufgabe:

Suchen Sie in der Grammatik von Regula/Jernej italienische Beispiele für die
verschiedenen Nebensatztypen.

Aus Platzgründen müssen wir es hier mit diesen fragmentarischen Ausführungen
zur Syntax des Italienischen bewenden lassen.

3.   Wortbildungslehre

3.1.   Allgemeines

> Die sprachliche Bewältigung der sich ständig verändernden Umwelt des Men-
> schen fordert einen ununterbrochenen Ausbau des Wortschatzes. Neue Dinge
> und Erscheinungen des täglichen Lebens müssen bezeichnet werden, neue Ge-
> danken ihre sprachliche Fassung erhalten; neue Termini werden mit dem
> Fortschreiten der Wissenschaften nötig. (W. Fleischer, Wortbildung der
> deutschen Gegenwartssprache, Tübingen 1982[5], S. 9)

Auf diese Bezeichnungsnotwendigkeiten können die Sprecher einer Sprachgemeinschaft in unterschiedlicher Weise reagieren, und zwar

- durch Bedeutungsveränderung von in der betreffenden Sprache existierenden
  Wörtern ("Bedeutungswandel"), vgl. z.B. die Bedeutungserweiterung im ital.
  Wort *schermo* ("Schirm, Schutz") um "Leinwand" (Kino) und "Bildschirm" (Fern-
  sehen); oder

- durch Entlehnung der Bezeichnung ("Fremd- bzw. Lehnwort") gleichzeitig mit
  der Übernahme der 'Sache' selbst aus einer bestimmten Kulturgemeinschaft,
  vgl. z.B. die Übernahme von Sache und Wort *blue-jeans* aus der angloamerikanischen Sphäre der Mode; oder

- durch Bildung neuer Wörter auf der Grundlage des in der betreffenden Sprache
  bereits vorhandenen lexikalischen Materials und der dort funktionierenden
  Wortbildungsverfahren, vgl. z.B. ital. *auto* + *-ista* → *autista*.

Mit dieser zuletztgenannten Möglichkeit der Wortschatzbereicherung befinden wir
uns nun im Bereich der W o r t b i l d u n g   (ital. *formazione delle parole*).

Die sprachwissenschaftliche Disziplin, die sich mit der Wortbildung befaßt,
bezeichnet man als Wortbildungslehre. Mit H. Marchand (The Categories and Types
of Present-Day English Word-Formation, München 1969[2], S. 2) definieren wir die
Wortbildungslehre 'als den Zweig der Sprachwissenschaft, der die Strukturmuster ("patterns") untersucht, nach denen eine Sprache neue lexikalische Einheiten, d.h. Wörter, bildet'.

Hierzu einige Erklärungen:

Der Terminus W o r t b i l d u n g   wird manchmal - in unpräzisem Sprachgebrauch - auch anstelle von W o r t b i l d u n g s l e h r e   verwendet; es
empfiehlt sich jedoch, die Bezeichnung der sprachwissenschaftlichen Disziplin
von der der bestimmten Gestaltungsebene der Sprache, auf der neue Wörter gebildet werden, terminologisch zu trennen: Wortbildungslehre/Wortbildung. Be-
zeichnenderweise existiert für Wortbildungslehre kein generell akzeptierter
'gelehrter' Terminus, wie wir dies für das Deutsche aus der Serie Lautlehre -
Phonetik, Formenlehre - Morphologie, Satzlehre - Syntax, Bedeutungslehre -
Semantik usw. kennen.

Wenn wir nun von "Wortbildung" im soeben präzisierten Sinne sprechen, müssen wir uns klarmachen, daß "Wortbildung" zweierlei meinen kann, nämlich zum einen den Prozeß des Wortbildens, zum andern das Resultat des Wortbildens (die "Wortgebildetheit", so M. Dokulil). Wir haben das Schlüsselwort "pattern" in Marchands Definition mit "Strukturmuster" wiedergegeben. Neue Wörter werden in Analogie zu den in der betreffenden Sprache produktiven Mustern oder Modellen gebildet. Die relative Regelmäßigkeit und die Serialität in der Wortbildung kann man wohl mit E. Coserius Charakterisierung der Wortbildung als einer 'Grammatikalisierung des Wortschatzes' in Verbindung bringen.

Schließlich noch einige Bemerkungen zum Begriff "Wort".

Der Terminus 'Wortbildung' weist auf das   W o r t   als eine   G r u n d -
e i n h e i t   hin, über deren Definition jedoch bisher keine
Einigung besteht. (W. Fleischer, Wortbildung, S. 30)

Wegen gewisser Schwierigkeiten in der Anwendung des Wortbegriffes auf bestimmte sprachliche Fakten ziehen es manche Linguisten vor, diesen aus ihrer Terminologie zu verbannen. Es bedeutet jedoch, Sprachwissenschaft am intuitiven Wissen der Sprecher vorbei zu machen, wenn man die Grundeinheit "Wort" über Bord wirft, denn die Sprecher wissen in der Tat intuitiv sehr gut, was ein Wort ist. Bestimmte in Grenzfällen auftretende Schwierigkeiten sollten kein ausreichender Grund dafür sein, den Wortbegriff als fundamentale Größe aus der Sprachwissenschaft zu eliminieren.

In Anlehnung an L. Bloomfields bekannte Wortdefinition (" a word is a minimum free form") und an W. Fleischer formulieren wir:
Ein Wort ist das kleinste (d.h. nicht trennbare) selbständige (d.h. potentiell isolierbare) sprachliche Zeichen.

Was nun die Stellung der Wortbildung im Gesamtsystem der Sprache und - parallel dazu - die der Wortbildungslehre innerhalb der Sprachwissenschaft betrifft, so gehen hier die Meinungen der Linguisten stark auseinander. Wir können hier die wichtigsten Positionen, die diesbezüglich vertreten wurden bzw. werden, nur unkommentiert anführen:
- Die Wortbildung ist ein Teil der Morphologie
- Die Wortbildung gehört zur Syntax
- Die Wortbildung steht zwischen Morphologie und Syntax
- Die Wortbildung gehört zur Lexik
- Die Wortbildung "ist ein autonomes Gebiet der Sprache, das 'Grammatikähnliches' und rein Lexikalisches einschließt" (E. Coseriu).

A n r e g u n g e n :
1. Die Argumente für und wider diese verschiedenen Positionen sollten im Seminar illustriert und diskutiert werden.

2. Auch die Problematik des Wortbegriffes müßte im Seminar besprochen werden, etwa ausgehend von der Frage: ital. *lo vedo/vedendolo*: ein oder zwei Wörter?

3.2.   Die Verfahren der Wortbildung

Als wichtigste materielle Verfahren der Wortbildung in den romanischen Sprachen - und somit auch im Italienischen - sind die Derivation (Wortableitung) und die Komposition (Wortzusammensetzung) anzuführen.

D e r i v a t i o n : Die Derivation ist dadurch bestimmt, daß sich ein (freies) Basislexem mit einem oder mehreren Affixen zu einer neuen Einheit des Wortschatzes verbindet.

Strukturformel: Derivation = Basislexem + Affix(e)

Vergleiche die Derivate

rifare	*benzinaio*	*snazionalizzare*
Präfix Basislexem	Basis- Suffix lexem	Präfix Basis- Suffix$_1$ Suffix$_2$ lexem

Affixe sind gebundene Wortbildungselemente, die sich je nach ihrer Position in bezug auf das Basislexem untergliedern in:

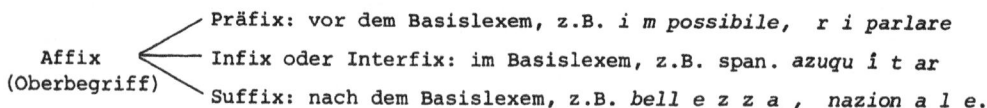

Affix (Oberbegriff) ←

- Präfix: vor dem Basislexem, z.B. i m *possibile*, r i *parlare*
- Infix oder Interfix: im Basislexem, z.B. span. *azuqu* i t *ar*
- Suffix: nach dem Basislexem, z.B. *bell* e z z a , *nazion* a l e.

Präfixe und Infixe verändern die Wortart (pars orationis) des Basislexems nicht (Beispiele siehe oben), bei den Suffixen jedoch gibt es solche, die die Wortart verändern, z.B. *pazzo → pazzia, lavare → lavaggio,* und andere, die die Wortart des Basiswortes nicht verändern, z.B. *sera → serata, gatto → gattone.*

A u f g a b e :

Versuchen Sie, den Unterschied zwischen Suffix (z.B. ital. *-ezza* in *duro → durezza*) und grammatischer Endung (z.B. ital. *-iamo* in *parliamo*) zu bestimmen.

Anzumerken bleibt, daß die Zuordnung der Präfixbildung in der sprachwissenschaftlichen Literatur uneinheitlich ist. Da wir auf die verschiedenen Argumente zur Stützung der jeweiligen Position hier nicht eingehen können, führen wir die unterschiedlichen Auffassungen ohne Kommentar an:

- Die Präfigierung gehört zur Derivation (diese Auffassung wird in der vorliegenden Einführung vertreten)
- Die Präfigierung gehört zur Komposition
- Die Präfigierung stellt eine dritte Hauptart der Wortbildung neben der Komposition und der Suffigierung dar.

Komposition: In der Komposition verbinden sich zwei (eventuell auch mehr als zwei) in der betreffenden Sprache autonom existierende Lexeme zu einer neuen Einheit, zu einem Kompositum.

Strukturformel: Komposition = Lexem + Lexem (+ Lexem(e))

z.B. ital. *vagone letto, aspirapolvere*.

A u f g a b e :

Machen Sie sich mit einer besonderen, in sich sehr kohärenten Konzeption: der "inhaltlichen Wortbildungslehre" E. Coserius vertraut - zu finden in: E. Coseriu, "Die lexematischen Strukturen", in: H. Geckeler (ed.), Strukturelle Bedeutungslehre, Darmstadt 1978, SS. 254-273, insbesondere SS. 268-271.

3.3.   Italienische Wortbildung

3.3.1. Beschreibung der heutigen Synchronie im Überblick (Auswahl)

In diesem Kapitel sollen die wichtigsten Wortbildungsverfahren des heutigen Italienisch in schematisch-knapper Form dargestellt und mit Beispielen illustriert werden.

L i t e r a t u r h i n w e i s :

Die neueste uns bekannte Beschreibung ist: M. Dardano, La formazione delle parole nell'italiano di oggi (primi materiali e proposte), Roma 1978, auf die wir uns im folgenden - v.a. für die Beispiele - stützen; vgl. auch seinen Beitrag im LRL IV, SS. 51-63.

A. Derivation

a) S u f f i x b i l d u n g

Die Suffixbildung gliedern wir nach den Möglichkeiten, wie ein Basislexem von seiner Wortart durch Suffigierung in eine andere Wortart transferiert werden kann; das Suffix bringt seine Bedeutung in das Derivat ein. Hinzu kommen die Suffixableitungen, bei denen sich die Wortart nicht ändert.

Innerhalb der lexikalischen Wortarten - nur lexikalische Einheiten werden in der aktuellen Wortbildung des Italienischen erzeugt - können folgende durch Suffixe bewirkte Transferprozesse festgestellt werden:

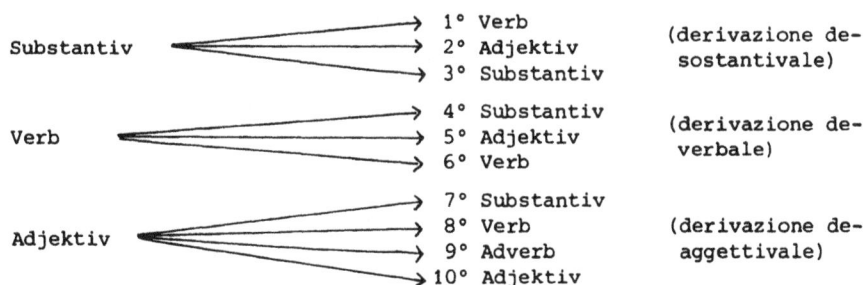

Basis		Transfer	Bezeichnung
Substantiv	→	1° Verb	(derivazione de-
	→	2° Adjektiv	sostantivale)
	→	3° Substantiv	
Verb	→	4° Substantiv	(derivazione de-
	→	5° Adjektiv	verbale)
	→	6° Verb	
Adjektiv	→	7° Substantiv	(derivazione de-
	→	8° Verb	aggettivale)
	→	9° Adverb	
	→	10° Adjektiv	

In der nachfolgenden Übersicht kann keine Vollständigkeit der Suffixe angestrebt werden.

1° Substantiv → Verb:

Durch folgende Suffixe werden Substantive in Verben überführt:

-are: z.B. *telefono* → *telefonare*, *sci* → *sciare*, *emulsione* → *emulsionare*;

-eggiare: z.B. *alba* → *albeggiare*, *onda* → *ondeggiare*;

-izzare: z.B. *canale* → *canalizzare*, *atomo* → *atomizzare*;

-ificare: z.B. *pane* → *panificare*, *ramo* → *ramificare*.

2° Substantiv → Adjektiv:

Durch folgende Suffixe werden Substantive zu Adjektive gemacht:

-are: z.B. *popolo* → *popolare*, *secolo* → *secolare*;

-ario: z.B. *ferrovia* → *ferroviario*, *finanza* → *finanziario*;

-ale: *funzione* → *funzionale*, *zona* → *zonale*;

-ile: *febbre* → *febbrile*, *primavera* → *primaverile*;

-esco: z.B. *libro* → *libresco*, *carnevale* → *carnevalesco*;

-ivo: z.B. *oggetto* → *oggettivo*, *abuso* → *abusivo*;

-ico: z.B. *atmosfera* → *atmosferico*, *film* → *filmico*;

-istico: z.B. *calcio* → *calcistico*, *borsa* → *borsistico*;

-oso: z.B. *paura* → *pauroso*, *bosco* → *boscoso*.

3° Substantiv → Substantiv:

Bei diesem Derivationstyp bleibt die Wortart dieselbe. Folgende inhaltlich
bestimmte Gruppen von Suffixableitungen können angeführt werden:

Nomina agentis:

-aio: z.B. *benzina* → *benzinaio*, *orologio* → *orologiaio*;

-ario: z.B. *biblioteca* → *bibliotecario*, *proprietà* → *proprietario*;

-iere: z.B. *giardino* → *giardiniere*, *timone* → *timoniere*;

-ista: z.B. *piano* → *pianista*, *cubismo* → *cubista* (Suffixsubstitution).

Nomina loci:

-eria: z.B. *birra* → *birreria*, *orologio* → *orologeria*;

- ificio: z.B. *maglia* → *maglificio*, *zucchero* → *zuccherificio*;

-aio: z.B. *grano* → *granaio*, *pollo* → *pollaio*;

-ile: z.B. *cane* → *canile*, *fieno* → *fienile*;

-eto bzw. *-eta* (mit kollektiver Bedeutung): z.B. *castagno* → *castagneto*,
     pino → *pineta*.

Nomina instrumenti:

-ario: z.B. *lampada* → *lampadario*, *scheda* → *schedario*;

-iere: z.B. *candela* → *candeliere*, *brace* → *braciere*;

-iera: z.B. *tè → teiera, insalata → insalatiera*.

Kollektivbildung (z.T. mit pejorativer Bedeutung):

-aglia: z.B. *ferro → ferraglia, ragazzo → ragazzaglia*;

-eria: z.B. *cristallo → cristalleria, argento → argenteria*.

Diminutivbildung:

-ino: z.B. *bacio → bacino, mano → manina*;

-etto: z.B. *ragazzo → ragazzetto, casa → casetta*;

-ello: z.B. *albero → alberello, paese → paesello*.

Augmentativbildung:

-one: z.B. *coltello → coltellone, libro → librone*;

-accio(+ pejorativ): z.B. *coltello → coltellaccio, donna → donnaccia*.

Pejorativbildung:

-astro: z.B. *medico → medicastro, poeta → poetastro*.

4° Verb → Substantiv:
Durch folgende Suffixe werden Verben in Substantive transferiert:
Nomina actionis:

-zione: z.B. *circolare → circolazione, esportare → esportazione*;

-aggio: z.B. *lavare → lavaggio, ingrassare → ingrassaggio*;

-mento: z.B. *cambiare → cambiamento, spostare → spostamento*;

-ura: z.B. *fornire → fornito → fornitura, rompere → rotto → rottura*;

-anza, -enza: z.B. *predominare → predominanza, interferire → interferenza*;

-Nullsuffix: z.B. *disprezzare → disprezzo, classificare → classifica*.
Nomina agentis bzw. instrumenti:

-tore/-trice: z.B. *portare → portatore/portatrice, amplificare → amplificatore*;

-ante, -ente: z.B. *insegnare → insegnante, supplire → supplente*.

5° Verb → Adjektiv:
Durch folgende Suffixe werden Verben zu Adjektive gebildet:
-ante, -ente: z.B. *abbondare → abbondante, nutrire → nutriente*;

-tore/-trice: z.B. *lavorare → lavoratore* (auch Subst.), *copiare → (macchina) copiatrice*;

-bile: z.B. *realizzare → realizzabile, durare → durabile*;

-evole: z.B. *ammirare → ammirevole, lodare → lodevole*.

6° Verb → Verb

Erhaltung der Wortart. Die folgenden Suffixbildungen (man könnte sie auch als Infigierung interpretieren) stellen Diminutiva und/oder Frequentativa dar:

-(er/ar)ellare: z.B. cantare → canterellare, saltare → saltellare, saltarellare;

-ettare, -ottare: z.B. fischiare → fischiettare, pizzicare → pizzicottare;

-icchiare, -acchiare, -ucchiare: z.B. cantare → canticchiare, rubare →

rubacchiare, mangiare → mangiucchiare.

7° Adjektiv → Substantiv:

Durch folgende Suffixe werden Adjektive in Substantive transferiert:

-ezza: z.B. bello → bellezza, consapevole → consapevolezza;

-ia: z.B. allegro → allegria, cortese → cortesia;

-izia: z.B. avaro → avarizia, amico → amicizia;

-ità (-età, -tà): z.B. capace → capacità, proprio → proprietà, nobile → nobiltà;

-ore: z.B. bianco → biancore, chiaro → chiarore;

-anza, -enza: z.B. lontano → lontananza, scemo → scemenza;

-ismo (-esimo): z.B. bilingue (Adj. oder Subst.) → bilinguismo, cristiano
                    (Adj. oder Subst.) → cristianesimo;

-Nullsuffix: z.B. bruno → il bruno, finale → la finale, militante →
                il/la militante.

8° Adjektiv → Verb:

Durch folgende Suffixe werden Adjektive in Verben überführt:

-are: z.B. attivo → attivare, calmo → calmare;

-izzare: z.B. radicale → radicalizzare, formale → formalizzare;

-eggiare: z.B. bianco → biancheggiare, folle → folleggiare;

-ificare: z.B. intenso → intensificare, solido → solidificare.

9° Adjektiv → Adverb:

Im Italienischen wie in anderen romanischen Sprachen können Adverbien von Adjektiven abgeleitet werden, indem man das Suffix -mente an die feminine Form des Adjektivs anfügt, z.B. chiaro, a → chiaramente, dolce → dolcemente.

10° Adjektiv → Adjektiv:

Erhaltung der Wortart. Die folgenden Suffixbildungen umfassen:
Diminutiva (siehe auch Punkt 3°):

-ino: z.B. caro → carino, bello → bellino;

-etto: z.B. aspro → aspretto, basso → bassetto;

-ello: z.B. tenero → tenerello, cattivo → cattivello.

Augmentative (siehe auch Punkt 3°):

-one: z.B. facile → facilone.

Attenuativa (abschwächende Bildungen):

-astro: z.B. *bianco → biancastro, giallo → giallastro*;

-occio: z.B. *bello → belloccio*.

b) P r ä f i x b i l d u n g

Aus dem sehr umfangreichen Inventar der italienischen Präfixe wählen wir nur
einige wenige zur Illustration aus.

-Präfixe mit räumlich-zeitlicher Bedeutung:

pre-: z.B. *prelavaggio*; ante-: z.B. *anteguerra*; post-: z.B. *postbellico*;
trans-: z.B. *transatlantico*; intra-: z.B. *intramuscolare*; inter-:
z.B. *interplanetario*; sub-: z.B. *subalpino*.

-Intensivierende Präfixe:

arci-: z.B. *arciricco*; extra-: z.B. *extrafino*; super-: z.B. *supermercato*;
stra-: z.B. *strapieno*; ultra-: z.B. *ultramoderno*; iper-: z.B.
ipersensibile.

-Negativpräfixe:

in-(im-, il-, ir-): z.B. *indeciso, impossibile, illegale, irreale*;
s-: z.B. *scontento*; dis-: z.B. *disonesto*; a-(an-): z.B. *apolitico, analcolico*.
- Bei den Verbalpräfixen beschränken wir uns auf solche zum Ausdruck der Wiederholung: ri-: z.B. *rivedere, ritagliare*, und der Negation: dis-: z.B. *disarmare,
diseducare*; s-: z.B. *scompletare, scaricare*.

c) P a r a s y n t h e t i c a

Parasynthetica sind Ableitungen, die g l e i c h z e i t i g mittels eines
Präfixes und eines Suffixes gebildet werden.
Strukturformel: Parasynthetische Bildung = Präfix + Basislexem + Suffix
Beispiele für italienische Parasynthetica:

bottiglia → imbottigliare, profondo → approfondire, battere → imbattibile.

Damit eine Bildung wie *imbattibile* als parasynthetisch interpretiert werden
kann, darf weder *imbattere* noch *battibile* im Italienischen als Wort existieren. Dies hat zur Folge, daß z.B. eine Bildung wie *riadattamento* kein Para-
syntheticum darstellt, denn sie kann sowohl von *adattamento* als auch von
riadattare abgeleitet werden.

B. Komposition

Immer wieder wird darauf hingewiesen, daß die Komposition in den romanischen
Sprachen wesentlich weniger produktiv ist als beispielsweise im Deutschen und

86

im Englischen. Diesem Urteil wird man im großen und ganzen zustimmen können, aber zuvor müßte man doch erst genau untersuchen, welche Wortkombinationen die Bedingungen für Komposita erfüllen und welche nicht, vgl. z.B. ital. *cane di razza, motore a benzina, camera da letto; crisi economica, codice civile.*

Was die Produktivität und Typenvielfalt der Komposition im Italienischen im Hinblick auf die Wortart der erzeugten Komposita betrifft, so stellt man fest, daß die Substantivkomposita bei weitem überwiegen (s.u.), daß die Adjektivkomposition nur sehr begrenzt existiert (vgl. z.B. *sordomuto, grigio-verde, italo-francese*) und daß Verbkomposita - wenn wir von den Funktionsverb-gefügen wie z.B. *aver luogo, fare allusione, tener testa* einmal absehen - kaum existieren (vgl. etwa *mandare giù, mettere addosso*) - Bildungen wie z.B. *mantenere (< manu tenere), manovrare, capovolgere* stellen nicht synchron-aktuell, sondern nur in diachroner Perspektive Verbkomposita dar.

Im folgenden beschränken wir uns auf einige Ausführungen zu zwei im Ita-lienischen sehr produktiven Typen von Substantivkomposita:

1. Typ: Substantiv + Substantiv:
Das erste Substantiv im Kompositum stellt das bestimmte Element (Determinatum), das zweite Substantiv das bestimmende Element (Determinans) dar, z.B. "con-ferenza stampa" ist eine "conferenza", und zwar für die Presse ("stampa"); dagegen umgekehrt im Deutschen (*Pressekonferenz*) und im Englischen (*press conference*) (Dieser germanische Stellungstyp findet sich auch in neueren italienischen Bildungen, vgl. z.B. *autoscuola, autocolonna*).

Dieser Kompositionstyp läßt sich in verschiedene Untertypen gliedern (vgl. M. Dardano, La formazione ..., SS. 181-185), was aber für unsere Zwecke hier nicht weiterverfolgt werden kann.

Weitere Beispiele: *aereo cisterna, vagone letto, uomo-rana, romanzo fiume, guerra lampo, busta paga, scatola sorpresa.*

2. Typ: "verbales" Element + Substantiv:
Dieser in den romanischen Sprachen sehr verbreitete und produktive Komposi-tionstyp (vgl. z.B. ital. *apriscatole*, frz. *ouvre-boîtes*, span. *abrelatas*) ist in der Forschung - sowohl was seinen Ursprung (er hat kein Modell im klassischen Latein) als auch was die Interpretation des ersten Elementes (ursprünglicher Imperativ; reines Verbalthema; 3. Person Singular Indikativ Präsens; vom Verbum mit Nullmorphem abgeleitetes Substantiv) betrifft - viel diskutiert worden und wird weiter diskutiert. Die im Italienischen sehr zahl-reich existierenden Komposita dieses Typs dienen zur Bezeichnung von Perso-nen (z.B. *guardaboschi, lustrascarpe, giramondo, portalettere*), Tieren (z.B. *beccapesci, beccafico, batticoda, mangiaformiche*), Pflanzen (z.B. *bucaneve,*

cambiacolore), insbesondere jedoch von Geräten einfacherer Art (z.B. *asciuga-
capelli, aspirapolvere, cavatappi, copripiatti, guardavivande, lavabottiglie,
paramosche, portabagagli, portafiammiferi, rompighiaccio, scaldabagno,
tagliacarte*), wobei das zweite Kompositionsglied meist als direktes Objekt
zum verbalen Inhalt des ersten Kompositionselementes funktioniert, vgl.
z.B. *apribottiglie* "arnese per aprire le bottiglie ...".

Zu verweisen ist auch auf die gelehrten Bildungen (formazioni dotte),
vgl. z.B. *carnivoro, petrolifero, erbicida*.

3.3.2. Diachronie

In der diachronen Perspektive werden Herkunft und Entwicklung der Verfahren
und Elemente der Wortbildung untersucht.

L i t e r a t u r a n g a b e n :

Als Überblicksdarstellungen der diachronen Wortbildungslehre des Italienischen
ist zu verweisen auf: G. Rohlfs, Grammatica storica della lingua italiana e
dei suoi dialetti, vol. III: Sintassi e formazione delle parole, Torino 1969,
SS. 337-474;
P. Tekavčić, Grammatica storica dell'italiano, vol. III: Lessico, Bologna
1972, SS. 17-229 (auch mit Information zur Synchronie).

Als ein Beispiel für eine diachrone Fragestellung innerhalb der italienischen
Wortbildungslehre soll die Entwicklung des wichtigen Nominalsuffixes *-arius*
vom Lateinischen bis zum heutigen Italienisch kurz aufgezeigt werden (*-arius*
lebt in allen romanischen Sprachen fort).

Im Lateinischen diente *-arius* zunächst zur Bildung von Adjektiven aus
Substantiven, vgl. z.B. *capra → caprarius* ("zur Ziege gehörig"), *argentum →
argentarius*, kann dann aber auch Nomina agentis ableiten, z.B. *calceolarius,
ferrarius, furnarius*; so auch in den roman. Sprachen.

Es ist interessant festzustellen, daß das lateinische Suffix *-arius* im
Italienischen in vier verschiedenen Formen erscheint:

- in volkstümlich-toskanischer Entwicklung: *-aio*, z.B. *calzolaio, pecoraio,
  lattaio*;
- in gelehrter Form: *-ario*, z.B. *funzionario, bibliotecario*;
- als regionale oder analogisch gebildete Variante: *-aro*, z.B. *carbonaro,
  campanaro, marinaro*;
- als Entlehnung aus dem Französischen: *-iere* (< frz. *-ier* < lat. *-arius*),
  z.B. *cavaliere, barbiere, cancelliere*.

N.B.: Auch einige andere Suffixe des Italienischen sind französischen Ursprungs, z.B. *-aggio, -eria, -igia*.

A u f g a b e :

1. Welche anderen Bezeichnungsbereiche neben dem des Nomen agentis deckt das italienische Suffix *-aio* noch ab?
2. Untersuchen Sie Herkunft und Funktion(en) des italienischen Präfixes *s-* (z.B. *spiovere*), ausgehend von H. Marchand, "The Question of Derivative Relevancy and the Prefix *s-* in Italian", Studia Linguistica 7 (1953), SS. 104-114; auch in: H. Marchand, Studies in Syntax and Word-Formation (ed. D. Kastovsky), München 1974, SS. 159-171 - dort werden auch zwei weitere Aufsätze (von G. Devoto und R. Brøndal) zu diesem Präfix vorgestellt.

4. Lexikologie und Lexikographie

4.1.1. Lexikologie - synchron

Die **L e x i k o l o g i e** ist der Zweig der Sprachwissenschaft, der sich mit der materiellen und inhaltlichen Erforschung und Beschreibung des Lexikons - d.h. des Wortschatzes - einer oder mehrerer Sprachen befaßt. Die Lexikologie kann synchron oder diachron ausgerichtet sein. Im folgenden liegt der Schwerpunkt auf der Synchronie.

> Unter Lexikon ist die Gesamtheit der Wörter einer Sprache zu verstehen, die der unmittelbaren Gestaltung der außersprachlichen Wirklichkeit entsprechen. Zum Lexikon in diesem Sinne gehören also nicht alle "Wörter" einer Sprache, sondern nur diejenigen, die in dieser Sprache für die gemeinte außersprachliche Wirklichkeit selbst stehen. ...
> Nur die Lexemwörter gehören mit vollem Recht zum Lexikon und somit zum Gegenstand der Lexikologie. (E. Coseriu, "Semantik und Grammatik", in: Neue Grammatiktheorien und ihre Anwendung auf das heutige Deutsch. Jahrbuch 1971 des Instituts für deutsche Sprache, Düsseldorf 1972, SS. 77-89, S. 80).

Die Lexemwörter gehören den Wortarten Substantiv, Verb, Adjektiv und z.T. Adverb an, z.B. *albero*, *correre*, *breve*, *lentamente*.

Zu "Lexikon" in seiner Bedeutung 'Wörterbuch': siehe S. 99ff.

Als eine Teildisziplin der Lexikologie kann die "Semantik" (im Sinne der Wortsemantik) betrachtet werden.

L i t e r a t u r a n g a b e n :

Aus der großen Fülle der Literatur zur Semantik verweisen wir stellvertretend auf folgende Publikationen: als Überblick: G. Berruto, La semantica, Bologna 1976, und S. Stati, Manuale di semantica descrittiva, Napoli 1978. - Spezieller zur strukturellen Semantik: eine Anthologie: H. Geckeler (Hrsg.), Strukturelle Bedeutungslehre, Darmstadt 1978 (darin u.a. auch die grundlegenden Aufsätze von E. Coseriu in deutscher Übersetzung). - Zur Geschichte und Theorie der strukturellen Semantik: H. Geckeler, Strukturelle Semantik und Wortfeldtheorie, München 1982[3]; in italienischer Übersetzung: La semantica strutturale, Torino 1979.

Mit dem Terminus *Semantik* (deutsch auch *Bedeutungslehre*) bezeichnen wir den Zweig der Sprachwissenschaft, der sich ausschließlich mit der Bedeutung der Lexeme - d.h. mit der lexikalischen Bedeutung - beschäftigt, wobei man unter "lexikalischer Bedeutung" das "*Was* der Erfassung" (E. Coseriu) der außersprachlichen Wirklichkeit zu verstehen hat.

N.B.: Neben dieser geläufigen engen Auffassung von "Semantik" existiert auch eine weiterreichende Verwendung dieses Terminus (v.a. des Adjektivs *semantisch*):

> Die Semantik ist im weitesten Sinne die Untersuchung der sprachlichen Inhalte, d.h. der semantischen Seite der Sprache. Da nun die ganze Sprache per definitionem "semantisch" ist, so hat die Semantik in diesem Sinne die ganze Sprache als ihr Objekt. (E. Coseriu, "Semantik und Grammatik", S. 81).

Zur Terminologie: Bevor der Terminus *Semantik* 1883 von dem französischen Sprachwissenschaftler M. Bréal in die Linguistik eingeführt wurde und dann vor allem seit der Mitte unseres Jahrhunderts international zur gängigen Bezeichnung der Disziplin geworden ist, existierten bereits der deutsche Terminus *Bedeutungslehre* sowie die Bezeichnung *Semasiologie*, die vor 1829 von dem Altphilologen Ch. K. Reisig gebraucht wurde und bis in unsere Tage immer wieder in diesem weiten Sinne Verwendung findet.

Über die Abgrenzung der linguistischen Semantik von der Semantik der Logiker und der "General Semantics" und über die Unterscheidung von "Wortsemantik" und "Satzsemantik" orientiert knapp: H. Geckeler, Strukturelle Semantik des Französischen, Tübingen 1973, SS. 1-2, 11 (= Romanistische Arbeitshefte Nr. 6). N.B.: *Semasiologie* und *Semantik* dürfen nicht mit den ähnlich lautenden Termini *Semiologie* und *Semiotik* verwechselt werden, welche die Lehre oder Theorie von den Zeichen allgemein bezeichnen.

Semasiologie - Onomasiologie

Bei dieser Unterscheidung handelt es sich um zwei verschiedene Fragestellungen innerhalb der Semantik. Die Semasiologie im engen Sinne geht von einem *signifiant* (Lautkörper) aus und untersucht die damit verbundenen *signifiés* (Bedeutungen) in ihrer Vielfalt ("semasiologisches Feld", K. Baldinger) und eventuell in ihren Veränderungen (Bedeutungswandel). Die Onomasiologie (der Terminus wurde 1902 von A. Zauner eingeführt) dagegen geht von einem *signifié* bzw. Begriff (in der Praxis sogar z.T. von einer Sache der außersprachlichen Wirklichkeit) aus und fragt nach den verschiedenen *signifiants* ("onomasiologisches Feld"), die den betreffenden Inhalt 'bezeichnen' können (in diachroner Perspektive: Bezeichnungswandel).

Fragestellung in etwas vereinfachter schematischer Form:

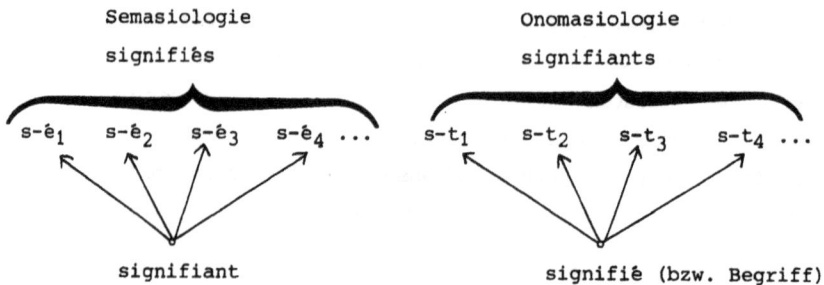

Semasiologie   Onomasiologie

signifiês   signifiants

$s-\hat{e}_1 \quad s-\hat{e}_2 \quad s-\hat{e}_3 \quad s-\hat{e}_4 \ldots$ $\qquad s-t_1 \quad s-t_2 \quad s-t_3 \quad s-t_4 \ldots$

signifiant   signifiê (bzw. Begriff)

z.B.:

'Vernunft' 'Grund' 'Verhältnis' ...   bosco selva foresta macchia

/ratione/   'Wald'

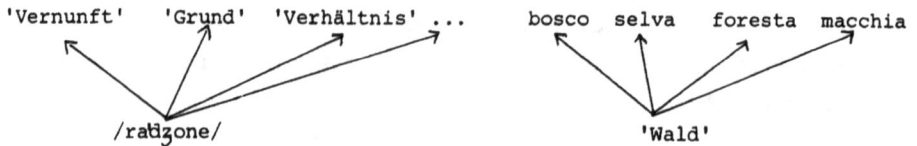

Literaturangaben:

Mit den theoretischen Grundlagen von Semasiologie und Onomasiologie haben sich in den vergangenen Jahren insbesondere K. Baldinger und K. Heger befaßt.

Als Beispiele aus der sehr reichen onomasiologischen Forschungsliteratur seien erwähnt: L. Söll, Die Bezeichnungen für den Wald in den romanischen Sprachen, München 1967 (Gesamtromanisch - außer Rumänisch; keine ausschließlich onomasiologische Untersuchung, sondern auch mit semasiologischer Perspektive; diachron und synchron ausgerichtet, unter Einbeziehung der Sprachgeographie; die italienischen Verhältnisse werden auf SS. 191-258 bzw. 266 behandelt). - C. Abegg-Mengold, Die Bezeichnungsgeschichte von Mais, Kartoffel und Ananas im Italienischen. Probleme der Wortadoption und -adaptation, Bern 1979 (gute Verbindung von Kulturgeschichte und onomasiologisch orientierter Wortgeschichte). - Über den Stand der vielbetriebenen onomasiologischen Studien bis zur Jahrhundertmitte informiert ausführlich: B. Quadri, Aufgaben und Methoden der onomasiologischen Forschung. Eine entwicklungsgeschichtliche Darstellung, Bern 1952. - Für die folgende Zeit: L. Corrà, "Contributo alla bibliografia onomasiologica. Dominio italiano." In: M. Cortelazzo (ed.), La Ricerca Dialettale III, Pisa 1981, SS. 393-478.

Zum Verhältnis von Wortschatz und Grammatik haben wir bereits im Kapitel "Grammatik" Abschnitt 1 kurz etwas ausgeführt; zum Begriff "Wort": siehe Kapitel "Wortbildung" Abschnitt 1.

Wir haben auch bereits erwähnt, daß "die Elemente bzw. Einheiten des Wortschatzes ... L e x e m oder l e x i k a l i s c h e E i n h e i t genannt" werden (Ch. Schwarze/D. Wunderlich (Hrsg.), Handbuch der Lexikologie, Königstein/Ts. 1985, S. 9).

Strukturen des Wortschatzes

a) Zunächst einmal kann festgestellt werden, daß der Wortschatz einer Sprache *einfache* Lexeme und *komplexe* Lexeme enthält, z.B. ital. *dente, breve, erba,*

stile, aspirare gegenüber *dentista, brevità, erboso, stilizzare, aspirapolvere;*
die komplexen Lexeme werden durch die Verfahren der Wortbildung erzeugt und
dann dem Wortschatz zugeführt. In der strukturell-funktionellen Semantik von
E. Coseriu entspricht die obige Unterscheidung der zwischen *primären* und *se-
kundären* paradigmatischen lexematischen Strukturen.
b) Einen ausschließlich semantisch fundierten Strukturierungsansatz des Wortschatzes stellen die *Inhaltsrelationen* dar, die im Mittelpunkt der strukturellen Semantik v.a. von J. Lyons stehen (vgl. J. Lyons, Introduction to Theo-
retical Linguistics, Cambridge 1968, SS. 443-470, und Semantics, Vol. I, Cambridge 1977, SS. 270-301). Es handelt sich um folgende semantische Relationen,
die zwischen Lexemen bestehen können (unsere Erklärungen sind nicht immer die
von Lyons angeführten):
1° *Synonymie*: Unter "Synonymie" versteht man in einem strikten Sinne "Bedeu-
tungsgleichheit" (von Wörtern), in einem lockereren und realistischeren Verständnis dagegen bedeutet Synonymie "Bedeutungsähnlichkeit". Totale Synonymie
scheint im Wortschatz unserer Sprachen nicht zu existieren (höchstens in Fach-
terminologien). Beispiele für Synonyme ("bedeutungsähnliche Wörter"): *corto-
breve; vecchio - anziano - antico - annoso; battaglia - combattimento - lotta -
conflitto; ostacolo - impedimento - intoppo - inciampo.*

Literaturangabe:

Zur Synonymie: H. Geckeler, Strukturelle Semantik und Wortfeldtheorie, SS.
234-238 (mit weiterer Literatur).

Aufgabe:

Suchen Sie selbst weitere Synonyme und versuchen Sie, diese anhand der Definitionen aus einsprachigen Wörterbüchern zu differenzieren.

2° *Hyponymie*: wird als "Inklusion" oder "einseitige Implikation" bestimmt,
d.h. es handelt sich um das hierarchische Verhältnis von untergeordneten In-
halten zu einem übergeordneten Inhalt, z.B.

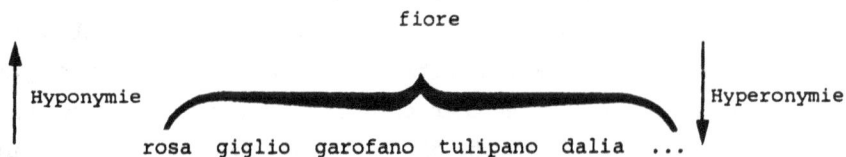

fiore

Hyponymie   Hyperonymie

rosa giglio garofano tulipano dalia ...

'Rosa', 'giglio', ... sind Hyponyme von 'fiore'; 'rosa', 'giglio', ... sind
untereinander Ko-Hyponyme; 'fiore' ist dagegen das Hyperonym zu all diesen
Blumennamen.

3° *Inkompatibilität:* wird von Lyons nach dem Kriterium des kontradiktorischen Verhältnisses zwischen Sätzen definiert. So bilden z.B. die Farbadjektive einen Verband von inkompatiblen Lexemen, vgl. ital. *rosso, azzurro, verde,* denn von demselben einfarbigen Haus kann nicht gleichzeitig gesagt werden: *Questa casa è rossa; questa casa è azzurra; questa casa è verde.* Wohingegen beispielsweise Farb- und Dimensionsadjektive zwar inhaltsverschieden, aber kompatibel sind, vgl. etwa *questa casa è piccola e verde.* Die Inkompatibilität muß von der bloßen Inhaltsverschiedenheit abgehoben werden.

4° *Antonymie i.w.S.:* ("'oppositeness' of meaning", J. Lyons): Etwas vereinfachend kann man drei Untertypen unterscheiden:

α) Komplementarität: wird nach dem Prinzip der Logik des "tertium non datur" (kontradiktorischer Gegensatz) definiert; Beispiele: *vita - morte, maschio - femmina; presente - assente.*

β) Antonymie i.e.S.: entspricht dem Prinzip der Logik des "tertium datur" (konträrer Gegensatz); die Antonyme i.e.S. werden durch Graduierbarkeit und Polarität bestimmt, z.B. *giovane - vecchio, piccolo - grande, alto - basso, bello - brutto, buono - cattivo.* So ist es also möglich zu sagen: *Il ragazzo è molto brutto; questa donna è più giovane di quell'altra,* während die Steigerung von Adjektiven, die der Inhaltsrelation 'Komplementarität' angehören, nicht möglich ist (höchstens in übertragener Bedeutung).

γ) Konversion: Die Inhaltsrelation 'Konversion' besteht zwischen Paaren von Lexemen, die "sozusagen dieselbe Beziehung von zwei verschiedenen Bezugspunkten her bezeichnen" (Ch. Schwarze, Einführung in die Sprachwissenschaft, Kronberg/Ts. 1975, S. 81), z.B. *comprare - vendere, precedere - seguire; marito - moglie, maestro - discepolo.*

Literaturangabe:

Zur Antonymie generell: H. Geckeler, "Antonymie und Wortart", in: Integrale Linguistik. Festschrift für Helmut Gipper, Amsterdam 1979, SS. 455-482 (mit weiterer Literatur).

c) Als globale Strukturform des Wortschatzes soll hier das W o r t f e l d angeführt werden. Wortfelder sind lexikalische Mikrosysteme, die als Gliederungsebene zwischen dem Gesamtwortschatz und den Einzelwörtern einer Sprache stehen. Sie decken einen größeren oder kleineren Ausschnitt des Wortschatzes ab und strukturieren ihn semantisch; die Feldglieder gehören einer bestimmten Wortart (pars orationis) an, z.B. das Feld der Verwandtschaftsbezeichnungen (Substantive), der Fortbewegungsverben oder der Temperaturadjektive:

```
gelato                                                              bollente
       \                                                         /── scottante
        \                                                       /
         >── freddo ── fresco ──/── tiepido ── caldo ── <──────<
        /                                                       \
       /                                                         \── rovente
ghiacciato                                                           candente
                          (nach E. Coseriu)
```

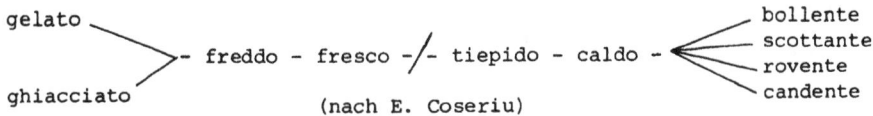

Nachstehend führen wir die zutreffendste uns bekannte Definition aus der strukturellen Semantik (von E. Coseriu, "Lexikalische Solidaritäten", Poetica 1
(1967), SS. 293-303, hier: S. 294) an:

> Ein W o r t f e l d ist in struktureller Hinsicht ein lexikalisches
> Paradigma, das durch die Aufteilung eines lexikalischen Inhaltskontinuums
> unter verschiedene in der Sprache als Wörter gegebene Einheiten entsteht,
> die durch einfache inhaltsunterscheidende Züge in unmittelbarer Opposition
> zueinander stehen.

A n r e g u n g :

> Diese Definition sollte vom Seminarleiter unter Zugrundelegung der ein-
> schlägigen Literatur im Seminar erläutert werden; die Inhaltsanalyse in
> unterscheidende Züge müßte dabei besonders kommentiert werden.

Bisher liegen unseres Wissens kaum veröffentlichte Wortfeldanalysen zum Italienischen vor. Hier bleibt noch fast alles zu tun. Hingewiesen sei wenigstens
auf folgende Arbeiten:

> B. Mazzoni/M. Grossmann, "Analisi semantico-strutturale dei termini di
> colore in italiano", in: Actes du XIIIe Congrès International de Lin-
> guistique et Philologie Romanes, vol. I, Quèbec 1976, SS. 869-890. - Nur
> als Skizze: H. Geckeler, "Lexikalische Strukturen im Vergleich: Kon-
> trastive Skizze zur Strukturierung des Wortfeldes 'alt - jung - neu' im
> heutigen Italienisch, Spanisch und Französisch", in: Interlinguistica.
> Sprachvergleich und Übersetzung. Festschrift zum 60. Geburtstag von
> Mario Wandruszka, Tübingen 1971, SS. 123-137. - Mit einer teilweise an-
> deren Auffassung vom Wortfeld: O. Ducháček/R. Ostrá, Etude comparative
> d'un champ conceptuel", Etudes Romanes de Brno 1 (1965), SS. 107-169: Es
> handelt sich hier um das Feld der Schönheitsbezeichnungen im Lateinischen
> und in verschiedenen romanischen Sprachen, v.a. SS. 136-148 betreffen die
> Verhältnisse im Italienischen. - M. Alinei, La struttura del lessico, Bo-
> logna 1974, unterscheidet zwischen "sistema lessicale" und "dominio
> lessicale", wobei ein "dominio lessicale" eine sehr große Zahl von Lexemen
> umfaßt (z.B. alle Lexeme, in deren Inhalt 'cavallo' als unterscheidender
> Zug funktioniert) und sich aus "sistemi lessicali" (z.B. 'suoni del
> cavallo', 'guida del cavallo') zusammensetzt.

A u f g a b e n :

1. Tragen Sie im Hinblick auf eine Wortfeldskizze die Adjektive der (räumlichen) Dimensionen zusammen: z.B. *lungo, corto, alto, basso, largo,
   stretto,* ...; siehe auch den Ansatz bei S. Stati, Manuale ...,
   S. 135 (nach A. J. Greimas).
2. Mehrere Seminarteilnehmer könnten in Arbeitsteilung versuchen, das Wortfeld
   der Verwandtschaftsbezeichnungen im Italienischen nach dem Muster, das wir
   in H. Geckeler, Strukturelle Semantik des Französischen, SS. 43-52, für
   das entsprechende Feld im Französischen geben, zu untersuchen.

Als letzter Punkt in der synchronen Lexikologie soll die Unterscheidung zwischen H o m o n y m i e und P o l y s e m i e kurz behandelt werden.

H o m o n y m e nennt man Lexeme mit völlig verschiedenen *signifiés*, aber mit identischem *signifiant*,

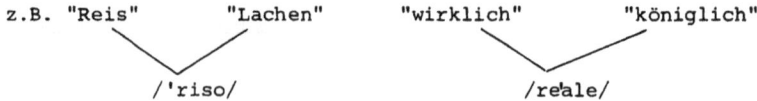

z.B. "Reis"   "Lachen"   "wirklich"   "königlich"

/'riso/   /re'ale/

Weitere Beispiele: *fiera*: "Ausstellung, Messe" / "wildes Tier" / "stolz" (fem.); *presente*: "Gegenwart" / "Geschenk"; *saggio*: "Weiser" / "Muster" / "Essay".

Je nach dem Medium, in dem das *signifiant* realisiert wird, unterscheidet man innerhalb der Homonyme zusätzlich H o m o p h o n e (Wörter gleicher Lautung) und H o m o g r a p h e (Wörter gleichen Schriftbildes). So sind z.B. *pesca* "Pfirsich" und "Fischfang", *rocca* "Burg" und "Spinnrocken", *presente* "anwesend" und "(er, sie, es) ahnt" (von *presentire*), *ancora* "Anker" und "noch" zwar Homographe, aber nicht Homophone.

Der umgekehrte Fall - Homophon, aber nicht Homograph - dürfte im Italienischen auf der Wortebene kaum existieren (vgl. z.B. frz. *compter - conter*). *Riso*, *reale* usw. (s.o.) sind dagegen sowohl Homophone als auch Homographe.

Unter P o l y s e m i e versteht man das Faktum, daß ein und derselbe *signifiant* verschiedene Bedeutungen hat - soweit läuft diese Erklärung parallel zu der der Homonymie -, aber mit dem Unterschied, daß im Falle der Polysemie zwischen den verschiedenen Bedeutungen noch ein Zusammenhang existiert. Während also Homonyme völlig verschiedene Wörter sind - allerdings 'zufällig' mit gleichem *signifiant* -, handelt es sich bei der Polysemie um e i n Wort, das mehrere, jedoch miteinander zusammenhängende Bedeutungen hat, z.B.: *piede* in den Bedeutungen "Körperteil", dann in *piede della sedia*, *ai piedi della montagna*, *al piede della pagina* usw.; *testa* in den Bedeutungen "Körperteil" und in *in testa al treno*, *la testa del letto*, *la testa di un chiodo* usw.

4.1.2. Lexikologie - diachron

Die zentralen Forschungsbereiche der diachronen Lexikologie stellen die Etymologie und die Wortgeschichte dar.

a) Unter E t y m o l o g i e versteht man einerseits - nach dem antiken Wortsinn - die Lehre von der "wahren, echten", d.h. ursprünglichen Bedeutung der Wörter (aus griech. ἐτυμολογία; so bei den Stoikern), mit anderen Worten, den Teilzweig der Sprachwissenschaft, der sich mit der Erforschung des Ursprungs,

der Herkunft und der Grundbedeutung der Wörter befaßt; andererseits wird
E t y m o l o g i e auch anstelle von E t y m o n zur Bezeichnung der ursprünglichen Form eines Wortes gebraucht, vgl. z.B. "lat. *Mercurii dies* ist
die Etymologie von ital. *mercoledì*" (besser: "das Etymon von ..."). Ist das
Etymon nicht belegt, sondern nur erschlossen bzw. rekonstruiert, wird es mit
einem Sternchen (Asteriskus) versehen, z.B. lat. **abantiare* > ital. *avanzare*.

L i t e r a t u r a n g a b e n :

M. Pfister, Einführung in die romanische Etymologie, Darmstadt 1980.
A. Zamboni, L'etimologia, Bologna 1983.
V. Pisani, L'etimologia. Storia - questioni - metodo, Brescia 1967[2].
Ein interessanter Sammelband von Arbeiten zur Etymologieforschung:
R. Schmitt (Hrsg.), Etymologie, Darmstadt 1977 (Wege der Forschung, Band 373).

In der etymologischen Forschung stellt sich nun die Frage:

> Wie weit empfiehlt es sich bei der Etymologisierung romanischer Wörter
> in deren Genealogie zurückzugehen? Bei solchen, die aus dem Lateinischen
> oder Keltischen stammen, bis zum Lateinischen bzw. Keltischen oder bis
> in die indogermanischen Zusammenhänge? (H. Meier, "Zur Geschichte der
> romanischen Etymologie", Archiv für das Studium der neueren Sprachen 201
> (1965), SS. 81-109, hier: S. 105).

Der Ansatz, der die Herkunft der Wörter so weit wie möglich in der Zeit zurückverfolgen möchte, wird - da vielfach von italienischen Gelehrten vertreten - als *etimologia remota* bezeichnet, während man unter *etimologia prossima*
das Zurückgreifen auf nur e i n e frühere Stufe - also im Regelfall auf das
Lateinische, eventuell auf das Griechische oder ggf. auf Substrat-, Super-
strat- oder Adstratsprachen - versteht. In der Praxis der Etymologieforschung
der romanischen Sprachen hat sich ein Konsens in der Beschränkung auf die
etimologia prossima weitgehend durchgesetzt; die weitere Bestimmung des Etymons
überläßt man der jeweils zuständigen (lateinischen, keltischen, germanischen,
indogermanischen usw.) Nachbarphilologie.

Auf die besondere Situation der romanischen Etymologieforschung sei mit
folgendem Zitat hingewiesen:

> Die etymologische Forschung im Bereich der Romanistik ist gegenüber den
> andern idg. Sprachen privilegiert, da in den meisten Fällen lateinische
> Belege eine sichere Ausgangsbasis abgeben und die prozentual geringe An-
> zahl von erschlossenen spontanlateinischen Etyma einen hohen Wahrschein-
> lichkeitsgrad aufweisen.
> Die Indogermanisten aber - wie auch Germanisten, Anglisten und Slawisten -
> haben keine so sicher und umfassend bekannte ältere Sprachstufe zur Ver-
> fügung, ... (M. Pfister, Einführung, S. 22).

Die Ergebnisse der Etymologieforschung sind in den etymologischen Wörterbüchern
(vgl. dazu Abschnitt 4.2.2.) niedergelegt.

Nun ist es aber auch nicht so, daß die Herkunft aller Wörter der romanischen Sprachen etymologisch geklärt ist. Es bleiben immer noch zahlreiche Wörter, deren Etymon noch unbekannt oder unsicher ist (so z.B. im Falle von ital. *ragazzo*, *piccolo*) oder in der Forschung mehrere Etyma als Lösung diskutiert werden (als besonders illustratives Beispiel dafür mag die lange Diskussion um das Etymon von ital. *andare* (und frz. *aller*) angeführt werden; zu den verschiedenen Lösungsvorschlägen siehe M. Pfister, Lessico Etimologico Italiano, II, Wiesbaden 1985, unter *ambulare*, v.a. Spalten 744-750).

Während die etymologische Wissenschaft im 19. Jahrhundert sich auf die Erforschung der Herkunft der Wörter, d.h. die Identifizierung der Etyma, konzentrierte (*étymologie-origine*, K. Baldinger), begnügt sie sich im 20. Jahrhundert nicht mehr mit dieser Aufgabe: Ihr Ziel ist es jetzt, nicht mehr nur die "Genealogie des Wortes oder der Wortgruppe" (H. Meier in Archiv 201, S. 103) zu erforschen, sondern die Wortgeschichte einzubeziehen, ja Wortgeschichte zu machen, die "Biographie" der Wörter zu schreiben: *étymologie-histoire du mot* (K. Baldinger, "L'étymologie hier et aujourd'hui", erstmals 1959, wieder abgedruckt in: R. Schmitt (Hrsg.), Etymologie, SS. 213-246, hier: S. 219). Die moderne etymologische Forschung versteht sich "als Symbiose von Wortgeschichte und Etymologie" (M. Pfister, Einführung, S. 33).

Als Beispiel, wie die Wortgeschichte ein auf traditionell-etymologischem Wege gefundenes Etymon erklären und absichern kann, soll auf ital. *fegato* < lat. *ficatu(m)* hingewiesen werden. Erst die Erkenntnis, daß das Lexem im Lateinischen als Übersetzungslehnwort der "kulinarischen Terminologie" nach griechischem Modell gebildet wurde, macht das Etymon plausibel - vgl. dazu in knapper Form: G. Rohlfs, Romanische Sprachgeographie, München 1971, SS. 92-93 und Karte Nr. 40 (S. 275).

A u f g a b e :

Stellen Sie eine Liste von 10 Wörtern arabischen Ursprungs zusammen.

b) Wir haben bereits gesehen, daß "erst die vertiefte Wortgeschichte, das erweiterte Studium des Wortes in Raum und Zeit ... oft Licht in das Dunkel" (G. Rohlfs, Romanische Philologie, II, S. 46) bestimmter Probleme der etymologischen Forschung bringt.

Unter W o r t g e s c h i c h t e verstehen wir mit K. Baldinger die "Biographie" von Wörtern, und als sprachwissenschaftliche Teildisziplin die Untersuchung der Wörter von ihren etymologischen Grundlagen an durch die Jahrhunderte hindurch, in ihrer räumlichen Verbreitung, in ihrem materiellen und inhaltlichen Wandel, in ihrer soziokulturellen und stilistischen Zugehörigkeit.

Ein langfristiges Desiderat der Wortforschung ist es, nicht nur die Geschichte
von Einzelwörtern, sondern die Geschichte von ganzen Wortfeldern durch die
Zeit hindurch zu studieren.

Die Wortgeschichte bedient sich bei ihren Forschungen der Ergebnisse der
Sprachgeschichte, der Sprachgeographie, der Dialektologie, der Semantik, der
Onomasiologie und der Semasiologie, der Kulturgeschichte im weitesten Sinne,
der Sachforschung (vgl. "Wörter und Sachen"), der Rechts- und Religionsge-
schichte, der Volks- und Völkerkunde u.a.

L i t e r a t u r a n g a b e n zu wortgeschichtlichen Studien:

P. Haerle, *Captivus - cattivo - chétif*. Zur Einwirkung des Christentums auf
die Terminologie der Moralbegriffe, Bern 1955: Hier wird "der Aufstieg von
cattivo als Gegensatz zu *buono* und das dadurch bestimmte Absterben von *malo*,
reo und (teilweise auch) *malvagio*" (S. 67) aufgezeigt, wobei an dem Bedeutungswandel christlicher Einfluß wirksam war.
H. Peter, Entstehung und Ausbildung der italienischen Eisenbahnterminologie,
Wien-Stuttgart 1969: In dieser Arbeit wird die Herausbildung des mit der Einführung der Eisenbahn notwendig werdenden Wortschatzes zwischen 1825 und 1855
für das Italienische untersucht; die Studie beschränkt sich auf die Bezeich-
nungen der Begriffe "Eisenbahn", "Schiene/Geleise" (+ "entgleisen"), "Loko-
motive", "Tender", "Eisenbahnwagen", "Eisenbahnzug".
Sehr anspruchsvoll: F. Schalk, Exempla romanischer Wortgeschichte, Frankfurt/
Main 1966.
Ebenfalls gesamtromanisch angelegt: H. Lüdtke, Geschichte des romanischen
Wortschatzes, 2 Bde., Freiburg 1968 (Breite Thematik, faktenreich; leicht
zu lesen, da aus Vorlesungen hervorgegangen).
Interessante wortgeschichtliche Skizzen enthalten folgende Werke:
C. Tagliavini, Storia di parole pagane e cristiane attraverso i tempi, Brescia
1963 (z.B. zum Wortschatz der Liturgie, des Kalenders, der Kirche und der Kir-
chenfeste).
G.A. Papini, Parole e cose. Lessicologia italiana, Firenze 1977 (insb. Kap. 15)
B. Migliorini, Profili di parole, Firenze 1970: 76 Skizzen zur Geschichte
einzelner, meist recht aktueller Wörter des Italienischen (z.B. *Jeep, ragazze-
squillo, vandalismo*).

Abschließend sollen noch kurz zwei Phänomene, die zur Wortgeschichte bzw. zur
Geschichte des Wortschatzes gehören, angesprochen werden:
1) Als L e h n w ö r t e r werden solche Wörter bezeichnet, die aus anderen
Sprachen in die jeweils betrachtete Sprache übernommen wurden - wir gehen hier
nicht auf die schwierige Abgrenzung zwischen Lehn- und Fremdwort ein. In historischer Sicht kann der Wortschatz einer Sprache als aus drei großen Komponenten zusammengesetzt betrachtet werden: aus dem ererbten historischen Fundus
(im Falle des Italienischen: aus dem Vulgärlatein), aus den Entlehnungen und
aus den mit den Verfahren der Wortbildung erzeugten Wörtern.

L i t e r a t u r a n g a b e n :

P. Zolli, Le parole straniere, Bologna 1980.

98

P. Tekavčić, Grammatica storica dell'italiano, Vol. III: Lessico, Bologna 1972,
   S. 231ff. (1980^2).
M. Dardano/P. Trifone, La lingua italiana, Bologna 1985, SS. 360-367.
T.E. Hope, Lexical Borrowing in the Romance Languages. A Critical Study of
   Italianisms in French and Gallicisms in Italian from 1100 to 1900, 2 Bände,
   Oxford 1971.
I. Klajn, Influssi inglesi nella lingua italiana, Firenze 1972.
G. Rando, Dizionario degli anglicismi nell'italiano postunitario,
   Firenze 1987.

Vereinfachte Skizze der historischen Stratifikation des italienischen
Wortschatzes:

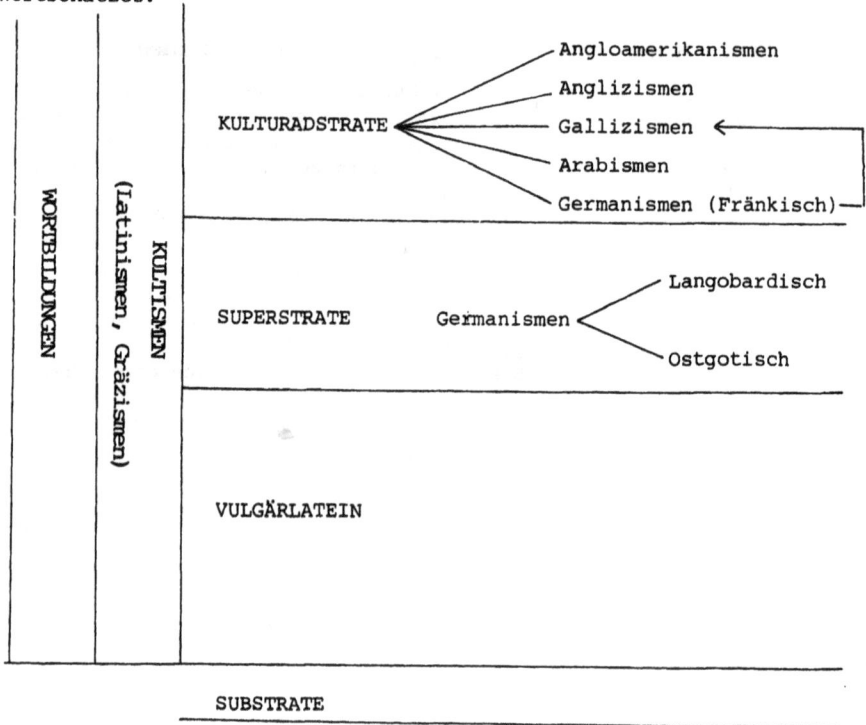

```
                                                        ┌── Angloamerikanismen
                                                        │── Anglizismen
                              KULTURADSTRATE ◄──────────┼── Gallizismen    ◄────┐
                                                        │── Arabismen            │
                                                        └── Germanismen (Fränkisch)─┘

W  K (Latinismen, Gräzismen)
O  U
R  L
T  T
B  I      SUPERSTRATE          Germanismen ◄── Langobardisch
I  S                                        └── Ostgotisch
L  M
D  E
U  N
N
G
E          VULGÄRLATEIN
N


                    SUBSTRATE
```

Aufgabe:

Suchen Sie zur Illustration italienische Wortbeispiele für jede der im vor-
stehenden Schema angeführten Komponenten.

2) Ausstrahlungsphänomene: Wie das Italienische z.T.
starke lexikalische Einflüsse von den großen europäischen Kultursprachen aufgenommen hat, so hat es umgekehrt auch auf diese ausgestrahlt und ihnen zahlreiche Italianismen vermittelt, so z.B. dem Französischen, dem Englischen,
dem Deutschen, dem Spanischen, dem Holländischen u.a. - Vgl. dazu die bibliographische Information bei Ž. Muljačić, Introduzione, SS. 319-321, und speziell für die Italianismen im Französischen das oben zitierte umfangreiche
Werk von T.E. Hope.

4.2.1. Lexikographie - synchron

L i t e r a t u r a n g a b e n :

F.J. Hausmann, "Lexikographie", in: Ch. Schwarze/D. Wunderlich (Hrsg.),
    Handbuch der Lexikologie, Königstein/Ts. 1985, SS. 367-411.
F.J. Hausmann, Einführung in die Benutzung der neufranzösischen Wörterbücher,
    Tübingen 1977.
G. Massariello Merzagora, La lessicografia, Bologna 1983.

Unter *Lexikographie* im engeren Sinne versteht man die wissenschaftliche Praxis
der Erstellung von Wörterbüchern. Für "Lexikographie im weiteren Sinne" schlägt
F.J. Hausmann die Bezeichnung *Wörterbuchforschung* vor und definiert: "*Wörterbuchforschung* ist das Gesamt der auf Wörterbücher ausgerichteten wissenschaftlichen Theorie und Praxis." (F.J. Hausmann, "Lexikographie", S. 368).

Die Wörterbuchforschung umfaßt die Lexikographie im engeren Sinne (vgl. oben)
und die Metalexikographie, welche letztere sich nach Hausmann untergliedert
in: 1. Theorie der Lexikographie, 2. Wörterbuchkritik, 3. Status- und Be-
nutzungsforschung, 4. Geschichte der Lexikographie und der Metalexikographie.

Der Gegenstand der o.a. Disziplinen sind also die Wörterbücher. F.J. Hausmann ("Lexikographie", S. 369) gibt folgende Definition des Wörterbuchs:

> Das *Wörterbuch* ist eine durch ein bestimmtes Medium präsentierte Sammlung
> von lexikalischen Einheiten (vor allem Wörtern), zu denen für einen be-
> stimmten Benutzer bestimmte Informationen gegeben werden, die so geordnet
> sein müssen, daß ein rascher Zugang zur Einzelinformation möglich ist.

Zum Verhältnis von Lexikologie und Lexikographie:

> Die Lexikologie profitiert von den Datensammlungen, die die Lexikographie
> im Hinblick auf praktische Bedürfnisse erstellt; die Lexikographie profi-
> tiert ihrerseits von den theoretischen [und praktischen (die Verfasser)]
> Fortschritten der Lexikologie. (Ch. Schwarze/D. Wunderlich (Hrsg.), Hand-
> buch der Lexikologie, S. 9).

Welche Typen von Wörterbüchern gibt es?

Wir beschränken uns im folgenden auf eine Auswahl aus der großen Vielfalt der
existierenden Wörterbuchtypen und führen jeweils - wenn möglich - wichtige
lexikographische Werke zum Italienischen als Beispiele dazu an (Wir orientieren uns in unseren Ausführungen vor allem an den o.a. Arbeiten von F.J. Hausmann).
1. Sprachlexikon ~ Wörterbuch / Sachlexikon ~ enzyklopädisches Lexikon:
Der Schwerpunkt eines Wörterbuchs liegt auf der sprachlichen Information,
während enzyklopädisch ausgerichtete Nachschlagewerke vor allem Sachinfor-
mation liefern (dazu aber auch sprachliche Informationen).

Siehe die berühmte italienische Enzyklopädie Treccani: Enciclopedia Italiana di Scienze, Lettere ed Arti, 36 Bände + Nachtragsbände, Milano - Roma

1929-1981, und Dizionario enciclopedico italiano, 12 Bände + Zusatzband,
Roma 1955-1974.

2. Einsprachiges Wörterbuch/zwei- oder mehrsprachiges Wörterbuch:
Einsprachige Wörterbücher geben zu jedem Eintrag eine (oder mehrere) De-
finition(en) in derselben Sprache wie die Einträge selbst - dazu meist noch
weitere Informationen sowie Beispiele (s. unten); sie werden auch *Definitions-
wörterbücher* genannt.

Beispiele für einsprachige Wörterbücher des heutigen Italienisch
(zum neueren Stand: s. Ž. Muljačić, Scaffale italiano, SS. 324ff.):

Einbändige Werke:

> G. Cusatelli, Dizionario Garzanti della lingua italiana, Milano 1965.
> G. Devoto/G.C. Oli, Dizionario della lingua italiana, Firenze 1971.
> F. Palazzi, Novissimo dizionario della lingua italiana. Edizione a cura
> di Gianfranco Folena, Milano 1977.
> N. Zingarelli, Vocabolario della lingua italiana, Bologna 1983[11].

Mehrbändige Werke:

> Noch im Erscheinen begriffen ist das umfangreichste Wörterbuch der ita-
> lienischen Sprache: S. Battaglia, Grande dizionario della lingua italiana,
> Torino 1961ff., bisher erschienen: I-XV: A-RIA.

Sehr umfassend, aber nicht mehr aktuell:

> N. Tommaseo/B. Bellini, Dizionario della lingua italiana, Torino 1861-1879
> (und öfter).

Zweisprachige Wörterbücher liefern für jeden Eintrag der Ausgangssprache eine
zielsprachliche Übersetzung (Äquivalent); sie werden auch Ä q u i v a l e n z -
w ö r t e r b ü c h e r genannt.

> Vergleiche etwa: I Grandi Dizionari Sansoni: Dizionario delle lingue
> italiana e tedesca, I: Italiano - Tedesco, II: Tedesco - Italiano,
> Firenze - Roma - Wiesbaden 1985[2].

Die zweisprachigen Wörterbücher leisten meist gute Dienste in der Richtung
Zielsprache → Ausgangssprache (d.h. beim Herübersetzen); die in ihnen gegebene
Information reicht jedoch in der umgekehrten Richtung, d.h. beim Hinübersetzen,
in der Regel nicht aus. Daher erweist es sich meist als notwendig, zur Ergänzung ein Definitionswörterbuch der Zielsprache heranzuziehen.

3. Synchrones Wörterbuch/diachrones Wörterbuch:

> Der Prototyp des synchronischen Wörterbuchs ist das *Wörterbuch der Gegen-
> wartssprache* [siehe oben unter 2.]. Der Prototyp des diachronischen Wörter-
> buchs ist das *etymologische Wörterbuch* [s. 4.2.2.]. (F.J. Hausmann, "Lexi-
> kographie", S. 379).

Ein synchrones Wörterbuch kann auch eine ältere Sprachstufe darstellen, z.B.
ein Wörterbuch der italienischen Sprache des 16. Jahrhunderts (das berühmte
Vocabolario degli Accademici della Crusca, Venezia 1612[1], umfaßt vor allem

den Wortschatz des Trecento (14. Jahrhundert), ist aber nicht deskriptiv,
sondern präskriptiv ausgerichtet).

4. Standardsprachliches Wörterbuch/regionalsprachliches Wörterbuch:
Den die Gemeinsprache darstellenden Wörterbüchern stehen die Mundart- oder
Dialektwörterbücher gegenüber, von denen es bei der großen Dialektvielfalt
Italiens eine beträchtliche Anzahl gibt, vgl. z.B. das für A. Manzoni wich-
tig gewordene von F. Cherubini, Vocabolario milanese - italiano, Milano 1814.

5. Gemeinsprachliches Wörterbuch/fachsprachliches Wörterbuch:
Im Gegensatz zu den gemeinsprachlichen Wörterbüchern, die Gesamtwörterbücher
sein wollen, sind fachsprachliche Wörterbücher in der Regel Differenzwörter-
bücher, d.h. solche, die nur die fachspezifischen Wörter aufnehmen. Ein Verzeichnis einer Auswahl fachsprachlicher Wörterbücher des Italienischen findet
man in Ž. Muljačić, Introduzione, SS. 225-226, 233-234. - Als selektives Fach-
wörterbuch der linguistischen Terminologie kann hier für das Italienische
angeführt werden: E. de Felice, La terminologia linguistica di G.I. Ascoli e
della sua scuola, Utrecht - Anvers 1954.

6. Gesamtwörterbuch/Spezialwörterbuch:
Aus dem breiten Spektrum von Spezialwörterbüchern greifen wir nur folgende
heraus:

a) Synonymwörterbuch und Antonymwörterbuch:
Synonymiken werden häufiger getrennt publiziert als Antonymiken;
immer wieder enthalten solche Spezialwörterbücher beide Typen von Inhaltsrelationen; vgl. für das Italienische:

N. Tommaseo, Dizionario dei sinonimi della lingua italiana completamente
   riveduto ed aumentato da Giuseppe Rigutini Accademico della Crusca.
   Introduzione di Aldo Borlenghi, 2 Bände, Milano 1974.
V. Macchi, Italienische Synonyme, Leipzig 1966.
M. Sansone/T. Sansone, Dizionario ideologico. Sinonimi e contrari della
   lingua italiana, Milano 1962[2], 1960[1].
G. Cesana, La parola giusta al momento giusto. Dizionario ragionato dei
   sinonimi e dei contrari, Milano 1967.
D. Cinti, Dizionario dei sinonimi e dei contrari, Novara 1961[11] u.ö.

b) Begrifflich geordnetes Wörterbuch:
Im Gegensatz zu den üblichen alphabetisch gegliederten Wörterbüchern stehen
die nach begrifflichen bzw. semantischen Kriterien oder nach Sachgruppen geordneten Wörterbücher. Für das Italienische ist uns kein modernes Wörterbuch
dieser Art bekannt; vgl. jedoch für das Spanische: J. Casares, Diccionario
ideológico de la lengua española. Desde la idea a la palabra; desde la palabra
a la idea, Barcelona 1942.

c) Rückläufiges Wörterbuch:

Ein rückläufiges (a tergo) Wörterbuch ist ein lexikographisches Werk, in dem die Wörter nicht nach den Anfangsbuchstaben, sondern nach den Endbuchstaben alphabetisch geordnet sind. Sie dienen z.B. zur Erforschung der Suffixbildungen oder auch zur Reimfindung (zu diesem Zweck gab es jedoch auch schon früher Reimwörterbücher); vgl. M.L. Alinei, Dizionario inverso italiano con indici e liste di frequenza delle terminazioni, The Hague 1962.

d) Orthographie- und Aussprachewörterbuch:

z.B. B. Migliorini/C. Tagliavini/P. Fiorelli, Dizionario d'ortografia e di pronunzia, Torino, 1969, 1981.

e) Frequenzwörterbuch:

Für das Italienische existieren zwei Frequenzwörterbücher:

U. Bortolini/C. Tagliavini/A. Zampolli, Lessico di frequenza della lingua italiana contemporanea, Milano 1972.
A. Juilland/V. Traversa, Frequency Dictionary of Italian Words, The Hague-Paris 1973.

Aufbau eines Definitionswörterbuches

Ein Definitionswörterbuch besteht aus zwei "Dimensionen":

  a) der (alphabetisch) geordneten Folge von Wörterbucheinträgen (Lemmata), über die die im Wörterbuch vermittelte Information zugänglich ist. Diese Dimension des Wörterbuchs heißt M a k r o s t r u k t u r .
  b) den über die Lemmata (als Leitwörtern) zugänglichen Wörterbuchartikeln als Trägern der im Wörterbuch vermittelten Information. Diese Dimension des Wörterbuchs heißt M i k r o s t r u k t u r (...).
  (F.J. Hausmann, "Lexikographie", S. 372).

Die Makrostruktur richtet sich nach dem Wörterbuchtyp (alphabetisch/begrifflich geordnet usw.). Um eine Vorstellung vom quantitativen Inhalt eines noch einbändigen großen italienischen Definitionswörterbuches zu vermitteln, sei angeführt, daß der "Nuovo Zingarelli" von 1983[11] nach Angaben des Verlags "127 000 voci" umfaßt.

Zur Mikrostruktur: ein Wörterbuchartikel eines Definitionswörterbuches umfaßt üblicherweise folgende Bauteile: Lemma + lexikographische Definition (als Kernstück der Information) + Syntagmatik + Paradigmatik + Markierung und Lemmaangaben.

Wählen wir zur Illustration den Artikel *calore* im "Nuovo Zingarelli" von 1983[11]:

Calóre: Lemma

/ka'lore/ [lat. *calóre(m)*, da *calére* 'aver caldo', di origine indeur.]
s.m.: Lemmaangaben zur phonologischen Transkription, zur Etymologie, zur Wortart und zum Genus des Lexikoneintrags.

1 (*fis.*) Energia della materia dipendente dall'energia cinetica del moto disordinato delle particelle che costituiscono la materia stessa: Definition der 1. Wortbedeutung mit der Indizierung, daß sich die Definition auf den physikalischen Sachverhalt bezieht.
calore solare, terrestre; - molecolare, specifico: Beispiele (gehören zur Syntagmatik).

2 Sensazione prodotta dall'energia termica insita in un corpo: *il benefico calore della fiamma*: Definition der 2. Wortbedeutung mit Beispiel.

3...

4 fig. Intensità di emozioni|Fervore, entusiasmo: *parlare con calore; approvare con - un progetto, una proposta.* SIN. *Ardore.* CONTR. *Freddezza*: Indizierung, daß sich die unter 4 gegebene Definition auf die übertragene Verwendung des Wortes bezieht; mit Angabe von Beispielen. Information zur Paradigmatik: Verweis auf ein Synonym und ein Antonym.

5 (*med.*) pop. Aumento della temperatura locale per processo infiammatorio: Markierung, daß das Wort im Bereich der Medizin die hier definierte Bedeutung haben kann, jedoch nur in einem Sprachregister, das mit "popolare" zu charakterisieren ist.

In demselben Wörterbuchartikel finden sich dann noch Angaben zu Diminutivableitungen von *calore*; auch werden noch Wörter, die zur Wortfamilie gezählt werden, angeführt, so z.B. *caloria, calorico, calorifero* u.a.

A n m e r k u n g : Zur Syntagmatik gehören, neben den Beispielen (die auch Zitate sein können), die gängigen Verbindungen (Kollokationen) und grammatischen Konstruktionen der Wörter sowie die fixierten Gefüge (Redewendungen, Sprichwörter u.ä.), in denen diese vorkommen.

A u f g a b e n :
1. Analysieren Sie weitere Artikel in einschlägigen Wörterbüchern auf ihren Aufbau hin. Welche Arten von Definitionen treten auf? Welche weiteren Informationen werden gegeben?
2. Welche Arten von Namenwörterbüchern des Italienischen - ein weiterer Wörterbuchtyp - befinden sich in Ihrer Seminarbibliothek?

4.2.2. Lexikographie - diachron

Hier soll ein kurzer Überblick über die neueren und neuen etymologischen Wörterbücher der italienischen Sprache, die in ansehnlicher Zahl existieren, gegeben werden.

Etymologische Handwörterbücher in einem Band:

B. Migliorini/A. Duro, Prontuario etimologico della lingua italiana, Torino 1958[3] (1950[1]).
A. Prati, Vocabolario etimologico italiano, Roma 1969 (1951[1]).
D. Olivieri, Dizionario etimologico italiano concordato coi dialetti, le lingue straniere e la topo-onomastica, Milano 1965[2].
G. Devoto, Avviamento alla etimologia italiana. Dizionario etimologico, Firenze 1966[1], 1968[2].

Mehrbändige Werke:

C. Battisti/G. Alessio, Dizionario etimologico italiano, I-V, Firenze
1950-1957 [DEI].

Neueren Datums:

M. Cortelazzo/P. Zolli, Dizionario etimologico della lingua italiana,
5 Bände, Bologna 1979-1988 [DELI].

M. Pfister (Einführung, SS. 159-174) nimmt einen Vergleich und eine Überprü-
fung dieser 6 etymologischen Wörterbücher des Italienischen vor; eine Kurz-
charakterisierung gibt er auf SS. 172-174.

Einen besonderen Kommentar verdient das von M. Pfister geleitete große
und langfristige Projekt eines Lessico Etimologico Italiano (LEI), Wiesbaden
1979ff., von dem bis jetzt 33 Faszikel: A-AZY (Aufbau nach den Etyma)
erschienen sind. Das LEI ist ein dem FEW von Walther von Wartburg vergleichbares etymologisches Grundlagenwörterbuch,

das den gesamten erreichbaren Wortschatz der italienischen Schrift-
sprache und der Dialekte Italiens, Korsikas, der Südschweiz und des
Zentralladinischen umfaßt. Nicht aufgenommen werden das Frankoprovenza-
lische (...), das Friulanische (...) und das Sardische (...).
(M. Pfister in H. Stimm/M. Briegel (edd.), Wörterbücher der deutschen
Romanistik, Weinheim 1984, S. 61; vgl. auch M. Pfister, Einführung,
SS. 149-158).

Zum Abschluß sei noch auf das bis heute nicht ersetzte gesamtromanische Werk
von W. Meyer-Lübke, Romanisches Etymologisches Wörterbuch (REW), Heidelberg
1935[3], hingewiesen.

A u f g a b e:
Orientieren Sie sich über die *étymologie-histoire du mot* folgender italienischer Wörter:
trovare, arrivare, zio, chiesa, giardino, guerra, uccello, formaggio.

III.   ETAPPEN DER ITALIENISCHEN SPRACHGESCHICHTE

In diesem dritten Hauptteil unserer Einführung in die italienische Sprachwissenschaft sollen einige der wichtigsten Etappen der Geschichte des Italienischen herausgehoben und kurz vorgestellt werden. "Sprachgeschichte" wird
hier primär verstanden als "externe Geschichte" der italienischen Sprache in
Abhebung gegenüber der "historischen Grammatik" im weitesten Sinne (Phonetik/
Phonologie, Morphologie, Syntax) und der "historischen Lexikologie" (Wortbildung und Lexikon) als "interne Geschichte" dieser Sprache. Der Schwerpunkt
unserer Ausführungen liegt auf der frühen Phase der Herausbildung des Italienischen, weil sich die tiefgreifenden Veränderungen dieser Sprache in ihrer
Entwicklung vom Vulgärlatein zum heutigen Italienisch gerade während der
ältesten und älteren Epoche vollzogen haben.

L i t e r a t u r a n g a b e n :

Darstellungen der Geschichte der italienischen Sprache:
B. Migliorini, Storia della lingua italiana, Firenze 1960[1], 1983[6] (für die
    Geschichte der italienischen Sprache grundlegendes Werk, reicht bis 1915).
    Von dieser ausführlichen Darstellung existiert eine um die Fußnoten und das
    alphabetische Register gekürzte "edizione minore", ebenfalls unter dem
    Titel Storia della lingua italiana, Firenze 1961 (1962[2]).
B. Migliorini/I. Baldelli, Breve storia della lingua italiana, Firenze 1964
    (mehrere Nachdrucke). Basiert ebenfalls auf Migliorinis Storia, jedoch mit
    einem Zusatzkapitel von Baldelli für die Zeit von 1915-1964; ein Zusatz-
    kapitel (1915-1982) findet sich auch in der englischen Ausgabe von Miglio-
    rinis Storia: B. Migliorini, The Italian Language, abridged, recast and
    revised by T. Gwynfor Griffith, London-Boston 1984.
G. Devoto, Profilo di storia linguistica italiana, 1964[4] [1953[1]].
G. Devoto, Il linguaggio d'Italia. Storia e strutture linguistiche italiane
    dalla preistoria ai nostri giorni, Milano 1974 (mit Schwergewicht auf
    der frühesten Zeit).
G. Devoto/M.L. Altieri, La lingua italiana. Storia e problemi attuali, Torino
    1968 (= Taschenbuch, z.T. hervorgegangen aus Rundfunklektionen).
M. Durante, Dal latino all'italiano moderno, Bologna 1981.
F. Bruni, L'italiano. Elementi di storia della lingua e della cultura. Testi
    e documenti, Torino 1984.
E. Pulgram, The Tongues of Italy. Prehistory and History, New York 1958
    (Nachdruck 1969).
E. Pulgram, Italic, Latin, Italian. 600 B.C. to A.D. 1260.
    Texts and Commentaries, Heidelberg 1978.

Als knapper, aber lesenswerter Überblick:
H.H. Christmann, "Wesenszüge der italienischen Sprache in Geschichte und
    Gegenwart", Italienische Studien 2(1979), 119-135.

1.   Italoromania

Es wurde bereits in I.1. betont, daß wir in diesem Teil unserer Einführung
den Terminus I t a l o r o m a n i a eingeschränkt auf das Sprachgebiet
der 'historischen' Sprache I t a l i e n i s c h , d.h. der italienischen
Sprache mit ihrer Dialektgliederung, wie in I.4. dargestellt, verwenden.

1.1.   Die Romanisierung Italiens

L i t e r a t u r a n g a b e :

Außer auf Darstellungen der römischen Geschichte durch Historiker und auf Ge-
schichtsatlanten kann man für die Fragen der eigentlichen Romanisierung auch
heute noch mit Gewinn auf das schon alte Werk von A. Budinszky, Die Ausbreitung der lateinischen Sprache über Italien und die Provinzen des römischen
Reiches, Berlin 1881 (Nachdruck 1973) zurückgreifen.
Vgl. auch W. von Wartburg, Die Entstehung der romanischen Völker, Tübingen 1951.

> It is not exaggerated to claim that 'the history of Roman colonization is
> the history of the Roman state' [E. Kornemann]; in the same sense it is
> also the history of the diffusion of Roman speech, of Latin (E. Pulgram,
> The Tongues of Italy, New York 1958, SS. 272-273).

Aus diesem Grunde erscheint es uns notwendig, zumindest die wichtigsten
Etappen der militärischen und politischen Unterwerfung des Territoriums des
heutigen Italien durch Rom kurz und zum Teil stichwortartig zu skizzieren.

Zunächst noch eine historische Präzisierung: Der Name I t a l i a (un-
sichere Etymologie, evtl. mit lat. *vitulus* verwandt) wurde seit etwa 500 v.
Chr. zuerst nur zur Bezeichnung der Südwestspitze Italiens (Bruttium) gebraucht, seit dem 3. Jahrhundert dann zur Bezeichnung für die gesamte Apenninenhalbinsel mit Ausnahme von Oberitalien, seit Caesar und Augustus schließlich für ganz Italien bis zu den Alpenpässen (die Inseln wurden erst ab Ende
des 3. Jahrhunderts n. Chr. zu "Italia" gerechnet).

753 v. Chr.: Gründung der Stadt Rom nach der Überlieferung (römische Zeit-
rechnung *ab urbe condita*). Roms Einflußsphäre blieb zunächst auf seinen
engsten Umkreis beschränkt. Erstes Ausgreifen Roms in Latium (z.B. Eroberung
der etruskischen Stadt Veji 396) wurde durch die Gallierkatastrophe (Nieder-
lage der Römer an der Allia 387) wieder zunichte gemacht. Nach der inneren
Festigung Roms Niederwerfung der Latiner (340-338) und Kampf gegen die Ita-
liker: Drei Kriege (343-341, 326-304, 298-290) gegen die in Mittel- und Süditalien sich stark ausbreitenden Samniten, die sich im 3. Samnitenkrieg sogar

mit den Sabinern, Umbrern, Etruskern, Galliern und Lukanern verbunden hatten, sowie die Eroberung des ager Gallicus an der mittleren Adriaküste (285-282) begründeten Roms Herrschaft in Mittelitalien. Das weitere Ausgreifen Roms richtete sich vorerst nicht nach Norden, sondern nach Süden: Die Auseinandersetzung mit den Griechenstädten Unteritaliens erfolgte im Krieg mit Tarent (282-272), in dem König Pyrrhus von Epirus nach den Siegen bei Heraclea und Ausculum ("Pyrrhus-Sieg") schließlich bei Beneventum (275) von den Römern besiegt wurde (Übergabe von Tarent an Rom 272). Damit Herrschaft Roms über Süditalien. Obwohl der römische Machtbereich im Norden nur etwa bis zu einer Linie Pisa - Rimini reichte, ging die weitere Expansion Roms zunächst nicht nach Norden, sondern in den Mittelmeerraum. Rom trat zu den Mächten, die Sizilien beherrschten, Griechen und Karthagern, in Konkurrenz.

Die Auseinandersetzung mit der See- und Handelsmacht Karthago wurde in den bekannten drei Punischen Kriegen geführt. Am Ende des ersten punischen Krieges (264-241) gewann Rom Sizilien (außer Syrakus) und 238 noch Sardinien und Korsika. Nach dem ersten punischen Krieg wandte sich Rom im Keltenkrieg 225-222 nach Norden, eroberte Mediolanum (Mailand), die Hauptstadt der keltischen Insubrer, und gründete die Coloniae Placentia (Piacenza), Cremona, Mutina (Modena), die jedoch im zweiten punischen Krieg (218-201) durch den Italienfeldzug Hannibals wieder verloren gingen. Nach dem zweiten punischen Krieg, der den Römern die beiden im Jahre 197 eingerichteten Provinzen Hispania citerior und Hispania ulterior auf der Pyrenäenhalbinsel und die Herrschaft im westlichen Mittelmeer einbrachte, wurde 200-191 Oberitalien nach schweren Kämpfen erobert bzw. zurückerobert (Gallia cisalpina); Gründung bzw. Wiederherstellung der Coloniae Placentia, Cremona; Bononia (Bologna) 189, Mutina und Parma 183, Aquileia 181, Pisae 180, Luna 177. Unterwerfung von Ligurien: 187-180.

Die Ausdehnung Roms ins östliche Mittelmeer ab dem 2. Jahrhundert v. Chr. wirft die Frage nach dem römischen Imperialismus auf, die hier jedoch nicht zu diskutieren ist.

Als Folge des Bundesgenossenkrieges 91-89: Zuerkennung des römischen Bürgerrechts an die Bundesgenossen (socii), unter Julius Caesar weitere Ausdehnung des römischen Bürgerrechts. (Den Abschluß der Entwicklung bildete die Constitutio Antoniniana - 212 n. Chr. - des Kaisers Caracalla, durch die allen freien Angehörigen des römischen Reiches das Bürgerrecht verliehen wurde.) Unter Augustus (63 v. Chr.-14 n. Chr.) wurde schließlich die römische Herrschaft von 25 bis 15 v. Chr. auf die Alpengebiete und das nördliche Alpenvorland ausgedehnt (Unterwerfung von Noricum und Raetia im Jahre 15 v. Chr.

- das Jahr 1985 wurde von den Rätoromanen als Jahr der Ladiner gefeiert).
Damit waren auch die letzten Regionen, die heute zur Republik Italien gehören, in römischer Hand.

Weitere für die heutige Romania wichtige Daten: Eroberung Südgalliens
(Provincia Gallia Narbonensis): 125-120 v. Chr. Eroberung von ganz Gallien
durch Julius Caesar: 58-51 v. Chr. Endgültige "Befriedung" der iberischen
Halbinsel unter Augustus: 19 v. Chr. Eroberung Dakiens und Einrichtung der
Provinz Dacia (107 n. Chr.) durch Kaiser Trajan (98-117), unter dessen Herr-
schaft das Imperium Romanum seine größte Ausdehnung erreichte.

Der Phase der politisch-militärischen Eroberung folgte, zumindest in der
Westhälfte des römischen Reiches - wegen seines Kulturprestiges nicht im
griechischsprachigen Osten! -, die Phase der kulturellen Durchdringung, der
Romanisierung, welche - nach Regionen verschieden - die frühere oder spätere
Annahme der lateinischen Sprache bewirkte. (Die Gebiete, in denen die latei-
nische Sprache als Folge der Völkerwanderung später wieder verschwand, gehö-
ren zur sogenannten "verlorenen Romania" oder "Romania submersa", wie z.B.
England, Niederlande, SW-Deutschland, Österreich, Ungarn, Nordafrika.)

"An Faktoren, die zu der Romanisierung so vieler, sprachlich und kulturell
und dem Wesen nach so verschiedener Völker beitrugen", zählt G. Reichenkron,
Historische Latein-Altromanische Grammatik, I. Teil, Wiesbaden 1965, SS. 153ff.,
die sieben folgenden auf:
- das römische Heer und das römische Militärwesen,
- die römische Kolonisation und die Siedlungsarten,
- die römische Verwaltung und das römische Straßennetz,
- der römische Handel,
- das römische Bürgerrecht,
- die römischen Schulen und die römische Erziehung,
- das Christentum.

1.2.   Die sprachliche Grundlage: das sogenannte Vulgärlatein

Literaturangaben:

K. Voßler, Einführung ins Vulgärlatein, hrsg. und bearb. von H. Schmeck,
   München [1954].
V. Väänänen, Introduction au latin vulgaire, Paris 1981[3] [1963/64[1]]; ital.
   Übersetzung: Introduzione al latino volgare, Bologna 1974[2] (= das heute
   übliche Standardwerk; die 2. und 3. Auflage enthalten zusätzlich eine
   kleine kommentierte Auswahl von Texten zum Vulgärlatein).
C. Battisti, Avviamento allo studio del latino volgare, Bari 1949.
Eine Anthologie mit Texten aus 50 vlt. Quellen:
M. Iliescu/D. Slusanski (edd.), Du latin aux langues romanes,
   Wilhelmsfeld 1991.

Kurzdarstellungen:

R.A. Haadsma/J. Nuchelmans, Précis de latin vulgaire suivi d'une anthologie
annotée, Groningen 1963.
J. Herman, Le latin vulgaire, Paris 1967.
C. Tagliavini, Einführung in die romanische Philologie, München 1973, Kap. IV.

Über die 'bisherigen Ansichten, Meinungen, Theorien, Vermutungen, Diskussionen,
Definitionen usw.' zum Vulgärlatein unterrichtet ausführlich G. Reichenkron,
Historische Latein-Altromanische Grammatik, I. Teil: Einleitung. Das sogenannte
Vulgärlatein und das Wesen der Romanisierung, Wiesbaden 1965.

1.2.1. Was versteht man unter "Vulgärlatein"?

Das sogenannte Vulgärlatein ist die Grundlage der romanischen Sprachen.

> Die einzelnen romanischen Sprachen sind nicht die Töchter des Vulgärlatein,
> sondern selbst Vulgärlatein, d.h. seine Spielart. Sie sind das Latein von
> heute. (K. Voßler, Einführung, S. 48)

> ...; les différentes variétés romanes représentent, en quelque sorte, des
> dialectes médiévaux et modernes du latin; il n'y a pas de solution de
> continuité. (V. Väänänen, Introduction, S. 4).

Die meisten romanischen Sprachen und Dialekte können als heutige lebende Varietäten des gesprochenen Lateins bestimmter mittlerer und westlicher Länder des
Imperium Romanum aufgefaßt werden; für die Erklärung der sprachlichen Entwicklung vom Sprechlatein der römischen Zeit zu den vielfältigen Ausprägungen
romanischer Sprachen und Mundarten (Problem der 'Ausgliederung der romanischen
Sprachräume') kommen verschiedene Faktoren in Frage: so u.a. der Einfluß der
Substrate und der Superstrate (vgl. dazu III.1.3. und 4.).

Das sog. Vulgärlatein ist die gesprochene Form des Lateinischen in Rom und
im römischen Reich, in Abhebung vom geschriebenen (literarischen) Latein. Daß
die Bezeichnung "Vulgärlatein" kein glücklicher Terminus ist, wird von vielen
Romanisten betont; trotzdem hat sich "Vulgärlatein" als Fachterminus heute in
der romanischen Sprachwissenschaft fast allgemein durchgesetzt. Der Stein des
Anstoßes bei dieser Bezeichnung liegt im Element "Vulgär-" (ital. [latino]
volgare), das als soziokulturelle oder stilistische Zuordnung dieser bestimmten Varietät des Lateins interpretiert werden könnte und auch wurde, z.B. als
Latein der unteren und untersten Volksschichten ("Pöbelsprache").

In der Tat geht das Modell dieser Bildung letztlich auf Ciceros Formel des
vulgaris sermo - auch plebeius sermo - zurück. (Daneben findet man auch
sermo cotidianus, sermo rusticus, letzteres besonders in Opposition zur
urbanitas des kultivierten literarischen Lateins). Wenn der Terminus "Vulgärlatein" jedoch ohne etymologische Deutungsversuche einfach als Fachterminus
für "gesprochenes Latein" oder "Sprechlatein" ohne Einschränkung auf be-

stimmte Sprecherschichten verwendet wird, so dürften sich in der Fachwissenschaft keine Mißverständnisse mehr ergeben. Sprachwissenschaftler, die solchen terminologischen Schwierigkeiten vorbeugen wollen, behelfen sich z.T. damit, daß sie vom "sogenannten Vulgärlatein" sprechen (z.B. C. Tagliavini, E. Coseriu u.a.) oder sie führen ganz andere Termini ein, wie z.B. "Verkehrslatein" bzw. "Umgangslatein" (G. Reichenkron) oder "Sprechlatein (Spontansprache)" (H. Lüdtke).

1.2.2. Notwendigkeit der Annahme des Vulgärlateins für die romanische Sprachwissenschaft

In der Tat lassen sich viele sprachliche Fakten der romanischen Sprachen nicht als Entwicklung aus den bekannten sprachlichen Fakten des literarischen oder klassischen Lateins erklären. Greifen wir nur kurz einige Erscheinungen aus dem grammatischen und dem lexikalischen Bereich heraus:

Die spektakulärste Neuerung der romanischen Sprachen gegenüber dem klassischen Latein ist die Schaffung einer für dieses Latein völlig neuen Wortart (*pars orationis*), nämlich des Artikels. Alle romanischen Sprachen und Dialekte haben den bestimmten Artikel, das klassische Latein dagegen kennt einen solchen nicht, hingegen das Griechische. Die Tatsache, daß der bestimmte Artikel überall in der Romania existiert und daß er sich in der weitaus größten Zahl der romanischen Sprachen materiell aus demselben lateinischen Element, nämlich dem Demonstrativum *ille*, entwickelt hat, zwingt geradezu zur Folgerung, daß der Artikel noch in gemeinromanischer Zeit, d.h. im Vulgärlatein, entstanden sein muß. Eine Polygenese des Artikels in den romanischen Sprachen annehmen zu wollen widerspricht jeglicher Wahrscheinlichkeit. – Auch die Ersetzung der synthetischen Formen des lateinischen Futurs (vom Typ *cantabo*, *dicam*) durch ursprünglich periphrastische Bildungen in den romanischen Sprachen, in den meisten Fällen zurückgehend auf den Typ *cantare habeo*, vgl. ital. *canterò*, frz. (*je*) *chanterai* (vgl. II.2.), muß im Vulgärlatein ihren Ausgangspunkt haben.

Für den lexikalischen Bereich verweist J. Herman (Le latin vulgaire, SS. 10-11) z.B. auf die kl.-lat. Wörter *ignis* ("Feuer"), *loqui* ("sprechen") und *pulcher* ("schön"), die in keiner romanischen Sprache in volkstümlicher Entwicklung weiterleben. Diese kl.-lat. Wörter wurden im Vulgärlatein durch andere Lexeme ersetzt, die in den romanischen Sprachen weiterleben:

> *ignis* ersetzt durch *focus* (eigentlich "Feuerstelle"): vgl. it. *fuoco*, span. *fuego*, frz. *feu*.

loqui ersetzt durch
— *parabolare* ("Gleichnisse erzählen"): vgl. frz. *parler*, ital. *parlare*
— *fabulare* ("Fabeln, Geschichten erzählen"): vgl. span. *hablar*, port. *falar*

pulcher ersetzt durch
— *formosus*: vgl. span. *hermoso*, port. *formoso*, rum. *frumos*
— *bellus*: vgl. ital. *bello*, frz. *beau*.

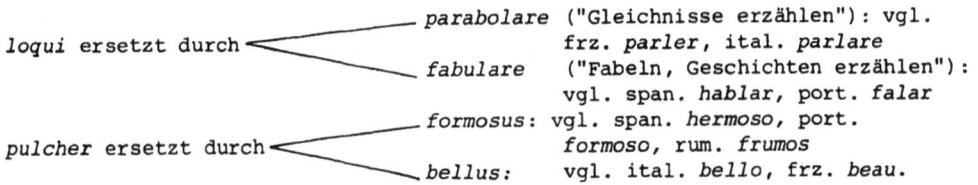

1.2.3. Zeitliche Abgrenzung des Vulgärlateins

Über die zeitliche Abgrenzung des Vulgärlateins sowohl nach rückwärts als auch nach vorwärts gibt es in der Forschung keine einheitliche Meinung. Eine maximalistische Auffassung der Chronologie des Vulgärlateins, vertreten z.B. von Autoren wie V. Väänänen und R.A. Haadsma/J. Nuchelmans (welche letzteren sich auf B.E. Vidos berufen), hält seine Existenz zu allen Zeiten der Latinität für gegeben, d.h. vom Ausgang der archaischen Epoche des Lateins (Ende 3. Jh. v. Chr.) bis zum Auftreten der ersten schriftlichen Texte in romanischer Sprache (9. Jh. n. Chr.).

Eine mittlere Position vertritt etwa C. Battisti (und ähnlich J. Herman): Hier wird für das Vulgärlatein der Zeitraum zwischen ca. 200 v. Chr. und 600 n. Chr. angesetzt (gerade 600 n. Chr. wird in der Literatur häufig als Endpunkt angegeben). Chronologisch viel stärker eingegrenzt sieht dagegen E. Coseriu (in Vorlesungen) das Vulgärlatein. Seine Auffassung läßt sich an folgender Skizze verdeutlichen:

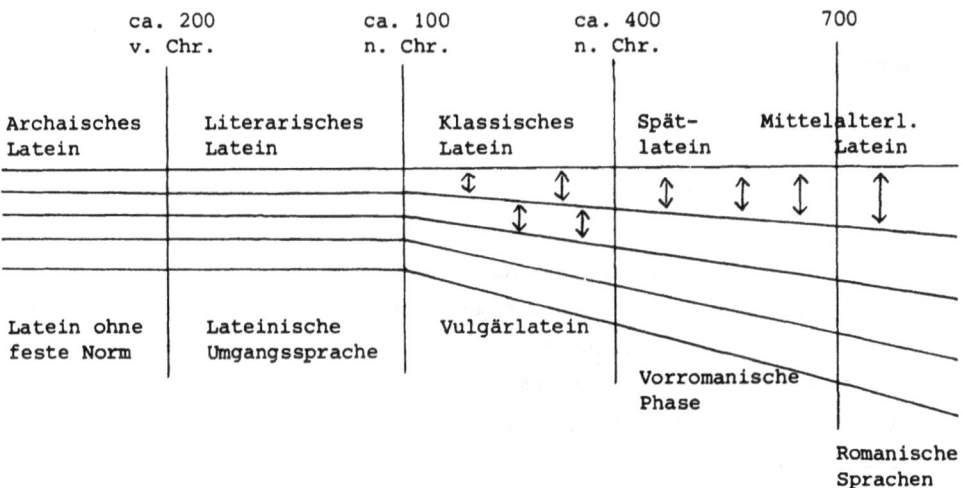

```
 ca. 200        ca. 100        ca. 400        700
 v. Chr.        n. Chr.        n. Chr.

Archaisches  | Literarisches | Klassisches | Spät- | Mittelalterl.
Latein       | Latein        | Latein      | latein| Latein
             |               |          ↕     ↕    ↕   ↕  ↕    ↕
             |               |             ↕    ↕

Latein ohne  | Lateinische   | Vulgärlatein
feste Norm   | Umgangssprache |
                                      Vorromanische
                                      Phase
                                               Romanische
                                               Sprachen
```

Die horizontalen Linien deuten die verschiedenen Sprachniveaus und -register des Gesamtlateins an, wobei diese nicht alle charakterisiert werden. Zwischen ca. 200 v. Chr. und ca. 100 n. Chr. werden das literarische und das umgangs-

sprachliche Latein unterschieden; in dieser Epoche existiert noch eine wechsel-
seitige Beeinflussung dieser beiden lateinischen Traditionen. In der nach-
augusteischen Zeit wird das literarische Latein zum klassischen Latein fixiert;
es nimmt keine Neuerungen mehr aus der gesprochenen Sprache auf. Daher stellt
man ein deutliches Sichwegentwickeln des Vulgärlateins vom klassischen Latein
(angedeutet durch ↕) sowie eine sich verstärkende innere Differenzierung des
Vulgärlateins fest. Coseriu setzt dann eine vorromanische Phase von ca.
400-ca. 700 n. Chr. an, an welche er schließlich die Phase der verschiedenen
romanischen Sprachen - zunächst nur in angedeuteten Konturen - anschließt.

Dieses Schema verdeutlicht einerseits die Auffassung, daß es eine Kontinui-
tät des gesprochenen Lateins von den Anfängen der lateinischen Sprache bis zur
Gegenwart der heutigen romanischen Sprachen gibt, und andererseits die These,
daß die wichtigsten Neuerungen der späteren romanischen Sprachen zwischen ca.
100 und ca. 400 n. Chr. im Vulgärlatein entstanden seien, in einer Epoche, die
einen anormal beschleunigten Rhythmus der Sprachentwicklung aufweise.

1.2.4. Die Frage nach der Einheitlichkeit des Vulgärlateins

In der älteren Forschung (so z.B. von E. Bourciez, H.F. Muller, z.T. auch von
A. Meillet) wurde häufig die Meinung vertreten, das Vulgärlatein sei eine
einheitliche Sprache gewesen. In der neueren Literatur wird dagegen der nicht-
einheitliche, d.h. differenzierte Charakter des Vulgärlateins hervorgehoben,
so z.B. von G. Rohlfs, G. Straka, V. Väänänen, H. Lausberg, C. Tagliavini,
B.E. Vidos; zitieren wir stellvertretend H. Lausberg (Romanische Sprachwissenschaft, I, Berlin 1969[3], § 34):

> Das Vulgärlatein war nun aber keine einheitliche Sprache: weder in
> sozialer noch in chronologischer noch in geographischer Hinsicht.

J. Herman (Le latin vulgaire, S. 17) fügt noch die Stilunterschiede hinzu.
Kurz zu diesen verschiedenen Differenzierungsfaktoren:

- Diatopische (d.h. regionale) Faktoren: Es ist einleuchtend, daß bei der weiten geographischen Verbreitung des gesprochenen Lateins im Imperium Romanum,
  nicht zuletzt infolge von Substrateinwirkung, eine völlig homogene Sprache
  nicht zu erwarten ist. So gibt es z.B. zweifellos Unterschiede zwischen dem
  Vulgärlatein in Mittel- und Süditalien und dem in Gallien.
- Diastratische (d.h. soziokulturelle) Faktoren: Die Kolonisierung der verschiedenen Provinzen erfolgte durch unterschiedliche soziale Gruppen mit
  unterschiedlichem Bildungsstand; diese Unterschiede spiegeln sich bis zu
  einem gewissen Grade in der Sprache wider.

- Diaphasische (d.h. stilistische) Faktoren: Die Unterschiedlichkeit der Ausdrucksabsichten kann sich mit den soziokulturellen Differenzierungsfaktoren kombinieren.

Chronologische Faktoren:

1) Zwischen der Eroberung der ersten römischen Provinz, Sizilien (241 v. Chr.), und der letzten, Dacien (107 n. Chr.), liegt ein Abstand von rund dreieinhalb Jahrhunderten: ein wichtiger Gesichtspunkt für die Beurteilung der sprachlichen Romanisierung, denn es ist nicht anzunehmen, daß das Latein über diese lange Zeitspanne hinweg unverändert blieb.

2) Selbst wenn man das Vulgärlatein nur für den Zeitraum zwischen 100 n. Chr. und 400 n. Chr. ansetzt, so muß auch für diese relativ kurze Epoche zumindest mit der "normalen" Rate an Sprachwandel gerechnet werden.

Beschließen wir diese Ausführungen mit einem Zitat von B.E. Vidos (Handbuch der romanischen Sprachwissenschaft, München 1975, SS. 229-230), das ein abgewogenes Urteil zu dieser vieldiskutierten Streitfrage darstellt:

> Daß es wirklich das Verhältnis von Einheit und Differenzierung des Vulgärlateins ist, das uns den Schlüssel an die Hand geben kann, die Ursprünge der romanischen Sprachen zu erhellen, wird klar, wenn wir folgende Betrachtungen anstellen. Das Vulgärlatein war zweifellos wie jede andere gesprochene Sprache vertikal (gesellschaftlich) und horizontal (geographisch) differenziert. Trotzdem mußte es, um die Funktion der Umgangssprache des römischen Reichs erfüllen zu können, eine gewisse Homogenität aufweisen. Die Schriftsprache, wie sie sich in der klassischen Tradition verfestigt hatte, blieb dagegen sehr homogen.

1.2.5. Die Quellen des Vulgärlateins

L i t e r a t u r a n g a b e n :

Neben den sehr knappen Anthologien von Texten zum Vulgärlatein, die die Handbücher von V. Väänänen und von R. A. Haadsma/J. Nuchelmans enthalten, verweisen wir noch auf zwei umfangreichere Textsammlungen zum Vulgärlatein:

G. Rohlfs, Sermo vulgaris latinus. Vulgärlateinisches Lesebuch, Tübingen 1969[3]; M.C. Díaz y Díaz, Antología del latín vulgar, Madrid 1962[2] (in spanischer Sprache).

Nachdem wir das sog. "Vulgärlatein" als die gesprochene Form des Lateins bestimmt haben, kann es niemanden verwundern, wenn man feststellt, daß es keine eigentlich vulgärlateinischen Texte gibt und auch nicht geben kann. Was es jedoch gibt, sind Texte, die vulgärlateinische Elemente enthalten.

Im folgenden wollen wir die hauptsächlichen Arten von Quellen für unsere Kenntnis des Vulgärlateins kurz vorstellen; wir halten uns für die Reihenfolge der Aufzählung an die entsprechende Darstellung von V. Väänänen (Introduction, SS. 14-20).

1) Zeugnisse lateinischer Grammatiker:

Puristisch ausgerichtete Grammatiker tadelten die besondere Aussprache von
bestimmten Wörtern oder gewisse Formen, die der normativen lateinischen
Grammatik nicht entsprachen. Hier muß insbesondere die sogenannte Appendix
Probi (wahrscheinlich aus dem 3. oder 4. Jh. n. Chr.; Datierung jedoch umstritten: evtl. erst aus dem 6. oder 7. Jh.) angeführt werden. Der Verfasser ist nicht bekannt; der Name des Textes erklärt sich daraus, daß dieser
als "Anhang" zu einer Abschrift der lateinischen Grammatik des Probus überliefert ist. Es handelt sich hier um eine Liste von 227 getadelten Vulgaris-
men, jeweils unter Voranstellung der vom Verfasser als korrekt empfohlenen
Formen, vom Typ *viridis non virdis*, *speculum non speclum*, *auris non oricla*,
persica non pessica. Sehr häufig sind es gerade die kritisierten Formen,
die die Grundlage für die späteren romanischen Formen bilden, vgl. it.
verde; *specchio*; it. *orecchia* neben *orecchio*, vgl. auch frz. *oreille*; it.
pesca.

2) Lateinische Glossare:

Hier geht es um Vorformen unserer Wörterbücher, in denen Wörter, Syntagmen
oder kurze Sätze, die zu einer bestimmten Zeit offenbar nicht mehr verstanden wurden bzw. als erklärungsbedürftig empfunden wurden, mit geläufigen
Sprachmitteln erklärt bzw. übersetzt wurden. Für den Romanisten am bekanntesten sind die allerdings recht späten Reichenauer Glossen (benannt nach
der Abtei Reichenau, dem früheren Aufbewahrungsort der Handschrift), die
wahrscheinlich gegen Ende des 8. Jh. in Nordfrankreich entstanden sind.
Einige Belege zur Illustration:

```
pulcra   : bella
liberos  : infantes
forum    : mercatum
galea    : helmus (vgl. it. elmo)
emit     : comparavit
cecinit  : cantavit
iecore   : ficato (vgl. it. fegato)
in ore   : in bucca
si vis   : si voles.
```

3) Lateinische Inschriften:

Wie zu erwarten haben die öffentlichen Inschriften aufgrund ihres offiziellen Charakters kaum etwas an vulgärlateinischen Zügen zu bieten. Anders
die Inschriften privater Natur: Hier sind für den Romanisten ganz besonders
die pompejanischen Wandinschriften (*graffiti*) interessant (sie wurden von
V. Väänänen, Le latin vulgaire des inscriptions pompéiennes, Berlin 1966[3],
ausführlich untersucht). Ein besonderer Unglücksfall für die Menschen jener

Zeit, der Ausbruch des Vesuvs im Jahre 79 n. Chr., der die Städte Pompeji
und Herculaneum verschüttete, erwies sich im Zuge der neuzeitlichen Ausgra-
bungen als ein echter Glücksfall für die Philologen, denn hier haben wir
eine wahre Fundgrube für umgangssprachliches Material, das sogar datierbar
ist (*terminus post quem non*), vor uns: Tausende solcher *graffiti* sind uns
heute bekannt und legen in einzigartiger Weise sprachliches Zeugnis ab
vom täglichen Leben einer Kleinstadt in der Antike.

Des weiteren sind noch zu erwähnen: Inschriften auf Gräbern einfacher
Leute, welche von ungebildeten Steinmetzen angefertigt wurden, sowie die
defixionum tabellae, Fluch- oder Verwünschungstäfelchen, durch die man einem
Rivalen oder Feind Böses anwünscht und ihn rächenden Gottheiten oder bösen
Dämonen überantwortet. Es versteht sich, daß die emotionsgeladene Sprache
dieser "tablettes d'exécration" frei von literarischen Prätentionen ist,
jedoch zeigen sie oft formelhafte Züge.

4) Lateinische Autoren:
Vereinzelt und zu ganz bestimmten Zwecken können auch lateinische Schriftsteller umgangssprachliche Elemente in ihren Texten verwenden.
a) Vorklassische Autoren: Hier ist vor allem Plautus zu nennen, der in den
Dialogen seiner Komödien eine der Tendenz nach gesprochene Sprache anstrebt.
b) Klassische Autoren: Es ist selbstverständlich, daß man in den hohen literarischen Gattungen des "goldenen Zeitalters" der lateinischen Literatur
keine umgangs- oder volkssprachlichen Züge erwarten darf. Doch finden sich
solche vereinzelt in den weniger hoch eingestuften Genres, so z.B. in Brie-
fen Ciceros (z.B. an Atticus) und in Satiren von Horaz.
c) Nachklassische Autoren: Neben den Satirikern Persius und Juvenal und
dem Epigrammatiker Martial muß hier in erster Linie Petron (wahrscheinlich
1. Jh. n. Chr.) mit seinem Roman Satyricon und insbesondere mit dem darin
enthaltenen "Gastmahl des Trimalchio" (Cena Trimalchionis) erwähnt werden.
In der Cena Trimalchionis, deren Schauplatz eine Stadt bei Neapel in der
frühen Kaiserzeit ist, gebrauchte Petron zur Charakterisierung der ungebildeten Teilnehmer am Gastmahl (neben dem Gastgeber Trimalchio - einstiger
Sklave, inzwischen zum Neureichen avanciert - Freigelassene, Sklaven u.ä.)
Züge der Umgangs- und Vulgärsprache, die ein Bild von der gesprochenen Sprache
der niederen Schichten Mittelitaliens im 1. Jahrhundert vermitteln dürften.

5) Technische Traktate:
Da die Abhandlungen über Technik (im weitesten Sinne) häufig von literarisch
wenig gebildeten Autoren verfaßt und nicht den Normen des klassischen Sprach-
gebrauchs unterworfen waren, kommen sie zum Teil als Quellen für die Erfor-

schung des Vulgärlateins in Frage. Hierzu gehören beispielsweise Abhandlun-
lungen über Architektur (von Vitruvius), über Ackerbau (von Cato d.Ä., Varro,
Columella, Palladius), über Tiermedizin (die berühmte Mulomedicina Chironis,
Vegetius), über Kochkunst (Apicius, *De re coquinaria*), über Heilmittel (von
Marcellus Empiricus oder Burdigalensis) und Diätempfehlungen (Anthimus, *De
observatione ciborum*).

6) Frühmittelalterliche Geschichtsschreibung:
Hier seien nur der Bischof Gregor von Tours (6. Jh.) mit seiner Historia
Francorum sowie die sogenannte Fredegar-Chronik (7. Jh.; sie enthält eine
interessante, bereits wieder synthetisch gewordene Form des periphrastischen
romanischen Futurs: *daras*) erwähnt. Diese Texte stehen dem gesprochenen Latein faktisch näher als der klassisch-literarischen Norm (dies gilt auch
für Nr. 7).

7) Frühmittelalterliche Gesetzessammlungen, Urkunden, Formulare (d.h. Sammlun-
gen von Musterbeispielen für Urkunden und Briefe): Diese Texte gehen in
Gallien von den Merowingerkönigen (z.B. Lex Salica), in Italien von den
Langobardenkönigen (z.B. Edictus Rothari) und in Spanien von den Westgoten-
königen (Lex Visigothorum) aus.

8) Christliche Texte:
Da in der Frühzeit des Christentums seine Anhänger im lateinischsprachigen
Teil des Imperium Romanum hauptsächlich den unterprivilegierten und daher
den wenig oder kaum gebildeten Schichten angehörten, mußten die frühen
Übersetzungen der Bibel diesem Faktum Rechnung tragen und eine Nähe zur
gesprochenen Sprache anstreben.

> Tertullian, Augustin und andere Kirchenväter waren wohl hochgebildete
> Männer und konnten auch ein vorzügliches und elegantes Latein schrei-
> ben, doch in vielen vor allem zu propagandistischen Zwecken verfaßten
> Werken bedienen sie sich einer bewußt der Volkssprache angenäherten
> Ausdrucksweise, um damit auch das Volk anzusprechen: "Melius est repre-
> hendant nos grammatici quam non intelligant populi" (Augustin, In Psalm.
> 138, 20). (C. Tagliavini, Einführung, München 1973, S. 162).

So sind die frühen Bibelübersetzungen, die nur bruchstückhaft überliefert
sind und unter dem Namen Vetus Latina gesammelt und herausgegeben werden,
wichtige Quellen für unsere Kenntnis des Vulgärlateins. Hieronymus' Neu-
übersetzung der Bibel, die Vulgata (Ende 4. Jh.), die allerdings bereits
in eine Epoche gehört, in der das Christentum im römischen Reich offiziell
anerkannt war, basiert sprachlich zwar teilweise auf älteren Übersetzungen,
weist aber insgesamt ein ausgewogeneres Verhältnis zwischen gesprochenem
und literarischem Latein auf. - Zum altchristlichen Latein: s. die Arbeiten
von Chr. Mohrmann.

Ein für Romanisten und vor allem für Hispanisten besonders interessantes Zeugnis aus der christlichen Sphäre stellt die Peregrinatio Aetheriae (auch: Itinerarium Egeriae) ad loca sancta dar, eine Reisebeschreibung einer Pilgerfahrt ins heilige Land, verfaßt von einer Dame vornehmer Abstammung und geistlichen Standes (Äbtissin? Nonne?) wahrscheinlich aus dem Nordwesten Hispaniens. Der Text wird auf Anfang 5. Jh. (evtl. 415/418) datiert und

> enthält eine ganze Reihe von Ausdrücken, die in klarem Widerspruch zum klassischen Sprachgebrauch stehen und eine beginnende Fixierung volkstümlicher Züge erkennen lassen (C. Tagliavini, Einführung, S. 163).

9) Entlehnung lateinischer Wörter in nichtromanische Sprachen: Lateinische Lehnwörter in Sprachen der "verlorenen Romania" (d.h. von Gebieten, die früher zwar zum Imperium Romanum gehört haben, jedoch nicht oder nur oberflächlich romanisiert wurden oder aber ihre Romanisierung durch Fremdeinwirkung wieder verloren haben) können zuweilen Informationen phonetischer oder lexikalischer Natur liefern, worüber die bisher angeführten Arten von Quellen stumm bleiben.

Als Beispiel kann man die Auskunft über die Aussprache von lat. *c* vor *e* oder *i* im Anlaut anführen: Aus lat. Lehnwörtern im Baskischen, Berberischen, Inselkeltischen und in germanischen Sprachen (vgl. deutsch *Keller* < *cellarium*, *Kiste* < *cista*) kann man schließen, daß die velare Aussprache als [k] die ursprüngliche phonetische Realisierung darstellt und daß wir es bei der palatalisierten Aussprache in den meisten romanischen Sprachen nicht mit einem sehr alten Lautwandel zu tun haben (die Verhältnisse im Sardischen weisen übrigens in dieselbe Richtung).

10) Die romanischen Sprachen selbst:

> Die letzte und wichtigste Hilfe aber zur Kenntnis des Vlt. bieten uns die r o m . S p r a c h e n . Man kann aus der Gestalt der rom. Sprachen Rückschlüsse auf die Gestalt des Vlt. tun. Man kann, bis zu einem gewissen Grade, aus dem späteren Stand der rom. Sprachen ihren früheren erschließen. Aber auch hier ist die allergrößte kritische Umsicht geboten. Die Rekonstruktion von alten sprachlichen Formen, die nicht belegt sind, ist immer hypothetisch (K. Voßler, Einführung, München [1954], S. 72).

Die Rekonstruktion vulgärlateinischer Formen beruht auf der vergleichenden Betrachtung der romanischen Sprachen. Je größer die Zahl der romanischen Sprachen, in denen ein Fortsetzer des zu rekonstruierenden Elementes existiert, und je enger ihre geographische Verbindung ist, desto wahrscheinlicher ist im Prinzip, daß die Rekonstruktion einer im Vulgärlatein realiter vorhandenen Form entspricht. So hat man z.B. aus frz. *charogne*, prov.

caronha, it. *carogna* u.a. eine lat. Ausgangsform **carŏnia* bzw. **carŏnea* (zu
lat. *caro*) rekonstruiert; da dieses Etymon bisher in Quellen faktisch nicht
nachgewiesen werden konnte, bleibt es eine - wenn auch sehr wahrscheinliche -
Hypothese (daher die Markierung mit einem Sternchen). Vgl. auch it. *avanzare*,
frz. *avancer* u.a. aus vlt. **abantiare*.

Nun ein Beispiel für ein zunächst rekonstruiertes Etymon, das dann in der
Folgezeit belegt und damit die Rekonstruktion bestätigt werden konnte: it.
avanti, frz. *avant* u.a. < vlt. *ab ante*.

Zum Abschluß soll noch thesenhaft auf einige ernsthafte Schwierigkeiten bei
der im Bereich der Romanistik sonst sehr fruchtbar angewandten Rekonstruktions-
methode hingewiesen werden:

1. Fakten des Sprachsystems lassen sich leichter rekonstruieren als solche der
   "Norm" (im Sinne von E. Coseriu).

2. Nur für das, was sprachlich fortlebt, ist Rekonstruktion möglich; so könnte
   das lat. synthetische Passiv des Präsensstammes nicht auf der Basis der romanischen Sprachen rekonstruiert werden.

3. Das zeitliche Verhältnis von sprachlichen Fakten zueinander kann in der Rekonstruktion nicht, bzw. nur eingeebnet erscheinen.

4. Es ist äußerst schwierig, Bedeutungen zu rekonstruieren; vgl. dazu E. Benveniste, "Problèmes sémantiques de la reconstruction", Word 10 (1954),
   251-264; wieder abgedruckt in: E. Benveniste, Problèmes de linguistique
   générale, I, Paris 1966, SS. 289-307; in deutscher Übersetzung in: H.
   Geckeler (ed.), Strukturelle Bedeutungslehre, Darmstadt 1978, SS. 338-361.

N.B.: An dieser Stelle müßte sich nun eine systematische Darstellung der
sprachlichen Fakten des Vulgärlateins anschließen, also eine Behandlung der
Phonetik/Phonologie, der Grammatik (Morphologie und Syntax), der Wortbildung
sowie der Lexik. Abgesehen von den theoretischen Schwierigkeiten, die eine
solche Untersuchung einer in sich nicht einheitlichen Sprache, wie sie das
Vulgärlatein darstellt, aufwirft, kann dieser Überblick im Rahmen des vorliegenden Arbeitsheftes nicht geleistet werden. Wir verweisen dafür auf das immer
wieder zitierte Handbuch von Väänänen, Introduction, SS. 27-169.

A u f g a b e n :

Zeige die italienischen Fortsetzungen bzw. Entsprechungen auf

a) zu den folgenden, in der Appendix Probi getadelten (vulgär-)lateinischen
   Formen:
   also z.B. *pecten* non *pectinis*: ital. *pettine* < vlt. *pectine(m)*.

Phonetische Fakten: Morphologische Fakten:

calida non *calda*   *socrus* non *socra*
masculus non *masclus*   *nurus* non *nura*

vetulus non *veclus*   *facies* non *facia*(?)
columna non *colomna*   *pauper* (mulier) non *paupera* (mulier)
Februarius non *Febrarius*
plebes non *plevis*

b) zu den folgenden, in den Reichenauer Glossen als Interpretament (Erklärung) angegebenen lat. Wörtern bzw. Formen:

also z.B. *femur : coxa; coxa* > ital. *coscia* (mit Bedeutungsverschiebung)
fletus   : planctus
hiems   : ibernus
flare   : suflare
libenter: volumptarie
ita   : sic
saniore : meliore, plus sano
optimum : valde bonum
optimos : meliores.

1.3. Substrate in der Italoromania

Bevor wir nun den Begriff "Substrat" definieren bzw. erklären und die sprachlichen Einflüsse auf die historische Sprache "Italienisch" erörtern, erscheint
es uns angebracht, einen summarischen Überblick über die sprachliche Situation
Altitaliens zu geben, denn:

> Bei der Ausdehnung der Stadt Rom traf ihr Idiom schon in Italien auf
> eine Reihe von Sprachen, mit denen sich das Lateinische auseinander-
> setzen mußte. Sie konnten dem Lateinischen verwandt, ja sogar nächst-
> verwandt sein; es konnten nicht-italische, wohl aber noch indogermanische,
> und schließlich, wie das Etruskische, Raetische, Ligurische oder die ein-
> heimischen Sprachen der drei Inseln Corsica, Sardinien und teilweise
> Sizilien, nicht-indogermanische Sprachen sein. (Reichenkron, Historische
> Latein-Altromanische Grammatik, I. Teil, Wiesbaden 1965, S. 232).

L i t e r a t u r h i n w e i s e zum Panorama der Sprachen Altitaliens:

Aus der großen Zahl der Veröffentlichungen zu diesem Thema verweisen wir - neben
den Handbüchern und Sprachgeschichten - nur auf die knappe Darstellung von C.
de Simone, "Italien" in: G. Neumann/J. Untermann (edd.), Die Sprachen im römischen Reich der Kaiserzeit, Köln-Bonn 1980, SS. 65-81. - Sehr ausführlich:
A. L. Prosdocimi (ed.), Lingue e dialetti, Roma 1978 (= Band VI von: Popoli e
civiltà dell'Italia antica). - Mit kommentierten Texten (aber zeitlich viel
umfassender): E. Pulgram, Italic, Latin, Italian. 600 B.C. to A.D. 1260.
Texts and Commentaries, Heidelberg 1978. - Einen guten Überblick gibt auch
G.B. Pellegrini, "I cinque sistemi ...", in: Revue Roumaine de Linguistique 18
(1973), SS. 107-111, wieder abgedruckt in Pellegrinis Saggi di linguistica
italiana, Torino 1975, SS. 55-87.

Die Sprachenkarte Altitaliens (vgl. S. 121) stellt vor der Expansion Roms und
der damit parallel laufenden Ausbreitung des Lateins ein sehr vielgestaltiges
Gefüge indogermanischer und nichtindogermanischer Sprachen dar. Diese Sprachen-
vielfalt wurde dann durch das Latein - in den einzelnen Gebieten mit unterschiedlicher Geschwindigkeit, jedoch offenbar ohne Sprachimperialismus - völlig

120

reduziert (evtl. mit Ausnahme der griechischsprachigen Orte in Süditalien).
Es muß darauf hingewiesen werden, daß die Zuordnung gewisser dieser vorrömischen Sprachen aufgrund der spärlichen Überlieferung in der Forschung kontrovers ist.

M i t t e l - u n d S ü d i t a l i e n

1) I t a l i s c h e S p r a c h e n (indogermanisch):
   a. O s k i s c h : Das Oskische hatte eine weite Verbreitung in Süditalien (Kampanien, Samnium, Lucania, Bruttium, z.T. auf Sizilien).
   b. U m b r i s c h : Sein Verbreitungsgebiet deckt sich nicht genau
   mit dem heutigen Umbrien (es reichte bis an die Adria). Dieser italische
   Dialekt ist gut bekannt aufgrund der Iguvinischen Tafeln ("Tabulae
   Iguvinae"), sieben beidseitig beschriebenen Bronzetafeln, die 1444 in
   Gubbio entdeckt wurden und auch dort aufbewahrt werden.

2) E t r u s k i s c h : Das Kernland der Etrusker ("Etruria") war das Gebiet zwischen Arno und Tiber;

   im Zuge der etruskischen Expansion in archaischer Zeit wurde die etruskische Sprache dann auch in der Po-Ebene (bis zum Galliereinbruch) und
   in Kampanien (bis zur Einwanderung der Samniten) gesprochen (C. de Simone,
   "Italien", in: Neumann/Untermann, Die Sprachen im römischen Reich, S. 68).

   Das Etruskische ist nach Meinung der meisten Sprachwissenschaftler keine
   indogermanische Sprache; es ist bis heute inhaltlich nur zu einem kleinen
   Teil entschlüsselt.
   "Die Frage der etruskischen Urheimat ist unter den Gelehrten bis auf den
   heutigen Tag stark umstritten." (C. Tagliavini, Einführung, München 1973,
   S. 77)

3) M e s s a p i s c h : Verbreitung: Apulien, insbesondere Salentinische
   Halbinsel. Das Messapische ist eine indogermanische Sprache; es wurde
   immer wieder mit dem Illyrischen in Verbindung gebracht, sogar als illyrischer Dialekt angesehen, was heute jedoch sehr umstritten ist.

4) G r i e c h i s c h : Die griechische Kolonisierung der Küstengebiete
   Süditaliens und der Süd- und Ostküste Siziliens durch Stadtgründungen erfolgte zwischen ca. 750 und ca. 550 v. Chr. Wichtige Griechenstädte in
   der "Magna Graecia" sind z. B. Neapolis, Rhegion, Kroton, Sybaris, Tarent;
   auf Sizilien: Syrakus, Gela, Akragas (Agrigentum), Selinus. Die hier gesprochenen griechischen Dialekte waren vorwiegend dorisch. Zur Frage des
   Fortlebens der unteritalienischen Gräzität, vgl. unten.

Vereinfachte Überblickskarte zur Verteilung der Sprachen im vorrömischen Italien (Eigenanfertigung)

N o r d i t a l i e n

1) K e l t i s c h : Die Gallier dehnten sich - aus dem Gebiet des heutigen
   Frankreichs kommend - auf Kosten der Ligurer und Etrusker fast auf ganz
   Oberitalien (Gallia Cisalpina) aus (Vorstoß sogar bis Rom - Schlacht an
   der Allia 387 v. Chr.). Das Gallische gehört zur keltischen Sprachfamilie,
   genauer: zum Festlandkeltischen.

2) L e p o n t i s c h : Diese aus dem Bereich der oberitalienischen Alpen-
   seen nur spärlich bezeugte Sprache ist, wie es scheint (vgl. C. de Simone,
   "Italien", S. 65), dem Festlandkeltischen zuzuordnen.

3) L i g u r i s c h : Bis zur Invasion der Gallier (6. Jh. v. Chr.) be-
   wohnten die Ligurer ein weites Gebiet, das von der
   Rhône bis zum Arno reichte und Teile der Provence,
   Piemonts, der Lombardei, der Emilia und besonders
   die noch heute L i g u r i e n genannte Gegend um-
   faßte sowie die Insel Korsika, die später an die
   Etrusker kam. (Tagliavini, Einführung, S. 94)

   In der Forschung wird heute die Auffassung vertreten, daß sich das Ligurische aus einer älteren nichtindogermanischen (mediterranen) und einer
   jüngeren indogermanisierten Schicht zusammensetzt.

4) R ä t i s c h : Diese nur in wenigen Zeugnissen (aus dem Trentino und
   Südtirol) dokumentierte Sprache wurde immer wieder als mit dem Etruskischen verwandt angesehen. Man ist sich in der Forschung jedoch nicht völlig
   einig, daß es sich um keine indogermanische Sprache handelt.
   N.B.: Das Rätoromanische hat mit dem Rätischen nicht mehr als den (histo-
   risch-geographisch begründeten) Anklang im Namen gemein.

5) V e n e t i s c h (Paläovenetisch): Verbreitung: im äußersten Nordosten
   Italiens (entsprechend etwa dem heutigen Venetien).

   Die indogermanische Zugehörigkeit des Venetischen oder Paläovenetischen
   steht außer Zweifel, aber sein illyrischer Charakter, der bis vor nicht
   allzu langer Zeit von der Mehrheit der Gelehrten angenommen wurde, erscheint heute viel unsicherer und wird von den Forschern neuerdings geradezu geleugnet. Sie sehen im Venetischen eine unabhängige indogermanische
   Sprache westlichen Typs (d.h. eine der sogenannten Kentumsprachen).
   (Tagliavini, Einführung, SS. 112-113)

D i e   g r o ß e n   I n s e l n

S i z i l i e n :

- S i k a n i s c h : eine nichtindogermanische Sprache mit mediterranen
  Zügen; im Westen der Insel.

- E l y m i s c h : eine Sprache unklarer Zuordnung, die im äußersten
  Westen der Insel gesprochen wurde.

- S i k u l i s c h : eine indogermanische Sprache; im Osten der Insel.

- G r i e c h i s c h : Sprache der hellenischen Kolonialstädte an der
Ost- und Südküste.
- P u n i s c h : ein Dialekt des Phönizischen, einer mit dem Hebräischen
verwandten semitischen Sprache; von den Karthagern im Westen der Insel
gesprochen.
- O s k i s c h : Sprache z.B. der Mamertiner von Messana (Messina).
Vgl. hierzu auch G. Rohlfs, Historische Sprachschichten im modernen Sizilien,
München 1975.

S a r d i n i e n :
- P a l ä o s a r d i s c h : vorindogermanische mediterrane Sprache; Verbreitung: im Innern der Insel.
- P u n i s c h : siehe unter Sizilien; Verbreitung: rund um die Insel in
der Küstenzone.

K o r s i k a :
- L i g u r i s c h
- E t r u s k i s c h   siehe oben.
- P u n i s c h
Insgesamt sind hier die Erkenntnisse der Forschung noch sehr lückenhaft.

L i t e r a t u r a n g a b e n zur Substratdiskussion und zu den Substrat-
einflüssen:

C. Tagliavini, Einführung in die romanische Philologie, München 1973, Kapitel
II (guter Überblick). Zum neueren Forschungsstand: G.B. Pellegrini, "Sub-
strata", in: R. Posner/J.N. Green (edd.), Trends in Romance Linguistics and
Philology, Band 1: Romance Comparative and Historical Linguistics, The Hague -
Paris-New York 1980, SS. 43-73.
Wichtiger Sammelband von ausgewählten Aufsätzen zur Thematik (mit informativer
Einleitung und reichhaltiger Bibliographie): R. Kontzi (ed.), Substrate und
Superstrate in den romanischen Sprachen, Darmstadt 1982.
Zur Geschichte der Substratforschung: D. Silvestri, La teoria del sostrato.
Metodi e miraggi, 3 Bde., Napoli 1977, 1979, 1982.

Der Einfluß der Sprachen, mit denen das Latein bei seiner Expansion in Italien
und im Imperium Romanum in Kontakt kam, wird in der Romanistik traditioneller-
weise als ein wichtiger Faktor seiner Differenzierung in verschiedene romanische
Sprachen und Dialekte betrachtet.
Der große italienische Sprachforscher G.I. Ascoli hat diese Forschungsrichtung im letzten Viertel des 19. Jahrhunderts begründet und hat unter dem Gesichtspunkt "der ethnologischen Gründe der sprachlichen Umgestaltungen" den Begriff bzw. Terminus "Substrat" 1876 in die Forschung eingeführt. Wenn von
"ethnischem Substrat" die Rede ist, so versteht man darunter die Bewohner eines

Territoriums, die von einem anderen Volk überlagert sind (so z.B. die Gallier nach ihrer Unterwerfung durch die Römer). Häufiger spricht man von "(sprach-lichem) Substrat", und zwar "wenn eine S p r a c h e von einer anderen über-deckt wird, allmählich in ihr aufgeht [genauer: aufgegeben wird] und dabei in der siegreichen Sprache Spuren hinterläßt" (R. Kontzi, Substrate und Super-strate, S. 2). Um diese sprachlichen "Spuren" wird es weiter unten in erster Linie gehen. W. von Wartburg hat 1932 als "notwendige Ergänzung" zum Begriff des "Substrats" den Begriff bzw. Terminus "Superstrat" in die sprachwissenschaft-liche Diskussion eingebracht.

Wir geben nachfolgend in Auszügen die entsprechenden Erklärungen von W. von Wartburg (aus: Die Ausgliederung der romanischen Sprachräume, Bern 1950, S. 155 Fn. 1):

1. Wenn ein Volk ein von einem anderssprachigen Volk bewohntes Land be-setzt, so wird dieses Land für eine mehr oder weniger lange Reihe von Generationen zweisprachig.
2. Dieser Zustand kann, bei starkem kulturellem Abstand, zu einem dauern-den werden. In sehr vielen Fällen aber, wohl in den meisten der uns be-kannten, verdrängt mit der Zeit die eine der beiden Sprachen die andere.
3. Siegt die Sprache der Eroberer und Einwanderer, so tritt die Sprache der ältern Einwohner zu ihr in das Verhältnis der S u b s t r a t sprache. Im umgekehrten Fall wird die Sprache der Neuangekommenen im Verhältnis zur siegenden Sprache zum sprachlichen S u p e r s t r a t.
4. Die Frage, welche Sprache siegreich bleibt, die der alteinsässigen Be-wohner eines Landes oder diejenige der Eroberer, hängt von sehr vielen Um-ständen ab: numerisches Verhältnis, Kulturstand der beiden Völker, Vitali-tät der beiden Volksgruppen, politische, soziale und militärische Supre-matie der einen Volksgruppe.
5. Der Untergang der unterliegenden Sprache geht nicht vor sich, ohne dass Elemente derselben in die siegende Sprache eingeschmolzen werden. Diese Spuren können sich auf alle Teile der Sprache erstrecken (Wortschatz, Lautgebung, Formen, Syntax, Ausdrucksschatz). Zwischen der Auswirkung der Superstratsprache und derjenigen der Substratsprache ist kein prin-zipieller Unterschied zu machen. ...

Wir schlagen als schematische Darstellung vor:

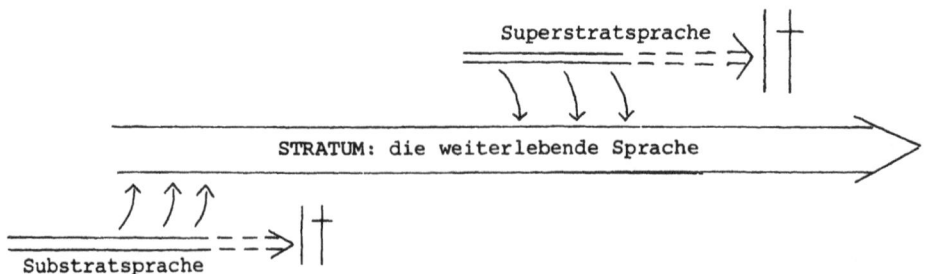

Superstratsprache

STRATUM: die weiterlebende Sprache

Substratsprache

Beispiele für Substrateinwirkung: der Einfluß des Keltischen auf die galloitalienischen Mundarten und auf das Französische.

Beispiele für Superstrateinwirkung: der Einfluß des Langobardischen auf das Italienische; der Einfluß des Fränkischen auf das Französische.

Näheres zum Superstrat: siehe das folgende Kapitel 1.4.

Neben den Begriffen "Substrat" und "Superstrat" wird in der Fachliteratur auch noch von "Adstrat" (als Terminus 1932 erstmals von M. Valkhoff verwendet) gesprochen. Während im Falle von "Substrat" und "Superstrat" der Sprachhistoriker erst nach Abschluß des Beeinflussungsprozesses, also im historischen Rückblick, aufgrund der fortlebenden Sprache entscheiden kann, ob es sich um Substrat- oder Superstrateinwirkung handelt, ist "Adstrat" kein historischer, sondern ein deskriptiver (synchroner) Begriff; es handelt sich hier um den Einfluß einer Sprache B auf eine Sprache A *in actu*, wobei die beiden Sprachen geographisch benachbart sind, oder, besser: als "languages in contact" funktionieren müssen (faktisch kann auch eine gegenseitige Beeinflussung der beiden Sprachen auftreten).

In schematischer Darstellung:

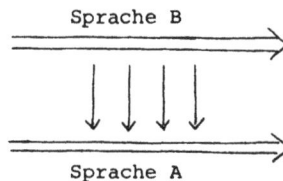

Sprache B

Sprache A

Als Beispiel von Adstratwirkung kann der Einfluß des Angloamerikanischen auf das heutige Italienisch angeführt werden, vgl. auch SS. 98 und 132-133.

Der durch die Jahrhunderte hindurch wirkende mächtige Einfluß des Lateinischen und - in eingeschränkterem Maße - des Griechischen über gelehrte Vermittlung auf die Entwicklung der süd- und westeuropäischen romanischen Sprachen kann als Kulturadstrat-Wirkung aufgefaßt werden.

Aus dem Gesagten ergibt sich, daß Substrat- und Superstratsprachen zum Zeitpunkt der sprachlichen Beeinflussung des Stratums Adstratsprachen waren.

Welches sind nun die konkreten Substrateinflüsse, die wir in der Italoromania feststellen können?

Grundsätzlich könnten alle in unserem vorausgehenden Panorama der sprachlichen Situation Altitaliens angeführten Sprachen als Substrate für das Latein bzw. für das Vulgärlatein der Italoromania in Frage kommen. Aus verschiedenen Gründen kommen jedoch nicht alle diese Sprachen als Substrate in Frage, und von den tatsächlich in Frage kommenden wirkten nicht alle gleichermaßen auf das Stratum ein. Wir werden im folgenden nur auf die wichtigsten Substrate eingehen.

Im vorhinein ist hervorzuheben, daß zwar für die Entwicklung der italienischen Dialekte der Einfluß einer stattlichen Zahl von Substratsprachen eine
mehr oder weniger bedeutsame Rolle gespielt hat, daß jedoch eine solche direkte
Einwirkung auf die italienische Hochsprache - im Unterschied z.B. zum Französischen und Spanischen - nicht festzustellen ist. Dies erklärt sich aus der
Tatsache, daß die italienische Schrift- bzw. Hochsprache weitgehend auf dem
Toskanischen, genauer: auf dem Florentinischen, basiert, aber gerade dieser
konservative Dialekt ist weitgehend frei von Substateinwirkungen (vielleicht war es die zu starke Verschiedenheit der Sprachstruktur des Etruskischen und des Lateins, welche letzteres in der Toskana möglichen Substrat-
einflüssen entzog).

Gehen wir bei unserer Darstellung der Substrateinflüsse von Norden nach
Süden vor.

K e l t i s c h e s   S u b s t r a t :
Vor der Romanisierung war der größte Teil Norditaliens von den Galliern be-
wohnt. Es ist deshalb nicht verwunderlich, daß keltische Einflüsse in den
norditalienischen Dialekten festzustellen sind. In der Tat dient die Präsenz
eines besonders starken keltischen Substrateinflusses als Kriterium zur Bildung der Untergruppe der "galloitalienischen Dialekte" mit ihrer starken
Nordwestorientierung innerhalb der ober- oder norditalienischen Dialektgruppe
(vgl. Kap. I.4.). Substrateinfluß kann sich, wie wir weiter oben in dem länge-
ren Wartburg-Zitat gesehen haben, in allen Bereichen der Sprache manifestieren.

Im Wortschatz: Hier sind zum einen solche Wörter zu unterscheiden, die vom
Keltischen bereits ins Gesamtlatein eingedrungen sind und sich dann wie
autochthon lateinische Wörter im römischen Imperium verbreiteten, z.B. *carrus*
"vierrädriger Wagen", *bracae* "(den Galliern eigentümliche) Hosen" - dies sind
keltische Substratelemente für das Latein und Subsubstratelemente für die einzelnen romanischen Sprachen - und zum andern solche Wörter, die in bestimmten
von Galliern besiedelten Regionen aus dem Keltischen in das letztendlich
'siegreiche' Vulgärlatein der Region übernommen wurden und somit in den galloitalienischen Dialekten als Substratwörter erscheinen, so etwa lomb. *rüsca*
"Rinde" (vgl. auch frz. *ruche* "Bienenkorb" mit interessanter Bedeutungsverschiebung), piem. *crös* "hohl" (vgl. auch frz. *creux*), piem. *vèrna* "Erle" (vgl.
prov. *verna*) (Beispiele von C. Tagliavini, Einführung, S. 100 und auch G.
Rohlfs, Romanische Philologie, 2. Teil: Italienische Philologie, Heidelberg
1952, S. 19).

Am meisten diskutiert wurden Entwicklungen im phonischen Bereich der galloromanischen bzw. westromanischen Sprachen, Entwicklungen, die üblicherweise
auf keltische Substratwirkung zurückgeführt werden, so beispielsweise:

- Der Wandel von lat. ū > ü [y], vgl. in unserem Zusammenhang z.B. piem. *lüm* (vgl. standardital. *lume*), lomb. *füm* (*fumo*), lig. *brütu* (*brutto*); die Substraterklärung dieses Lautwandels ist nicht unumstritten (Probleme der Chronologie).

- Der Wandel des lateinischen Konsonantennexus -[kt]- (über eine Zwischenstufe graphisch χt) zu [jt], vgl. z.B. piem. *lait* (< lat. *lacte*), *nöit* (< lat. *nocte*), *fait* (< lat. *factu*), bzw. weiter zu [tʃ], vgl. z.B. lomb. *lač*, *nöč*, *fač*.

- Die Sonorisierung und teilweise weitere Abschwächung (Spirantisierung, bis hin zum völligen Schwund) der lat. stimmlosen intervokalischen Verschlußlaute [p], [t], [k]:

  -[p]- > -[v]-, z.B. piem., lomb. *cavèi*, lig. *cavéli* (< lat. *capilli*)
  -[t]- > -[d]- > -∅-, z.B. lig. *dená*, piem. *dinál* (< lat. *dies natalis*)
  -[k]- (vor [a], [o], [u])> - [g]-, z.B. lig. *amiga*; lomb., venez., emil. *urtiga* (< lat. *urtica*) (Beispiele aus G. Rohlfs, Grammatica storica della lingua italiana: Vol. I, Torino 1966).

Interessant anzumerken ist hier, daß im Toskanischen und somit in der italienischen Hochsprache die lat. stimmlosen intervokalischen Verschlußlaute normalerweise als solche erhalten blieben, daß es dort jedoch auch eine ganze Reihe von Wortschatzelementen gibt, die eine Sonorisierung bzw. Spirantisierung der Okklusiva in intervokalischer Position aufweisen; vgl. z.B.

  - strada, lido, gridare,
  - lago, luogo, pagare, pregare
  - povero, arrivare, ricevere.

Es wird angenommen (so auch von G. Rohlfs), daß diese Wörter in der 'sonorisierten' Form aus oberitalienischen Dialekten in die Toskana, die "an der Schwelle zwischen dem gallisch bestimmten Norditalienischen und dem von keltischen Neuerungen frei gebliebenen Süden" (R. Kontzi, Substrate und Superstrate, S. 18) liegt, eingedrungen sind.

Wir konnten hier nur einige der wichtigsten lautlichen Entwicklungen, deren Erklärung im keltischen Substrat gesucht wird, anführen; weitere phonische Veränderungen (wie z.B. der Wandel [a] > [e] bzw. [ɛ]), deren Ursprung im Substrat jedoch umstritten ist, werden in den Handbüchern erläutert.

E t r u s k i s c h e s   S u b s t r a t :

Generell ist zu sagen, daß das Etruskische hauptsächlich als Substrat für das Latein als solches (Übernahme von Wortschatzelementen, Suffixen, Eigennamen) in Frage kommt und somit nur ein Subsubstrat für die romanischen Sprachen darstellt.

Eine in der Toskana weitverbreitete phonische Erscheinung, die sogenannte *gorgia toscana* (vgl. dazu unsere Ausführungen SS. 37-38), wurde und wird von einer Reihe von Romanisten (z.B. C. Merlo, C. Battisti, W. von Wartburg) immer wieder als durch etruskische Substrateinwirkung entstanden erklärt. Die Befürworter dieser Auffassung stützen sich einerseits auf die Existenz der drei entsprechenden stimmlosen Aspiraten [kh], [th], [ph] bzw. Spiranten [χ], [θ] und [γ] im Etruskischen, andererseits auf die relativ gute geographische Übereinstimmung der toskanischen Dialektzonen, in denen die *gorgia* verbreitet ist, mit dem Kerngebiet des alten Etrurien. Die Gegner dieser Substraterklärung (so z.B. G. Rohlfs, "La gorgia toscana (fenomeno etrusco?)", in G. Rohlfs, Studi e ricerche su lingua e dialetti d'Italia, Firenze 1972, SS. 161-172) machen u.a. folgende Gegenargumente geltend:

1. Die *gorgia toscana* ist erst spät bezeugt (sicher belegt erst seit dem 16. Jahrhundert);

2. In den Dialekten Korsikas, auf die das Toskanische vom 8.-13. Jahrhundert entscheidend eingewirkt hat, ist die *gorgia* nicht zu finden;

3. Während es sich bei dieser lautlichen Erscheinung im Etruskischen um Phoneme handelte, handelt es sich im Toskanischen nur um kontextuelle Varianten;

4. Wenn die *gorgia* ein sehr altes Phänomen wäre, dann hätte sie auch [k] vor [e] und [i] erfassen müssen ([$k^{e, i}$] wird dagegen palatalisiert; vgl. z.B. *pace, vicino*).

Während also G. Rohlfs die Erklärung der *gorgia toscana* durch etruskisches Substrat für "una bella fata morgana" (Studi, S. 172) hält, hat die Substratthese auch heute noch ihre (wenn auch vorsichtigen) Verfechter (so z.B. D. Geißendörfer, P. Tekavčić 1972, modifiziert 1980[2]).

H i n w e i s :

Eine nicht auf Substraten basierende Erklärung schlägt H. Weinrich, Phonologische Studien zur romanischen Sprachgeschichte, Münster 1958 (1969[2]), Kap. V, vor.

I t a l i s c h e s   S u b s t r a t :

Neben seiner Einwirkung auf das Latein als solches und daher eher ein Faktum der Geschichte der lateinischen Sprache - so stammen die monomorphematischen lateinischen Wörter mit intervokalischem [f] meist aus italischen Dialekten (z.B. *scrofa*, nicht jedoch Präfixbildungen wie *defendere, proficere*), denn das Lateinische kennt kein [f] in dieser Position - wird von verschiedenen Linguisten (z.B. C. Merlo) osko-umbrischer Substrateinfluß zur Erklärung der progressiven Assimilation von

-[mb]- > -*mm*- [m:], z.B. neapol. *sammuco* ("sambuco"), romanesco *piommo* ("piombo")

-[nd]- > -nn- [n:], z.B. neapol. *vènnere* ("vendere"), kalabr. *quannu*
("quando")

in den mittel- und süditalienischen Dialekten (vgl. unsere Ausführungen in
I.4. zu dieser Dialektgruppe) angenommen. Diese Assimilation findet sich auch
in Nordspanien:

[mb] > [m], z.B. span. *paloma* < lat. *palumba*, *lomo* < lat. *lumbu*
[nd] > [n], z.B. katal. *ona* < lat. *unda*; *anar* - vgl. span. *andar*

und wird von Romanisten wie R. Menéndez Pidal und H. Meier dort ebenfalls auf
(indirektes) osko-umbrisches Substrat (durch einen starken Anteil von Oskern
an der Romanisierung der Provincia Tarraconensis) zurückgeführt. Gegen diese
Substraterklärung wurden Einwände erhoben, so wiederum von G. Rohlfs.

G r i e c h i s c h e s   S u b s t r a t :
Es geht hier nicht um den beträchtlichen Einfluß des Griechischen auf die
italienische Hochsprache, u.a. im Wortschatz: vgl. z.B. *cinematografo*, *idrologia*,
autarchia, *igiene*, *cosmetico* etc.: diese Übernahmen entweder direkt aus dem
Altgriechischen oder erst über die Zwischenstation einer anderen europäischen
Sprache können als Kulturadstrat charakterisiert werden; sie erfolgen über
gelehrte Vermittlung (z.B. Wissenschafts- oder Fachsprache). Vielmehr soll
hier zunächst die Frage des Fortlebens des Griechischen der Antike, d.h. aus
der Zeit der Magna Graecia (s. oben), in Süditalien zur Diskussion stehen.
Es ist hier der Ort, zumindest kurz auf die sich an diesem Problem entzündete
Kontroverse einzugehen, deren Konsequenzen über den rein sprachwissenschaftlichen Rahmen hinausreichen (von großer Wichtigkeit z.B. auch für die Alt-
historiker).

> Die Frage nach der Lebensdauer der unteritalienischen Gräzität gewinnt
> aus romanistischer Sicht eine besondere Bedeutung. Es geht hier nämlich
> nicht nur um die Feststellung möglicher Auswirkungen des griechischen
> Substrats, sondern um die Klärung des Problems, ob das Griechische zweier
> Sprachinseln im heutigen Süditalien direkt auf die Gräzität Großgriechen-
> lands zurückgeht oder später von Byzanz aus eingeführt wurde (C. Tagliavini,
> Einführung, München 1973, S. 84).

Von den beiden im Zitat erwähnten griechischsprachigen Sprachinseln liegt,
wie wir bereits gesehen haben (vgl. I.3.), die kleinere in Südkalabrien, die
größere in der Terra d'Otranto.
Seit den Untersuchungen von G. Morosi in den 70er Jahren des 19. Jh. hatte
sich in der Wissenschaft die Ansicht durchgesetzt, daß das noch in Unteritalien
gesprochene Griechisch auf die Epoche der byzantinischen Herrschaft (6.-11. Jh.
n. Chr.) in Süditalien zurückgehe, bis G. Rohlfs in seiner aufsehenerregenden
Veröffentlichung: Griechen und Romanen in Unteritalien. Ein Beitrag zur Geschichte der unteritalienischen Gräzität (Genève 1924) die These aufstellte,

daß die griechischsprachigen Sprachinseln Unteritaliens ohne Kontinuitäts-
bruch an die Magna Graecia der Antike anschließen. In der Diskussion vor
allem mit italienischen Sprachwissenschaftlern, so insbesondere mit C.
Battisti, hat G. Rohlfs seither in zahlreichen Publikationen (siehe sein um-
fangreiches Schriftenverzeichnis in den verschiedenen zu seinen Ehren erschienenen Festschriften) seine These verteidigt und mit neuen Argumenten unter-
mauert, so daß sie heute von vielen Linguisten, Romanisten und auch Altphilologen im In- und Ausland angenommen ist. Übrigens darf G. Rohlfs zu Recht als
der beste Kenner der süditalienischen Dialekte und der unteritalienischen
Gräzität angesehen werden; er hat darüber hinaus die entsprechenden historischen Grammatiken und Wörterbücher (auch etymologische) geschaffen. Sehr
wichtig für die Rohlfssche These ist das Faktum, daß das süditalienische
Griechisch zahlreiche Archaismen, z.T. dorischer Herkunft, aufweist, welche
sich nicht vom byzantinischen Griechisch her erklären lassen. Andererseits
brachte die byzantinische Herrschaft in Unteritalien dem antiken süditali-
nischen Griechentum "eher eine Stärkung als eine Schwächung" (G. Rohlfs,
Romanische Philologie, 2. Teil: Italienische Philologie, S. 20).

Die unteritalienische Gräzität hat im Laufe der Jahrhunderte immer mehr
an Boden verloren, andererseits zeigen die italienischen Dialekte Süditaliens
und Siziliens deutliche Spuren griechischen Substrats. Der griechische Einfluß
zeigt sich nicht im phonischen Bereich, sondern im Wortschatz und in der Syntax dieser Dialekte.

> Die Namen der einheimischen Pflanzen, die dem Städter meist unbekannt sind,
> die Namen der kleinen volkstümlichen Tiere wie Eidechse, Fledermaus,
> Schildkröte, Schnecke, Leuchtkäfer, Regenwurm etc. sind noch heute auf
> diesem Gebiet griechisch (G. Rohlfs in: R. Kontzi (ed.), Substrate und
> Superstrate, Darmstadt 1982, S. 214).

Was die Syntax betrifft, so erwähnen wir nur ein Phänomen, das auf griechi-
sches Muster zurückgeht: In Südkalabrien und in Südapulien ist die Infinitiv-
konstruktion noch heute ungebräuchlich; statt "ich will gehen" wird eine
persönliche Konstruktion vom Typ "ich will, daß ich gehe" gebraucht, vgl.
kalabr. *vogghiu mu vaju* (so G. Rohlfs in: R. Kontzi, S. 213).

Schließlich sei noch angemerkt, daß dort, wo der griechische Einfluß auf
die heutigen süditalienischen Dialekte aus der Zeit der byzantinischen Herrschaft herrührt, natürlich nicht Substrat-, sondern Superstratwirkung vorliegt (vgl. C. Grassi, Corso di storia della lingua italiana, Parte I,
Torino 1966, S. 42).

A u f g a b e :

Suchen Sie einige gemeinitalienische Wortschatzelemente keltischen Ursprungs.

1.4.   Superstrate in der Italoromania

Zur Bestimmung des Begriffs "Superstrat" und zu seiner Abhebung gegenüber
"Substrat" verweisen wir auf unsere Ausführungen im vorangehenden Kapitel.
Gleichsam als Wiederholung soll folgendes Zitat angeführt werden:

> Man wird "von Superstrat dann sprechen, wenn ein später in ein Land ein-
> gerücktes Volk (meist Eroberer und also militärisch überlegen) allmählich
> die Sprache des ältern, im Lande verbliebenen (und meist kulturell über-
> legenen) Volkes annimmt, ihr aber zugleich gewisse neue Tendenzen ver-
> leiht." (W. von Wartburg, Die Ausgliederung der romanischen Sprachräume,
> Bern 1950, S. 155 Fn. 1)

Welche Völker nicht-lateinischer Sprache drangen als Eroberer in romanisier-
te Territorien, die zum heutigen Italien gehören, ein, siedelten dort und
konnten dort ihre eigene Sprache auf Dauer nicht aufrechterhalten?

Hier sind in erster Linie zwei bzw. drei germanische Völkerschaften zu
nennen: in chronologischer Reihenfolge zunächst die Ostgoten, dann die Langobarden, schließlich - bis zu einem gewissen Grad - die Franken (vgl. auch
S. 98); nicht zu vergessen aber auch die byzantinische Präsenz in Teilen
Italiens und die arabische Herrschaft über Sizilien.

A u f g a b e :

Informieren Sie sich in einem Geschichtswerk zur Völkerwanderung bzw. in
einer Geschichte Italiens über die entsprechenden historischen Ereignisse.

L i t e r a t u r a n g a b e n :

Die umfassendste Darstellung zum germanischen Einfluß auf die romanischen
Sprachen ist: E. Gamillscheg, Romania Germanica. Sprach- und Siedlungsge-
schichte der Germanen auf dem Boden des alten Römerreiches. Band I: Zu den
ältesten Berührungen zwischen Römern und Germanen. Die Franken, Berlin 1970[2]
(Band I in der ersten Auflage von 1934 ist wegen der Behandlung der Westgoten weiterhin heranzuziehen); Band II: Die Ostgoten. Die Langobarden. Die
altgermanischen Bestandteile des Ostromanischen. Altgermanisches im Alpen-
romanischen, Berlin - Leipzig 1935; Band III: Die Burgunder. Schlußwort,
Berlin - Leipzig 1936. - Eine kurze Monographie: G. Bonfante, Latini e
Germani in Italia, Bologna 1977[4]; vgl. außerdem die zusammenfassenden Ausführungen in: C. Tagliavini, Einführung, München 1973, SS. 223-242, und in
den Geschichten der italienischen Sprache. Auch heute noch anregend: G. Rohlfs,
Germanisches Spracherbe in der Romania, München 1947.

1.4.1. Die germanischen Einflüsse

Zur Problematik der Zuordnung von Germanismen im allgemeinen

Die chronologische und dialektale Zuordnung von germanischen Lehnelementen -
zumeist handelt es sich um Lehnwörter, denn Wortschatzelemente werden zwischen
Sprachen bekanntlich am leichtesten entlehnt - bereitet in den romanischen

Sprachen, hier insbesondere im Italienischen, große Schwierigkeiten, denn den
spärlichen sprachhistorisch verwendbaren Zeugnissen aus den für die Herausbildung der romanischen Sprachen so wichtigen Jahrhunderten steht eine Vielzahl von Möglichkeiten an Entlehnungswegen gegenüber. Die wichtigsten im Hinblick auf das Italienische sollen im folgenden kurz angeführt werden:

a) Einzelne germanische Wörter wurden schon früh aufgrund von Handelsbeziehungen zwischen Römern und Germanen in das Lateinische übernommen und dann mit
dem sogenannten Vulgärlatein in den römischen Provinzen verbreitet. Dazu
kommt:

> Allein durch die ständig steigende Zahl der im römischen Heer dienen-
> den oder der als Sklaven und seltener als Freigelassene irgendwo im
> Imperium siedelnden Germanen mußte der Anteil germanischer Elemente
> des Vulgärlateins schon größer werden, bevor dann die eigentlichen
> Germanenzüge begannen, ... (C. Tagliavini, Einführung, S. 224).

Als Beispiele früher Germanismen werden - hier nur für das Italienische -
u.a. angeführt: zwei Tiernamen: *tasso* ("Dachs"), *martora* ("Marder"); dazu
arpa ("Harfe"), *vanga* ("Spaten"); *sapone* ("Seife"); *brace* ("Glut"); *smarrire*
("verlieren, verlegen"; nur der Stamm ist germanischer Herkunft).

b) Übernahmen aus dem Westgotischen (nicht als Superstrat): siehe nachstehend S. 134.

c) Entlehnungen aus dem Ostgotischen (Superstrat): siehe S. 134.

d) Entlehnungen aus dem Langobardischen (Superstrat): siehe SS. 136-137.

e) Übernahme fränkischer Elemente entweder direkt von den Franken oder indirekt
über die Vermittlung des Galloromanischen (Kulturadstrat): siehe S. 138.

Hinzuweisen ist auch darauf, daß es immer wieder Mehrfachentlehnungen gibt. Wenn
wir den zeitlichen Rahmen erweitern, kommen noch folgende Strata hinzu:

f) Spätere sekundäre Übernahme germanischer Elemente durch Entlehnung von Wortschatzelementen aus einer romanischen Sprache (Kulturadstrat; hier kommt
vor allem das Französische als Spendersprache in Frage). Die folgenden
Beispiele sind natürlich primär als Gallizismen zu betrachten; nur der
Sprachhistoriker erkennt ihre germanische Grundlage. Entlehnungen aus dem
16. Jahrhundert: z.B. *equipaggio*, *marasciallo*, *marciare*; aus dem
18. Jh.: z.B. *garantire*, *rango*; aus dem 20. Jh.: z.B. *équipe* (1908),
engagé (1950).

g) Entlehnungen aus modernen germanischen Sprachen, z.B. vereinzelt aus dem
Deutschen und sehr zahlreich aus dem britischen und nordamerikanischen
Englisch in neuerer Zeit (Kulturadstrat): Aus dem Deutschen: z.B. *borgo-
mastro*, *brindisi*, *bismuto* (alle im 16. Jh. entlehnt); *cobalto* und *feld-
spato* (17. Jh.); *edelweiss* (1892), *Leitmotiv* (1895), *superuomo* (nach *Über-
mensch*), *Weltanschauung* (1935). Aus dem Englischen im 20. Jh.: z.B. *bob*

(1939), *golf* (1905), *rally* (1935), *slogan* (1935), *gag* (1939), *spiritual* (1942), *film* (1905), *hobby* (1942), *blue-jeans* (1963), *jet* (1963), *self-service* (1963), *hippy* (1968). Vgl. dazu - wie auch schon für f): P. Zolli, Le parole straniere, Bologna 1976.

Schließlich muß noch - wenn es hier auch nicht um germanisches Superstrat oder Adstrat, sondern einfach um germanische Präsenz in Italien geht - auf den bajuwarischen Ursprung der Deutschsprachigkeit in Südtirol (*Alto Adige*) und einiger Sprachinseln in Oberitalien (vgl. Kapitel I.3.) hingewiesen werden.

In der sprachhistorischen Forschung herrscht meist - sieht man einmal von dem Romanisten Harri Meier und seiner Schule ab - relativ große Übereinstimmung über die Zuerkennung eines prinzipiell germanischen Ursprungs für bestimmte sprachliche Elemente in den romanischen Sprachen. Was aber häufig kontrovers bleibt, ist die Zuordnung zum einen oder anderen Entlehnungsweg, da es für diese Entscheidung oft keine sicheren Kriterien gibt, so - vgl. oben - zwischen b), c), d) und e) bzw. zwischen den beiden unter e) angegebenen Möglichkeiten sowie zwischen a) und e).

Zur historischen Einordnung

Während der Epoche der Völkerwanderung (*le invasioni barbariche*!) - die Völkerwanderung und die sich daran anschließenden germanischen Reichsgründungen gelten als einer der gewichtigsten Faktoren für die Erklärung des 'Untergangs' des weströmischen Reiches (476 n.Chr.) - gelangten verschiedene germanische (und andere) Völkerschaften auf ihren Zügen von Ost nach West auch nach Italien. Für die einen blieb Italien nur Zwischenstation auf ihrer Wanderung (so für die Westgoten; denkwürdig die Einnahme Roms durch Alarich im Jahre 410 n. Chr.) oder war beuteversprechendes Plünderungsziel (so für die Hunnen und Vandalen), für andere wurde(n) Italien oder Teilgebiete von Italien territoriale Grundlage für unmittelbare Reichsgründungen, so im Falle der Ostgoten und der Langobarden.

1. Das ostgotische Superstrat

Im Kampf gegen Odwakar, den Nachfolger des letzten weströmischen Kaisers, gewinnt Theoderich der Große mit den Ostgoten die Herrschaft über Italien und gründet dort das Ostgotenreich (493-553) mit der Hauptstadt Ravenna. Unter Theoderich (493-526) erlebt das Ostgotenreich seine kulturelle Blütezeit. Bald nach Theoderichs Tod beginnt der oströmische Kaiser Justinian seine Kriege gegen die Ostgoten zur Rückgewinnung der Einheit des weströmischen und oströmischen Imperiums. Die Gotenkriege Justinians von 535-553 unter den Feldherren Belisar und Narses beenden die Herrschaft der Ostgoten; Italien wird oströmische Provinz.

Die kurze Dauer der Ostgotenherrschaft in Italien und die Trennung, die durch Heiratsverbot und religiöse Gegensätze zwischen der ohnehin nicht sehr zahlreichen ostgotischen und der römischen Bevölkerung bestand, erklären den geringen sprachlichen Einfluß des Ostgotischen auf die damals gesprochene Form des Lateins, also auf die Vorstufe des Italienischen.

Verschiedene Autoren (z.B. G. Devoto) sprechen einfach vom gotischen Einfluß bzw. von gotischen Lehnwörtern ("gotismi") und fassen somit den Einfluß des Westgotischen und des Ostgotischen zusammen, weil es in der Tat kaum möglich ist, sie mit rein sprachwissenschaftlichen Kriterien zu differenzieren, denn beide gehören zum ostgermanischen Sprachenzweig. Die Westgoten hielten sich zu kurze Zeit in Italien auf, als daß man einen westgotischen Superstrateinfluß auf das zukünftige Italienisch anzunehmen berechtigt wäre. E. Gamillscheg vertritt die Auffassung, daß der westgotische Einfluß auf die Romania (ohne Dakoromania) vom Tolosanischen Reich der Westgoten (419 gegründet) ausging:

> Die westgotisch-tolosanischen Lehnwörter dringen noch in die allgemeine Verkehrssprache ein, sie können noch als vulgärlateinisch angesehen werden; die ostgotischen Reliktwörter bleiben auf das ursprüngliche Entlehnungsgebiet beschränkt, sie haben keinen Verkehrswert mehr. (Romania Germanica, II, S. 25)

Einige Beispiele für westgotische Lehnwörter im Italienischen (nach E. Gamillscheg): *bramare*, *aspo*, *grappa*, *randa*, *rubare*, *spola*, *stalla*.

Was nun die ostgotischen Superstratwörter im Italienischen betrifft, so führt Gamillscheg etwa 70 Lehnwörter an, die aber - mit Ausnahme von vier - nicht über das gesamte italienische Sprachgebiet verbreitet sind, sondern nur regional existieren (vor allem in Oberitalien nördlich des Po - was auch dem Schwerpunkt der gotischen Siedlungen entspricht - und in der Toskana). Generell in Italien sind bzw. waren folgende vier Lexeme ostgotischen Ursprungs verbreitet: *astio* ("Groll, Haß, Neid"), *rappa* ("Schrunde an der Kniekehle der Pferde", "Runzel, Falte"; dieses Wort gilt heute als veraltet), *stecca* ("Stäbchen" und weitere Bedeutungen), *smaltire* ("verdauen", "Wasser abfließen lassen" und weitere Bedeutungen).

Einige regional verbreitete Superstratwörter ostgotischen Ursprungs: z.B. *biotto* ("elend", "nackt") in der Toskana; *bega* ("Streit") in ganz Oberitalien; *greto* ("Kiesgrund") in der Toskana; *grinta* ("Zorn, Jähzorn") von Oberitalien bis zu den Abruzzen; *stia* ("Hühnersteige") im Veneto und in der Toskana (dort auch "Hühnerkäfig"); *ruciare* ("wühlen", vom Schwein gesagt) in der Toskana. Dazu kommen zahlreiche Ortsnamen (z.B. *Goito*, *Godego*, *Gottolengo*) und Personennamen, die in Ortsnamen weiterleben (z.B. *Rovigo*, *Vidigulfo*).

Rückblickend kann man feststellen, daß es sich bei den ostgotischen Superstratelementen um Reliktwörter aus unterschiedlichen Bereichen (z.B. Ausdrücke des Affekts, des einfachen Haushalts und des Kleinbauerntums) handelt, die eine Herkunft aus den unteren sozialen Schichten nahelegen. Fazit: Der ostgotische Einfluß im Wortschatz des heutigen Italienisch ist nur marginal.

2. Das langobardische Superstrat

Nur eineinhalb Jahrzehnte nach dem Ende des Ostgotenreiches beginnt die Eroberung eines Großteils von Italien durch ein anderes germanisches Volk, nämlich die Langobarden. Aus dem Donauraum als vorhergehender Station kommend fallen die Langobarden unter ihrem König Alboin 568 in Italien ein und nehmen 572 Pavia ein, das sie zu ihrer Hauptstadt machen. Der Herrschaftsbereich der Langobarden umfaßt zunächst Oberitalien, die Toskana und die gegenüber dem Königtum weitgehend selbständigen langobardischen Herzogtümer Spoleto und Benevent, während das Exarchat von Ravenna, die Pentapolis, das Gebiet von Perugia, der Dukat von Rom und der Dukat von Neapel, die südlichen Teile von Kalabrien und von Apulien sowie Sizilien unter byzantinischer Herrschaft bleiben. Damit ist das langobardische Gebiet durch die Territorien, die später den Kirchenstaat bilden sollten, in zwei Teile getrennt (erst 751 nimmt König Aistulf Ravenna und beendet damit die byzantinische Herrschaft in Mittelitalien). 773-774 erobert dann Karl der Große das Langobardenreich - das Herzogtum Benevent existiert jedoch noch fast 300 Jahre weiter - im Kampf gegen Desiderius, den letzten König der Langobarden, und begründet so die fränkische Herrschaft über große Teile Italiens. Die beiden Reiche werden vereinigt; Karl der Große ist rex Francorum et Langobardorum.

Obwohl die Funde und Siedlungsnamen langobardischer Herkunft nur in Oberitalien und zum Teil in der Toskana massiert auftreten, scheint nach Ausweis der Reichenauer Glossen *Longobardia* als Bezeichnung für ganz Italien üblicher gewesen zu sein als der Name *Italia* selbst. Später erfährt die Verwendung von *Longobardia*, das zu *Lombardia* wird, eine Einengung, u.a. auf Norditalien, schließlich auf die Lombardei (vgl. dazu genauer: G. Rohlfs, "Italia e Longobardia", in: G. Rohlfs, Studi e ricerche, SS. 3-5).

Während die Goten schon mit einer gewissen kulturellen Bildung nach Italien kamen, die sie sich im Verkehr mit Ostrom angeeignet hatten, und während ihre Oberschicht bereits über einige Kenntnis des Griechischen und des Lateinischen verfügte, gelangten die Langobarden sogut wie ohne Kenntnisse der Landessprache nach Italien und gaben ihren Siedlungen auf italienischem Boden daher auch germanische Namen. (C. Tagliavini, Einführung, S. 233).

Innerhalb der zahlreichen italienischen Ortsnamen langobardischen Ursprungs

können verschiedene toponomastische Typen unterschieden werden, so z.B. die
fara-Namen (*fara* entspricht etwa "Sippen", dient zur Bezeichnung langobardischer Siedlungen), vgl. etwa *Fara d'Adda, Fara Novarese*; zum Teil auch die
-engo-Namen, z.B. *Barengo, Albarengo, Varengo*; der "septimanische Ortsnamen-
typus" (E. Gamillscheg) in seinen beiden Formen (*Villa Theudberti* und *Theudberti, Theodberto*), z.B. *Bosco Garolfo, Campo Rinaldi, Castelgrimaldo,
Monteguidi; Annone, Gherardi, Ghisi*, legt weniger "Zeugnis für echte langobardische Siedlung" ab, sondern zeigt vielmehr, "wo sich im Mittelalter der
langobardische Kultureinfluß geltend machte" (E. Gamillscheg, Romania
Germanica, II, S. 83).

Kommen wir nun zu den langobardischen Lehnwörtern im Italienischen. Ihr
Anteil am italienischen Wortschatz ist bedeutend höher als der der ostgotischen Lehnwörter. E. Gamillscheg wies ca. 280 langobardische Wörter im italienischen Wortschatz (gegenüber etwa 70 ostgotischen) nach, die aber nicht alle
im gesamten italienischen Sprachgebiet auftreten, sondern häufig nur in alten
langobardischen Siedlungsgebieten weiterleben. Die stärkere Beeinflussung des
italienischen Wortschatzes durch das Langobardische erklärt sich schon durch
die historische Tatsache, daß die Herrschaft dieses germanischen Volksstam-
mes über weite Teile Italiens mehr als 200 Jahre dauerte. Die sprachliche
Romanisierung der Langobarden dürfte im 7. Jh. aber bereits ziemlich voran-
geschritten gewesen sein; vgl. dazu auch das Faktum, daß die Kodifizierung
des langobardischen Rechts 643 im Edictus Rothari (König Rothari 636-652)
in lateinischer Sprache erfolgte. Eine wichtige Voraussetzung für die Romanisierung der Langobarden war wohl die Aufgabe der arianischen Form des Christentums und ihr Übertritt zum Katholizismus im 7. Jh.

Bei unserer Gliederung der ausgewählten Langobardismen, die ins Italienische
eingedrungen sind, folgen wir der Einteilung in vier große Entlehnungsbereiche,
die P. Scardigli - auf der Grundlage des Materials von E. Gamillscheg - in
seinem Beitrag "All'origine dei longobardismi in italiano" zu: Sprachliche
Interferenz. Festschrift für Werner Betz zum 65. Geburtstag, Tübingen 1977,
SS. 335-354, unterscheidet.

1° Staatliche Organisation und Rechtswesen:
Amtsbezeichnungen wie *gastaldo* ("Domänenverwalter") und *sculdascio* (vgl. unser *Schultheiß*) sind nur noch von historischem Interesse; ähnlich verhält es
sich mit folgenden Termini aus der Rechtssphäre: *faida* ("Recht auf Privat-
rache"), *guidrigildo* ("Wergeld"), *guiffa ~ biffa* ("Zeichen des rechtlichen
Besitzes"). Eine Bedeutungsverschlechterung erfuhren: *manigoldo* (von "Vor-
mund" → "Schurke", "Henker"), *sgherro* (von "Anführer" → "Scherge"). Aus dem

militärischen Bereich: *fanone* ("Wimpel"), *fante* ("Fußsoldat"). Schließlich seien noch angeführt: *sala* ("è l'ambiente in cui si svolge la vita ufficiale dei dominatori", P. Scardigli, S. 345), *scranna* ("in quanto sedile di autorità (giudicante)", Scardigli, S. 345) und das vielbesprochene *stamberga* (< langob. *stainberga* "Steinhaus").

2° Materielle Kultur:

palco und *balcone*, *panca* (evtl. auch *banco*, *banca*), *bara*, *brodo*, *fazzoletto*, *fiadone*, *scaffale*, *schifo* ("Schiff"), *slitta*, *strale*, *stucco*, *trappola*, *trogolo*, *zaffo*.

3° Terminologische Neuerungen (z.T. in Konkurrenz zu lateinischen Wörtern):
V.a. auf dem Gebiet der Anatomie: *anca*, *magone*, *milza*, *nocca*, *schiena*, *stinco*, *strozza* (→ *strozzare*); Fauna: *gazza*, *martora* (mag auch schon ins Vulgärlatein übernommen worden sein), *scriccio* ~ *scricciolo*, *stambecco*, *taccola*, *zecca*; Flora: *gualdo* (vgl. dt. *Wald*): weit verbreitet in Ortsnamen, ansonsten nur regional gebräuchlich.

4° Expressiv-vulgärer Bereich:

bisticciare, *bussare*, *chiazzare*, *gruzzo*, *izza*, *russare*, *spaccare*, *spruzzare*, *trincare*, *tuffare*, *zizza*.

Nicht in allen Fällen ist gesichert, ob es sich um expressive Übernahmen aus dem Langobardischen oder um eigenständige onomatopoetische Bildungen im Italienischen selbst handelt.

Was schließlich die Unterscheidung zwischen ostgotischen und langobardischen Lehnwörtern betrifft:

> In Italien lassen sich in gewissen Fällen durch das Vorliegen der hochdeutschen Lautverschiebung die langobardischen Elemente von den gotischen Elementen scheiden, da das Langobardische im Gegensatz zum Gotischen die Lautverschiebung noch mitgemacht hat. Aber in sehr vielen Fällen versagen solche Kriterien. (G. Rohlfs, Romanische Sprachgeographie, München 1971, S. 108)

3. Der fränkische Einfluß

Wie wir oben bereits gesagt haben, eroberte Karl der Große 773-774 das Langobardenreich und vereinigte es mit dem Frankenreich.

> The Franks came not as a people in search of conquest and lands but merely as soldiers in order to assist the pope against the Langobards. No doubt they arrived as large enough an army, but not as colonizers. Having accomplished their task, the majority withdrew. (E. Pulgram, The Tongues of Italy, New York 1958, reprinted 1969, S. 386).

138

So werden wir im Falle des Einflusses des Fränkischen auf das zukünftige Italienisch kaum von Superstrat sprechen können, sondern vielmehr von Kulturadstrat.

> Als Italien also zumindest teilweise in das Frankenreich eingegliedert
> wurde, war die fränkisch-romanische Symbiose gerade in voller Entwicklung.
> Und man darf sich daher fragen, ob die vielen neuen fränkischen Wörter,
> die nun nach Italien gelangen und zu einem großen Teil mit den neuen
> Rechts- und Verwaltungsinstitutionen und den neuen Einrichtungen (wie
> dem Rittertum usw.) zusammenhängen, direkt aus dem Fränkischen ins Ita-
> lienische oder doch eher aus dem Galloromanischen kommen, das diese Aus-
> drücke bereits übernommen hatte. Viele Gelehrte neigen zu der Ansicht,
> daß die fränkischen Elemente im Italienischen stets ihren Weg über das
> Galloromanische genommen haben, und in den meisten Fällen ist das ohne
> Zweifel auch so gewesen. (C. Tagliavini, Einführung, S. 239).

Für solche fränkischen "Wanderwörter" oder "Expansionswörter der fränkischen
Kulturperiode" führt G. Rohlfs (in: Sprachgeographische Streifzüge durch Italien, München 1947, und in: Germanisches Spracherbe in der Romania, München
1947) folgende Beispiele an: *bosco, giardino* (der Anlaut des Wortes weist es
als Lehnform aus Nordfrankreich aus), *guerra, lesina; fresco, bianco; guarire.*

Weitere Übernahmen aus dem Fränkischen (nach B. Migliorini): *dardo, galop-*
pare, gonfalone, guarnire, guardare, tregua, guanto, guadagnare; feudo, barone,
ligio, abbandonare; orgoglio, senno.

Bei G. Bonfante (Latini e Germani in Italia, S. 55ff.) erscheinen beein-
druckende Aufzählungen italienischer Eigennamen (Orts- und Personennamen)
germanischer Herkunft, vgl. z.B. folgende Vornamen: *Alberto, Alfredo, Anselmo,*
Arnolfo, Bernardo, Corrado, Federico, Guglielmo, Guido, Lodovico, Riccardo,
Roberto, Ruggero, Ugo, Umberto.
N.B.: Die Zuordnung der italienischen Wörter germanischen Ursprungs zu den
verschiedenen Entlehnungswegen wird nach der Fertigstellung von M. Pfisters
Lessico etimologico italiano (LEI) sicherlich neu aufgegriffen werden müssen.

A u f g a b e n

1. Tragen Sie selbst italienische Wörter, die mit dem germanischen Suffix
-ardo gebildet wurden (z.B. *bugiardo*), zusammen. Welche inhaltliche Gemein-
samkeit weisen diese Bildungen auf?
2. Überprüfen Sie anhand eines einbändigen etymologischen Wörterbuchs der
italienischen Sprache (vgl. S. 103) die Behauptung, daß die Mehrzahl der
auf *gua-, gue-* und *gui-* anlautenden Wörter des Italienischen germanischen
Ursprungs sind.

E r g ä n z e n d e r   L i t e r a t u r h i n w e i s :

E. Gamillscheg, "Zur Geschichte der germanischen Lehnwörter des Italienischen",
Zeitschrift für Volkskunde 10(1939), SS. 89-120; wieder abgedruckt in:
R. Kontzi (ed.), Substrate und Superstrate in den romanischen Sprachen,
Darmstadt 1982, SS. 336-366.

1.4.2. Der byzantinisch-griechische Einfluß

L i t e r a t u r a n g a b e n :

H. und R. Kahane, "Les éléments byzantins dans les langues romanes", Cahiers
Ferdinand de Saussure 23 (1966), 67-73, und von denselben Autoren insbesondere:
Abendland und Byzanz: Sprache, in: P. Wirth (ed.), Reallexikon der Byzanti-
nistik, Bd. I, insb. Sp. 345-498, Amsterdam 1970-1972.

Justinian I. (527-565), Kaiser des oströmischen (byzantinischen) Reiches, eroberte bei seinem Versuch, die Einheit des römischen Reiches wieder herzustel-
len, auch Italien in einem Vernichtungskrieg gegen die Ostgoten (535-553);
Italien wurde oströmische Provinz. Die Eroberungen der Langobarden nach 568
reduzierten die byzantinischen Besitzungen in Italien zunächst auf folgende
Regionen, die gleichzeitig Zentren der Ausstrahlung des byzantinisch-grie-
chischen Einflusses darstellen: 1. das Exarchat von Ravenna (ging 751 für
Byzanz verloren); 2. Venedig (später mit Dalmatien): gehörte zunächst zum
Exarchat von Ravenna, nach dessen Zusammenbruch wurde es "ein eigenes Dukat
in zunehmend lockerer Abhängigkeit von Byzanz" (H. und R. Kahane); 3. Genua:
spielte keine sehr wichtige Rolle, da nur von der Zeit Justinians bis zur
Mitte des 7. Jahrhunderts unter byzantinischer Herrschaft; 4. Unteritalien
und Sizilien: In Unteritalien verblieb der byzantinischen Herrschaft nach
der Gründung der langobardischen Herzogtümer nur Kalabrien und Südapulien;
diese Herrschaft dauerte allerdings recht lange, nämlich vom 6. Jh. bis zur
Errichtung der normannischen Herrschaft im 11. Jh. Sizilien dagegen wurde im
9. Jh. den Byzantinern von den Arabern abgenommen und blieb bis ins 11. Jh.
arabisch, als es die Normannen in Besitz nahmen.

Der byzantinisch-griechische sprachliche Einfluß wird in den üblichen Handbüchern meist vernachlässigt. Hier nur einige Bemerkungen: Die sprachliche
Beeinflussung des Gemeinitalienischen bzw. bestimmter italienischer Dialekte
im Wortschatz durch das Byzantinisch-Griechische kann sich als Superstratwirkung - vor allem in Gebieten mit starker griechischsprachiger Zuwanderung
wie in Unteritalien - oder als Folge einer Kulturadstratsituation vollzogen
haben. Beispiele für Byzantinismen im Italienischen (ohne Angabe des jeweiligen
griechischen Etymons): Aus den Bereichen der Kirche: oberit. *ancona* ~ *incona*
"Ikone", altit. *roměo* ~ *romero* "(Rom-)Pilger", ital. *carestia*; Handel und
Recht: oberit. *dinaro*, ital. *bisante*, *aggio*, altit. *còdico*, ital. *catasto* ~
catastro, *pòlizza*, *rischio* (letztlich persischen Ursprungs nach Kahane); Technik
und Handwerk: ital. *bronzo*, *smeriglio*, *vernice*; Gesellschaft: ital. *schiavo*,
altit. *dispòto*, altit. *saracino*; Krieg: venez. *stradioto* "berittener leicht-
bewaffneter Söldner aus der venez. Levante"; Seefahrt: ital. *arcipelago*,
venez. *gondola*, ital. *fanale*, *pilota*.

1.4.3. Der arabische Einfluß

L i t e r a t u r a n g a b e n :

Außer auf die knappen Zusammenfassungen in den Handbüchern verweisen wir insbesondere auf G.B. Pellegrini, Gli arabismi nelle lingue neolatine con speciale
riguardo all'Italia, 2 Bde., Brescia 1972 (= Sammelband von Einzelbeiträgen,
wichtig vor allem Beitrag I als Überblick, SS. 43-128). Siehe auch: A. Steiger,
"Aufmarschstraßen des morgenländischen Sprachgutes", Vox Romanica 10 (1948-49),
1-62, und R. Kontzi, "Das Zusammentreffen der arabischen Welt mit der romanischen und seine sprachlichen Folgen", in: R. Kontzi (ed.), Substrate und Superstrate in den romanischen Sprachen, Darmstadt 1982, SS. 387-450.

Im Zuge der gewaltigen Expansion des Islams in den westlichen Mittelmeerbe-
reich eroberten die Araber im 7. Jh. Nordafrika und setzten im Jahre 711
bei Gibraltar nach Europa über. In wenigen Jahren unterwarfen sie fast die
gesamte iberische Halbinsel. Ihre Kriegszüge nach Gallien wurden 732 ein erstes
Mal durch den Sieg Karl Martells zwischen Tours und Poitiers, 759 durch Pippin
den Kurzen endgültig gestoppt. Auch Italien wurde zum Ziel arabischer An-
griffe und Überfälle. Es gelang den Arabern zwar nicht, sich auf dem italienischen Festland für längere Zeit fest zu etablieren, doch brachten sie
Sizilien ab 827 für über zwei Jahrhunderte unter ihre Herrschaft, bis sie
schließlich von den Normannen zwischen 1060 und 1091 besiegt wurden. Die Präsenz der hoch entwickelten arabischen Kultur dauerte jedoch auch unter den
Normannen und danach unter den Staufern noch bis ins 13. Jh. an.

Die sprachliche Beeinflussung des italienischen Wortschatzes durch das
Arabische vollzog sich einerseits als Superstrateinwirkung,
und zwar weitgehend beschränkt auf Sizilien, andererseits und viel folgen-
reicher als Auswirkung einer Kulturadstratsituation, wobei verschiedene "Aufmarschstraßen" oder "Einfallstore" (A. Steiger) arabischen Wortguts für Italien,
aber auch für viele andere Länder Europas unterschieden werden können: Das
wichtigste Ausstrahlungszentrum arabischen Wortschatzes in Europa stellt die
iberische Halbinsel, insbesondere Spanien, dar. An zweiter Stelle folgt Sizilien - hier unter der Perspektive des Kulturadstrats und nicht des Super-
strats. Als "dritte große Einmarschstraße" führt A. Steiger die "Kreuzzug-
straße" an, die vornehmlich in den italienischen Seestädten Venedig, Pisa und
Genua endete (Wichtigkeit des Mittelmeerhandels). Schließlich ist noch der
"Karawanenweg" bzw. "Wolgaweg" zu erwähnen, der hauptsächlich für Ost- und
Mitteleuropa von unmittelbarer Wichtigkeit war.

Auf die arabischen Superstratelemente im Wortschatz des Sizilianischen und
in den Ortsnamen auf Sizilien kann hier nicht eingegangen werden; ausführlich
dazu: G.B. Pellegrini, Gli arabismi, SS. 129-332; eine Auswahl an Beispielen
auch in: R. Kontzi, "Das Zusammentreffen", SS. 398-401.

Im folgenden führen wir eine Liste ausgewählter Arabismen aus dem Gemeinitalienischen an, geordnet nach "Sachgebieten" (wir folgen hier der Darstellung von G.B. Pellegrini) – die Frage nach dem jeweiligen Vermittlungsweg
bleibt hier unberücksichtigt; auch verzichten wir auf die Angabe des jeweiligen Etymons.

Bemerkung: Was die materielle Gestalt der Arabismen angeht, so erscheinen sie
zum Teil mit, zum Teil ohne den agglutinierten arabischen "Artikel" *al* (oder
die assimilierte Form *a-*) am Wortanfang. Man hat festgestellt, daß die Mehrzahl der arabischen Wörter, die über Sizilien ins Italienische und in andere
europäische Sprachen gelangt sind, den arabischen "Artikel" nicht aufweisen,
während die über Spanien vermittelten Arabismen diesen agglutiniert haben,
vgl. z.B. ital. *zucchero*, frz. *sucre*, dt. *Zucker*, engl. *sugar* – span. *azúcar*,
port. *açúcar*; ital. *cotone*, frz. *coton* – span. *algodón*, port. *algodão*; ital.
dogana – span. *aduana*; ital. *magazzino* – span. *almacén*. Eine allgemein akzeptierte Erklärung für diese Erscheinung gibt es unseres Wissens noch nicht.

Arabismen im Italienischen aus dem Bereich der Astronomie: *azimut, zenit, nadir,
auge*; Namen von Sternen: *Aldebaran, Vega* u.a. Mathematik: *algebra, algoritmo;
cifra, zero* (beide gehen letztendlich auf die altindische Mathematik zurück).
Chemie/Alchimie: *alambicco, amalgama, alcool, alcali, alchimia, elisir.*
    Nach diesen Entlehnungen aus dem Bereich der Wissenschaften nun Beispiele
aus der Sphäre der Handelsbeziehungen (im weitesten Sinne): *dogana, fondaco,
magazzino, tariffa, gabella; zecca* ("Münzprägestätte"), *tara, arsenale, darsena;
tarsia* und *intarsio, ricamo*; Haushaltswaren: *giara, caraffa, tazza, materasso;*
Pflanzen, Früchte, Gemüse: *arancio* (über das Arabische aus dem Persischen),
limone (über das Persische und Arabische aus dem Indischen), *zucchero* (über
das Arabische aus dem Persischen), *cotone, zafferano, carciofo, spinacio*
(wiederum aus dem Persischen); Namen von Metallen und Substanzen: *ottone*
("Messing"), *ambra* (persischen Ursprungs), *talco, canfora* (indischen Ursprungs),
soda.
    Schließlich noch einige Adjektive: *azzurro, cremisi* (beide persischen Ur-
sprungs), *meschino.*
    G.B. Pellegrini (Gli arabismi, S. 125) zieht am Ende seiner Betrachtungen
über den Anteil der Arabismen am italienischen Wortschatz den Schluß, daß die
Beeinflussung sich vor allem auf die "aspetti esteriori della vita", auf die
"forme di civiltà materiale" beschränke, er verkennt aber auch nicht den Beitrag der arabischen Wissenschaften, von dem der Wortschatz der romanischen und
europäischen Sprachen noch heute Zeugnis ablegt.

2.   Italienisch

2.1.   Die ältesten Texte der italienischen Sprache

Während der erste sicher datierbare in romanischer Sprache abgefaßte Text
- die Serments de Strasbourg - aus dem Jahre 842 stammt und dem Französischen
zugeordnet werden muß, sind die ältesten uns erhaltenen schriftlich fixierten
Sätze, die eindeutig als italienisch charakterisiert werden können, mehr als
ein Jahrhundert später verfaßt worden.

        Volkssprachliche Elemente lassen sich jedoch schon in früher entstandenen
Texten feststellen.

2.1.1. Das "Indovinello veronese"

Ein aus Spanien stammendes Gebetbuch des 8. Jahrhunderts weist auf Blatt 3
(recto) der Handschrift drei Zeilen eines italienischen Schreibers auf, bei
denen es sich offensichtlich um ein Rätsel handelt.[1]

        Nach dem Aufbewahrungsort der Handschrift (Verona) bezeichnet man diesen
kurzen Text als "Indovinello veronese". Er wurde gegen Ende des 8. oder zu Beginn des 9. Jahrhunderts geschrieben.

        Wir benutzen hier in Anlehnung an Tagliavini (Einführung, München 1973,
S. 408) eine diplomatische Schreibweise.

1   + separebabouesalbaprataliaaraba & albouersorioteneba & negrosemen
2   seminaba
3   + gratiastibiagimusomnipotenssempiternedeus

Nach A. Monteverdi[2] läßt sich der Text folgendermaßen aufschlüsseln (die
letzte Zeile bleibt unberücksichtigt, da es sich um eine eindeutig in korrektem
Latein abgefaßte liturgische Formel handelt):

        se pareba boves, alba pratalia araba,
        albo versorio teneba, negro semen seminaba.

Wenn man - wie de Bartholomaeis ("Ciò che") - für *se pareba* 'si spingeva

---

1   Die Annahme, daß es ein Rätsel ist, stammt von V. de Bartholomaeis, "Ciò
    che veramente sia l'antichissima cantilena <<Boves se pareba>>", in:
    Giornale storico della letteratura italiana 90 (1927), SS. 197-204. Ihr
    haben sich die meisten Philologen angeschlossen.
2. A. Monteverdi, "A proposito dell'indovinello veronese", in: Saggi
    neolatini, Roma 1945, SS. 39-58. Andere Wissenschaftler hatten verschiedene
    Änderungen des Textes vorgeschlagen, z.B. die Umstellung von *se pareba*
    boves zu *boves se pareba* (Tamassia, de Bartholomaeis, Rajna).

innanzi' setzt,[1] kann man das Rätsel etwa so in die heutige Sprache übersetzen:

"Si spingeva innanzi i buoi, arava dei prati bianchi, teneva
un aratro bianco, seminava il seme nero."

Als Auflösung des Rätsels bietet de Bartholomaeis (S. 202) folgende Interpretation an: "I *boves* sono gli occhi che guidano l'azione; gli *alba pratalia* la pagina bianca della pergamena; l'*albo versorio* la candida penna d'oca; il *negro semen* le lettere dell'alfabeto. Il tutto: l'atto dello scrivere, quel che noi bonariamente diciamo: mettere nero su bianco."

Als Nachweis dafür, daß das Rätsel aus dem Veneto stammt, läßt sich die Form *versorio* (statt *aratro*) aufführen. Dieser Worttyp ist noch heute in Norditalien verbreitet.

Die Meinungen über den sprachlichen Charakter gehen weit auseinander: von *italiano* (*volgare*) über *semivolgare* bis hin zu *latino* (*almeno fondamentalmente*) (vgl. Castellani, I più antichi, S. 25). Für eine volkssprachliche Einordnung sprechen folgende Eigenheiten (Castellani, S. 26):
- phonisch/morphologischer Art
1. *se* statt *sibi*;
2. *pareba* statt *paraba*; A. Monteverdi ("A proposito", S. 48) erklärt die Endung -*eba* mit der Tatsache, daß mit dem landwirtschaftlichen Fachausdruck *parare* 'spingere innanzi le bestie' auch die in den ländlichen Gebieten Norditaliens verbreitete Endung -*eva* übernommen wurde, während mit *arare* und *seminare* noch semantisch unveränderte lateinische Verben vorliegen und somit auch die korrekte lateinische Endung beibehalten wurde;
3. *negro* statt *nigro*;
4. die Endungen -*a* statt -*at* und -*o* statt -*um*.

- lexikalischer Art
1. *parare* in der Bedeutung "vorantreiben",
2. *versorio* in der Bedeutung "Pflug" (nicht als Bezeichnung für einen Teil des Pfluges; vgl. ital. *versoio* "Streichblech"),
3. *pratalia* in der Bedeutung "Wiese" oder "Feld".
Gegen eine Charakterisierung des Rätsels als "volkssprachlich" lassen sich folgende Latinismen aufführen (vgl. Castellani, SS. 26-28):
1. *se pareba* (statt *parebase*, wie im Altitalienischen zu erwarten wäre);

---

1 Auf die philologische Kontroverse (und die damit verbundenen unterschiedlichen Auslegungen), die sich an *se pareba* entzündet hat, kann hier nicht näher eingegangen werden. Hierzu sei verwiesen auf A. Castellani, I più antichi testi italiani, Bologna 1976[2], SS. 13-30 "Indovinello veronese".

2. *versorio* lehnt sich lautlich noch stark an die lat. Form an, die volkssprachliche Form müßte *versor* lauten;

3. *pratalia:* in Norditalien wäre nach der Sonorisierung des intervokalischen
-t- ein *pradalia* anzunehmen;

4. *semen* statt des im Veneto verbreiteten, aus lat. 'sementia' entstandenen
Worttyps;

5. *seminaba* statt *semenaba* (lat. ĭ > ẹ).

2.1.2. Die "Placiti cassinesi"

Bei den "Placiti cassinesi" (weitere Bezeichnungen sind "Formule testimoniali
campane", "Placiti campani") handelt es sich um vier Urteile aus den Jahren
960 und 963, in denen der Grundbesitz von Klöstern in Capua, Sessa Aurunca und
Teano (Kampanien) rechtskräftig bestätigt wird.[1] Eingebettet in einen lateinischen Kontext werden die von den Zeugen vorgetragenen volkssprachlichen Schwörformeln im Wortlaut schriftlich wiedergegeben. In ihnen bestätigen die Zeugen,
daß sich die fraglichen Ländereien seit 30 Jahren im Besitz der besagten
Klöster befinden.

Die Formeln im einzelnen (nach Castellani, SS. 59-62):

1. Sao ko kelle terre, per kelle fini que ki contene, trenta anni le
possette parte S(an)c(t)i Benedicti. (Carta capuana - Capua, März 960)

2. Sao cco kelle terre, p(er) kelle fini que tebe monstrai, P(er)goaldi foro,
que ki contene, et trenta anni le possette.[2] (Sessa - März 963)

3. Kella terra, p(er) kelle fini q(ue) bobe mostrai, S(an)c(t)e Marie è, et
trenta anni la posset parte S(an)c(t)e Marie. (Teano - Juli 963)

4. Sao cco kelle terre, p(er) kelle fini que tebe mostrai, trenta anni
le possette parte S(an)c(t)e Marie. (Teano - Oktober 963)[3]

---

1 Die Manuskripte werden im Archiv des Klosters von Montecassino aufbewahrt.
2 In den Wiederholungen der Zeugen steht *kella terra* statt *kelle terre* und
conteno statt *contene*.
3 A. Castellani (SS. 60-62) übersetzt die Formeln folgendermaßen:
   1. "So che quelle terre, entro quei confini di cui si parla qui (nell'ab-
   breviatura), le possedette trent'anni il monastero di S. Benedetto."
   2. "So che quelle terre, entro quei confini che ti mostrai, di cui si parla
   qui, furono di Pergoaldo, e trent'anni le possedette."/"So che quella
   terra, entro quei confini che ti mostrai, che qui si contengono ..."
   3. "Quella terra, entro quei confini che vi mostrai, è di Santa Maria,
   e trent'anni la possedette il monastero di Santa Maria."
   4. "So che quelle terre, entro quei confini che ti mostrai, trent'anni le
   possedette il monastero di Santa Maria."

Diese Schwörformeln der erstmals 1734 vom Benediktiner-Abt Erasmo Gàttola veröffentlichten Urteile[1] sind eindeutig als volkssprachlich zu klassifizieren.
Bereits Gàttola weist darauf hin:
"balbutientis Italicae linguae verba ... ex quibus rustica ... Italicae linguae
initia latinitati barbarae permixta videre est." (E. Gàttola, S. 70, zitiert
nach Castellani, S. 62).

Phonetik
Die schriftliche Fassung scheint die phonetische Realität möglichst exakt wie-
derzugeben. Dennoch sind einige Abweichungen zwischen Graphie und Lautung
anzunehmen:

- Realisierung von intervokalischem <nt> als [nd] (bereits seit dem Ende des
  römischen Zeitalters in Kampanien verbreitet), ebenso <nct>: [nkt] > [nt] >
  [nd].
- Realisierung der (auch satzphonetisch) intervokalischen Okklusive <b> und
  <d> als [ß] (oder [v]) und [ð] (daher wohl: *Venedhitti*).
- "Raddoppiamento sintattico" ([kko], [kkelle] etc., vgl. die Formeln von
  Sessa und Teano [Okt. 963]: *cco*).
- [pe] für *per*, [ke] für *que* (in beiden Fällen latinisierende Schreibung).
So ergibt sich für die Formel der *carta capuana* folgende Transkription (P.
Fiorelli, "Marzo novecentosessanta", in: Lingua Nostra 21(1960), SS. 1-16,
Zitat: S. 5, Anm. 45):

['saǒ kko k,kelle 'tɛrre / pe k,kelle 'fi:ni ke k,ki kkon'dɛ:ne /
tren'danni ‚le pos'sɛtte 'parte ‚sandi ‚ßene'ðitti]

Sprachlicher Kommentar
1. *sao*: während sich lat. *sapio* lautgesetzlich zu süditalienisch ['sattʃe]
   entwickelt hat und noch heute im Süden Italiens verbreitet ist, bedarf
   sao einer besonderen Erklärung. M. Bartoli ("Sao ko kelle terre ...", in:
   Lingua Nostra 6 (1944-45), SS. 1-6) vertritt die These, daß es sich um
   eine norditalienische Form handelt, die sich in Analogie zur 2. Person
   sas, die später zu *sai* wird, herausgebildet hat,[2] wobei *sas* nach dem
   Muster *habes* > *as* entstand. - Diese Annahme ist jedoch nicht notwendig,

---

1 E. Gàttola, Ad Historiam Abbatiae Cassinensis accessiones, Bd. 1, Venezia
  1734. Bei Gàttola finden sich die "Placiti" Nr. 1, 2 und 4. Bei Nr. 3 handelt es sich streng genommen nicht um ein Urteil ("iudicatum"), sondern
  um ein "memoratorium", in dem der Propst des betreffenden Klosters den
  Sachverhalt eines Rechtsstreits in einem Schriftstück dem beurkundenden
  Richter darlegt. Vgl. A. Castellani, S. 61.
2 Bartoli sieht in *sao* "il primo segno dell'unità linguistica della nostra
  Nazione" (S. 6).

denn in altsüditalienischen Texten finden wir für die 2. Person durchweg
sai. Heute ist in Süditalien ebenfalls *sai* vorherrschend (vgl. Karte 1693 des
AIS), so daß man annehmen kann, daß *sao* im 10. Jahrhundert neben ['sattʃə]
in Kampanien verbreitet war. A. Monteverdi vermutet, die Richter hätten
sao verwendet, weil sie wußten, daß die Form in anderen Regionen vor-
herrschte. Nach A. Viscardi soll *sao* vornehmer (più nobile) gewesen sein
als *saccio*. Für F. Sabatini schließlich stellt *sao* eine spätlateinische
Form dar, die ursprünglich auch in Süd- und Mittelitalien verbreitet war
und deren Gebrauch in der konservativen Rechtssprache zu jener Zeit noch
üblich gewesen sei (vgl. Castellani, SS. 70-71).

2. *ko, cco* < lat. *quod*. Süditalien verwendet heute vornehmlich [ka] < lat.
   quia oder *quam*, in seltenen Fällen [ku]; ital. *che*.
3. *kelle terre* < *eccu illae terrae*, *kella terra* < *eccu illa terra*; ital.
   quelle terre, quella terra.
4. *per kelle fini* 'con quei confini'. Lat. *finis* > it. *fine*, hier in der Bedeutung 'Grenze des Besitzes'.
5. Relativpronomen *que* < lat. *quid* oder *quem*, ital. *che*.
6. *ki* < *eccu hic*, ital. *qui*.
7. *contene, conteno*: diese Formen lassen verschiedene Interpretationen zu:
   - A. Schiaffini (I mille anni della lingua italiana, Milano 1962, SS.
   49-60) sieht in *contenere* ein intransitives Verb. Der Passus *fini que ki
   contene* hätte die Bedeutung 'confini che qui si contiene' (*fini ... que
   ki conteno*: 'confini che qui si contengono');
   - Nach Auffassung von E. Coseriu ("que ki contene", in: Festschrift Walther
   von Wartburg zum 80. Geburtstag, Tübingen 1968, SS. 333-342) ist *contene*
   die Fortsetzung von *continet* (juristischer *terminus technicus* des mittelalterlichen Lateins nach griech. Modell) mit der Bedeutung 'dice' (nicht
   'si contiene'), also unpersönliches Verb. Demnach wäre *que* Objekt und
   que ki contene mit 'di cui si parla qui' zu übersetzen. Im Falle von *que
   ki conteno* soll *que* Subjekt und *conteno* (<*contenunt) persönliches Verb
   im Passiv (entsprechend lat. *continentur*) sein: 'che qui sono contenuti'.
8. *tebe* < lat. *tibi*, *bobe* < lat. *vobis*; ital. *ti, vi* (<*ibi*).
9. *monstrai, mostrai* < lat. *monstravi*. Die Schreibung mit <n> lehnt sich noch
   an die lateinische Form an, phonetisch wird <n> nicht mehr realisiert.
10. *trenta* < *triginta*.
11. *le possette, la posset*: proleptische Konstruktion; *le* und *la* beziehen sich
    auf *kelle terre* bzw. *kella terra*; *le* < *illae*, *la* < *illam*, *possette* <
    possedette: vermutlich analoge Form zu *stette* (<*stetuit*; im Altkampanischen

tendierte intervokalisches -d- zum Schwund). *posset*: es ist unwahrschein-
lich, daß die lautliche Realisierung von *possette* abweicht. Eher haben wir
es hier mit einem Hyperkorrektismus zu tun (P. Fiorelli, "La prononciation
des plus anciens textes italiens", in: In Honour of Daniel Jones, London
1964, SS. 329-333).

12. *parte Sancti Benedicti, parte Sancte Marie*. Hierbei handelt es sich offensichtlich um Latinismen: fehlender Artikel, Genitiv ohne Präposition. Ein-
schränkend muß jedoch angemerkt werden, daß ähnliche Konstruktionen im
Altitalienischen verbreitet waren und auch im heutigen Italienisch erhalten sind: Piazza San Marco. F. Sabatini hat gezeigt, daß "*pars* seguito da
un genitivo era usato a designare un soggetto in quanto titolare di beni
e diritti e che l'uso divenne addirittura tipico nei riferimenti a chiese,
vescovadi, monasteri" (F. Sabatini, "Bilancio del millenario della lingua
italiana", in: Cultura Neolatina 22 (1962), SS. 187-215, Zitat S. 209).
Somit wären die betreffenden Nexus zu übersetzen als 'monastero di San
Benedetto' bzw. 'monastero di Santa Maria'.

13. *Pergoaldi foro, Sancte Marie è*. Auch diese Syntagmen sind eindeutig
Latinismen (von *essere* abhängiger Genitiv), juristische Fachtermini, wobei die Verbformen jedoch bereits volkssprachlich sind (ebenso die Ver-
kürzung des Digraphen *ae* zu *e* in *Sancte Marie*); *foro* < *fŏrunt*, ital.
furono; *è* < *est*.

2.1.3. Die "Formula di confessione umbra"

Erwähnenswert ist auch die sog. "Formula di confessione umbra" - eine umbrische Beichtformel -, die aus dem 11. Jahrhundert stammt. Da das Original auf
Grund zahlreicher Kürzel äußerst schwierig zu lesen ist, verwenden wir hier
für die Wiedergabe des ersten von 18 Sätzen eine normalisierte Schreibung
(nach A. Castellani, I più antichi, Bologna 1972, S. 86):

```
Domine, mea culpa.III Confessu so ad mesenior Dominideu et ad matdonna
sancta Maria et ad s. Mychael archangelu et ad s. Iohanne Baptista et ad
s. Petru et Paulu et ad omnes sancti et sancte Dei de omnia mea culpa et
de omnia mea peccata ket io feci dalu battismu meu usque in ista hora,
in dictis, in factis, in cogitatione, in locutione, in consensu et opere,
in periuria, in omicidia, in aulteria, in sacrilegia, in gula, in crapula,
in commessatione et in turpis lucris.
```

Statt eines ausführlichen linguistischen Kommentars mag hier eine Übersetzung
ins Italienische unserer Zeit genügen:

```
Domine, mea culpa (3 volte). Mi confesso a messer Domineddio e a madonna
santa Maria e a san Michele arcangelo (ecc.) di tutte le mie colpe e di
```

148

tutti i miei peccati che io feci dal battesimo mio fino ad ora, in
detti, in fatti, in pensiero, in parola, in consenso e opera, in
ispergiuri, in omicidi, in adulteri, in sacrilegi, in gola, in crapula,
in commessazione (baldoria) e in turpi guadagni. (A. Castellani, S. 86)[1]

2.2. Die altitalienische Literatur und ihre Bedeutung für die Herausbildung der italienischen Schriftsprache

Literaturangaben:

I. Baldelli, "Lingua e stile delle opere in volgare di Dante", in: Enciclopedia Dantesca. Appendice. Biografia, lingua e stile, opere, Roma (Istituto della Enciclopedia Italiana) 1978, SS. 55-112;
T. De Mauro/M. Lodi, Lingua e dialetti, Roma 1979, Kap. V: Dal fiorentino all'italiano, SS. 29-37;
G. Folena (unter Mitwirkung von G. Ineichen, A.E. Quaglio, P.V. Mengaldo), "Überlieferungsgeschichte der altitalienischen Literatur", in: Geschichte der Textüberlieferung der antiken und mittelalterlichen Literatur, Bd. II: Überlieferungsgeschichte der mittelalterlichen Literatur, Zürich 1964, SS. 319-537;
W. Th. Elwert, Die italienische Literatur des Mittelalters, München 1980, SS. 11-95.
B. Wiese, Altitalienisches Elementarbuch, Heidelberg [2]1928 [Grammatik mit Textteil].

Textsammlung:

E. Monaci, Crestomazia italiana dei primi secoli, Roma-Napoli-Città di Castello [2]1955 [mit grammatikalischer Übersicht und Glossar].

Erst mehr als zwei Jahrhunderte, nachdem das in Italien gesprochene Romanisch seinen ersten schriftlichen Niederschlag gefunden hatte, lassen sich Ansätze zu einer bescheidenen nicht-lateinischen Literatur feststellen: das älteste uns überlieferte Literatur-"Denkmal" ist der in toskanischer Sprache gegen Ende des 12./Anfang des 13. Jahrhunderts verfaßte "Ritmo laurenziano", bei dem es sich um eine "höfische Gelegenheitsdichtung mit komisch-karikaturalem Einschlag" (Folena, Überlieferungsgeschichte, S. 325) handelt.

Ein "erster Meilenstein in der Geschichte der italienischen Literatur" (Folena, S. 335) ist der "Cantico di frate Sole" (Sonnengesang) oder "Cantico delle creature" des Heiligen Francesco d'Assisi. Er entstand 1225 oder 1226 und besteht aus 33 in rhythmischer Prosa verfaßten 'Versen', die zu Laissen gegliedert sind. Es handelt sich hier um eine umbrische Initiative zur Schriftsprachenbildung.

---

1 *ispergiuro* = *spergiuro* "giuramento falso", *omicidio* "Mord, Tötung", *adulterio* "Ehebruch", *crapula* "Schwelgerei", *commessazione* "Prasserei, Schlemmerei", *baldoria* "Ausgelassenheit, lärmendes Feiern", *turpe* (Adj.) "schimpflich, schändlich".

Im Vergleich zur französischen und 'provenzalischen' Literatur liegen somit
die Anfänge der italienischen Literatur wesentlich später; bereits im 12. Jahrhundert gab es eine reiche epische Literatur in französischer Sprache, und
die ersten Elemente der *Chanson de geste* lassen sich bis ins 10. und 11. Jahrhundert zurückverfolgen; die Troubadourlyrik erlebte bereits im 12. Jahrhundert in Südfrankreich ihren Höhepunkt. Da die norditalienischen Fürstenhöfe
zu jener Zeit und bis zum 14. Jahrhundert kulturell nach Frankreich ausgerichtet waren, verwundert es nicht, daß sich die erste bedeutende Literaturtradi-
tion in der ersten Hälfte des 13. Jahrhunderts vornehmlich am süditalienischen
Hof Friedrichs II. entwickelte: die dem Vorbild der provenzalischen Lyrik ver-
pflichtete, aber das Sizilianische verwendende *Scuola siciliana*. "Die Überlieferung der Sizilianischen Schule ... ist die erste organische und eigentlich literarische Überlieferung von italienischem Schrifttum. Sie ist entscheidend für die Entstehung einer ersten italienischen Schriftsprache ..."
(Folena, S. 368). Das z.T. entdialektalisierte Sizilianisch wird auch von den
(neben anderen) am Hofe lebenden toskanischen Dichtern verwendet, und so ist
es kein Zufall, daß die Überlieferung der Scuola siciliana in der zweiten Hälfte des 13. Jahrhunderts in toskanischen Händen liegt. Sie stellen das Binde-
glied dar zwischen den "poeti siciliani", deren literarische Produktion bald
nach dem Zerfall der hohenstaufischen Herrschaft (1268) abbrach, und dem ursprünglich von Bologna ausgehenden *Dolce stil novo*, dessen Liebeslyrik gegen
Ende des 13. Jahrhunderts in der Toskana zur Blüte gelangte (bedeutende Vertreter waren Guido Guinizelli [1230(?)-1276] und Guido Cavalcanti [1259(?)-1300]).
    In der Toskana war es zunächst nicht, wie man vermuten könnte, Florenz, das
bei der Verbreitung der geschriebenen Volkssprache, des *Volgare scritto*, eine
Vorrangstellung einnahm, sondern vielmehr das westliche Gebiet der Toskana,
das entsprechend seiner politischen, wirtschaftlichen und sozialen Bedeutung
im 11. und 12. Jahrhundert auch in der Produktion nicht-lateinischer Texte
den Vorreiter spielte (Pisa, Lucca, Volterra). So ist ein Großteil der ältesten
erhaltenen Dokumente in pisanischer Sprache abgefaßt, und pisanisch ist auch
der erste Text in *Volgare toscano* (der *Conto navale pisano*, Anfang 12. Jahrhundert); der älteste überlieferte Beleg des *Volgare fiorentino* stammt aus dem
Jahre 1211: es handelt sich um die "frammenti d'un libro di conti di banchieri
fiorentini".
    Im 13. Jahrhundert, einer Zeit also, in der man in Norditalien noch der
provenzalischen Literatur nahesteht, entwickeln sich Pisa, Lucca und Arezzo
zu kulturellen Zentren, in denen die Tradition der Scuola siciliana fortge-
führt wird. Als bedeutende Vertreter dieser *letteratura siculo-toscana* wären

u.a. zu nennen Bonagiunta Orbicciani aus Lucca, Inghilfredi (Lucca), Guittone
d'Arezzo. Aber auch Florenz brachte Dichter hervor, die einen Vergleich mit
anderen toskanischen Dichtern nicht zu scheuen brauchten: Chiaro Davanzati,
Monte Andrea. Den Durchbruch als führendes kulturelles und literarisches
Zentrum schaffte Florenz jedoch erst mit der Übernahme des Dolce stil novo.
"Der Neue Stil ist eine vorwiegend florentinische Erscheinung, auch wenn er
mit Guinizelli einen Vorläufer in Bologna hat; er bannte ein für allemal den
Munizipalismus und den sprachlichen Plurizentrismus ..." (Folena, S. 371).

Die frühere Vormachtstellung der Westtoskana hat jedoch in der Sprache
von Florenz ihre Spuren hinterlassen. Stellvertretend seien folgende Erscheinungen genannt (vgl. Baldelli, Lingua e stile, SS. 58-59):

lo mi	→	me lo
megliore	→	migliore
segnore	→	signore
<k>	→	<ch> (als Graphie).

Parallel zur wachsenden politischen Bedeutung von Florenz (und Siena) verstärkt sich dort ab Mitte des 13. Jahrhunderts der Gebrauch des Volgare bei
der Abfassung geschriebener Texte (sowohl bei der Erstellung von Urkunden
als auch im literarischen Bereich). In dieser auch in kultureller Hinsicht
fruchtbaren Periode wird Italiens bedeutendster Dichter geboren: Dante Alighieri
(1265-1321). "Il D[ante] adolescente si trova a vivere in una città in cui
il volgare è intensamente praticato a tutti i livelli, in cui i problemi del
volgare, nelle scritture pratiche e nella poesia, sono vivamente sentiti"
(Baldelli, S. 59).

Dem Werk Dantes kommt für die Herausbildung der italienischen Schrift- und
Literatursprache höchste Bedeutung zu. Die stärkste Wirkung ging von seiner
während des Exils 1307 begonnenen "Commedia" aus (bekannter als "Divina
Commedia"; das Attribut "divino" wurde dem Titel dieses 100 "Gesänge" umfassenden Hauptwerks jedoch erst in der venezianischen Ausgabe von 1555 hinzugefügt).

Die Verwendung eines toskanischen Dialekts ermöglichte eine weite Verbreitung der Divina Commedia: die toskanischen Dialekte und in diesem Fall das
Florentinische stehen dem Lateinischen sprachlich sehr nahe; so konnte jeder,
der das Lateinische beherrschte, die Sprache Dantes verstehen. De Mauro/Lodi,
Lingua e dialetti, S. 29, sehen in der Divina Commedia "un capolavoro capace
di affascinare le persone più raffinate, grandi letterati come Boccaccio, ma
anche un poema che, trattando di questioni scottanti dell'Italia d'allora,
interessò molti ed ebbe larga diffusione. In pochi decenni la *Divina Commedia*
si diffuse da un capo all'altro d'Italia e il fiorentino cominciò così ad
avere una buona notorietà fuori di Firenze."

Die Nähe des Toskanischen zum Lateinischen läßt sich an einigen wenigen
Beispielen zeigen (vgl. De Mauro/Lodi, S. 30):

Lateinisch	toskan.Dialekte	südital.Dialekte	nordital.Dialekte
tempus	tempo	tièmb(e)	tèimp
nudum	nudo	annùr(e)	nüu
patrem	padre	pàt(e)	pèr
matrem	madre	mat(e)	mar

Neben Dante waren es im 14. Jahrhundert Giovanni Boccaccio (1313-1375) im Bereich der Prosa (besonders sein "Decamerone") und Francesco Petrarca (1304-1374)
im Bereich der Dichtung ("Canzoniere"), die dem Toskanischen als Schriftsprache
Geltung verschafften. Das Werk dieser "tre corone" wurde zwischen dem 14. und
dem 16. Jahrhundert vor allem von toskanischen Bank- und Kaufleuten verbreitet, ihrer Sprache bedienten sich große florentinische Politiker, Päpste,
Schriftsteller (denken wir an Niccolò Machiavelli, Francesco Guicciardini u.a.).
Gegen Ende des 16. Jahrhunderts war das Florentinische nicht mehr nur ein
Dialekt, es wurde als Sprache betrachtet, es war das *Italienische* der Gebil-
deten geworden.

Die Chronologie der Verdrängung regionaler Schriftsprachen durch das Ita-
lienische hat A. Vàrvaro, La parola nel tempo. Lingua, società e storia,
Bologna 1984 in Kap. 8: Note per la storia degli usi linguistici in Sicilia
(SS. 175-185) für das Sizilianische aufgezeigt:

> L'italiano entra ... nel repertorio della burocrazia siciliana nei
> primi decenni del Cinquecento [16. Jh.] per iniziativa individuale
> ed in conseguenza di una moda culturale, come alternativa più cosmo-
> polita al siciliano scritto e non al latino, riservato ancora agli usi
> più 'alti'. (S. 180)
> Cinquant'anni più tardi [ca. 1570] questa situazione di alternativa
> è diventata una situazione di netta dominanza a vantaggio dell'italiano.
> (S. 181)
> Cento anni più tardi [ca. 1670-80] la burocrazia siciliana non si
> permette più l'uso del siciliano. (S. 182)
> Chi ricopre cariche civili nel Regno di Sicilia usa in ogni caso
> l'italiano, quale che sia l'interlocutore. (S. 182)

Italien besaß also bereits im 16., spätestens im 17. Jahrhundert, eine auf
der gesamten Halbinsel akzeptierte und verwendete Schrift- und Literatursprache (vgl. Kap. III.2.3.); es dauerte allerdings bis ins 20. Jahrhundert,
bis diese Sprache auch von der großen Masse der Bevölkerung verstanden, verwendet und akzeptiert wurde (vgl. Kap. III.2.4.).

Wie wenig sich die heutige italienische Standardsprache von der Sprache
Dantes, Boccaccios und Petrarcas fortentwickelt hat, zeigt der Anfang von
Dantes Divina Commedia (Inferno, Canto I, Verse 1-18, aus: Enciclopedia

Dantesca. Appendice, Roma 1978, S. 835), der für uns - abgesehen von semantischen Besonderheiten der Dichtersprache - ohne große Probleme verständ-
lich ist.

        Nel mezzo del cammin di nostra vita
          mi ritrovai per una selva oscura,
  3   chè la diritta via era smarrita.

        Ahi quanto a dir qual era è cosa dura
          esta selva selvaggia e aspra e forte
  6   che nel pensier rinova la paura!

        Tant'è amara che poco è più morte;
          ma per trattar del ben ch'i' vi trovai,
  9   dirò de l'altre cose ch'i' v'ho scorte.

        Io non so ben ridir com'i' v'intrai,
          tant'era pien di sonno a quel punto
  12   che la verace via abbandonai.

        Ma poi ch'i' fui al piè d'un colle giunto,
          là dove terminava quella valle
  15   che m'avea di paura il cor compunto,

        guardai in alto e vidi le sue spalle
          vestite già de' raggi del pianeta
  18   che mena dritto altrui per ogne calle.

1 cammin = cammino, 2 per = in, 3 chè = perchè, smarrita = perduta,
4 ahi = espressione di spavento, dir = dire, qual = quale; Vers 4 wird
verständlicher, wenn man die Syntax ändert: ahi, quanto è cosa dura a
dire qual era esta selva selvaggia ..., 5 esta = questa, 6 pensier =
pensiero, rinova = rinnova, 7 "l'amarezza della *selva* è vicina a quella
della morte", 8 trattar = trattare: svolgere sistematicamente un argo-
mento filosofico, ben = bene, ch'i' = che io, vi 'dort', 9 de l'altre
= delle altre, v'ho = vi ho, scorte = Part. Perf. von scorgere = vedere,
10 ridir = ridire, com'i' = come io, v'intrai = vi entrai, 11 era = ero,
pien = pieno, 13 ch'i' = che io = quando io, piè = piede, giunto =
arrivato, 15 m'avea = mi aveva, cor = cuore, compunto = Part. Perf.
von compungere = trafiggere, 17 de' = dei, pianeta: hier = sole,
18 altrui: hier für "l'uomo", ogne = ogni, calle = cammino, itinerario.
(vgl. Enciclopedia Dantesca, 5 Bände, Roma 1970-1976)

Aufgaben

1. Informieren Sie sich bei Folena (S. 325-349) und in der dort angegebenen
Sekundärliteratur über den "Ritmo laurenziano" und die beiden ebenfalls der
kirchlichen Kultur verpflichteten Ritmi, den "Ritmo cassinese" und den "Ritmo
su S. Alessio", sowie den "Cantico di frate Sole".

2. Lesen Sie: L. Renzi, Nuova introduzione alla filologia romanza, Bologna
1985, Kap. XIV, sez. 11: Italiano antico, SS. 373-382; und: H.H. Christmann,
"Wesenszüge der italienischen Sprache in Geschichte und Gegenwart", in:
Italienische Studien 2(1979), SS. 119-135.

2.3.   Die "Questione della lingua"

Der Ausdruck "Questione della lingua" ist als *terminus technicus* in die wissenschaftliche Literatur eingegangen; man versteht darunter einen Problemkomplex, der mit dem Entstehen der italienischen Literatur zum ersten Male auftaucht und der die italienische Sprach- und Literaturgeschichte im Laufe der Jahrhunderte in hohem Maße geprägt hat.

Maurizio Vitale umreißt das Problem in der Einleitung zu seiner fundierten, chronologisch nach Jahrhunderten gegliederten, Untersuchung La questione della lingua (Palermo 1978[3]) auf Seite 12 folgendermaßen:

> Il complesso dei problemi intorno al volgare, alla lingua *grammaticale* nuova che diventa lingua nazionale e comune d'Italia, che si pongono e si discutono con appassionato e vivace calore per tutti i secoli nel corso della nostra storia letteraria e grammaticale in conseguenza delle condizioni ... (natura della lingua: fiorentina o italiana; norma del suo impiego: lingua scritta e lingua parlata; dilatabilità dei suoi confini: lingua antica e lingua moderna; adattabilità ai tempi nuovi: lingua morta e lingua viva; funzionalità in circostanze storiche rinnovate: lingua come letteratura o lingua come strumento sociale; ecc.) costituisce la cosiddetta *questione della lingua* le cui ragioni hanno, dunque, profonde e salde radici storiche.[1]

Bereits für Dante Alighieri stellte sich das Problem, welches Italienisch würdig genug ist, als Schriftsprache Verwendung zu finden. In seiner Abhandlung "De vulgari eloquentia" (verfaßt zwischen 1303 und 1305) spricht er sich gegen jede sprachliche Varietät aus, die nicht über ein - in italienischer Terminologie - *volgare municipale* hinausgeht; der Dichter muß seine Heimatsprache überwinden. Für das von ihm geforderte *volgare illustre (cardinale, curiale, aulico)*[2] stehen stilistische und ästhetische Gesichtspunkte im Vordergrund: Wohlklang des Wortes, Harmonie des Verses, Reinheit der Sprache etc. Diese Kriterien werden nach seiner Ansicht am ehesten von den sizilianischen und toskanischen Dichtern erfüllt (*Scuola siciliana* und *Dolce stil novo*).

Dante setzt sich in seinem unvollendeten Traktat allerdings nur mit der Sprache des höchsten literarischen Stils auseinander, der für die Gattungen der Epik, Tragödie und besonders der *canzone* charakteristisch ist.

In der Kontroverse über die geeignete Literatursprache sind im 16. Jahr-

---

1 Hervorhebungen im Original; *impiego* "Verwendung, Gebrauch", *dilatabilità* "(Aus)dehnbarkeit", *adattabilità* "Anpassungsfähigkeit", *saldo* "fest, stark".

2 *curiale* ("höfisch", auch "Kanzlei...") ist für Dante die Sprache bei Hof (wobei kein spezieller Hof gemeint ist), die Sprache des Papstes, von Herzögen etc. Sie hebt sich auf Grund der Bildung ihrer Sprecher von der jeweiligen regionalen Varietät ab. Die Repräsentativität dieser Sprache wird durch das Adjektiv *aulico* ("höfisch", auch "erhaben") betont. Vgl. A. Simonini, La questione della lingua e il suo fondamento estetico, Bologna 1969, S. 4, Anm. 3. *volgare* ist keineswegs abwertend gemeint; vielmehr steht es für 'Italienisch' im Gegensatz zu 'Latein'. Vgl. Th. Labande-Jeanroy, La Question de la Langue en Italie, Strasbourg 1925, S. 43.

hundert im wesentlichen vier unterschiedliche Positionen vertreten worden
(vgl. A.L. Lepschy/G. Lepschy, La lingua italiana. Storia, varietà dell'uso,
grammatica, Milano 1981, S. 19):

1. Bevorzugung des archaischen Toskanisch. Zu den Vertretern dieser Position
   gehört Pietro Bembo (1470-1547); wichtig ist sein Werk Prose della
   volgar lingua (erschienen 1525). Für Bembo sind Petrarca und Boccaccio
   richtungweisend. Auch Dante wird, mit gewissen Einschränkungen (Bembo
   kritisiert z.B. die Sprache in Dantes Divina Commedia), als Vorbild akzeptiert. - Die Sprache, die sich an der literarischen Schöpfung dieser
   drei Größen des 14. Jahrhunderts ausrichtet, ist unbeweglich, archaisch,
   sie muß gelernt werden wie das klassische Latein.

2. Orientierung am "modernen" Toskanisch. Dieser Standpunkt wird vertreten
   u.a. von Niccolò Machiavelli (1469-1527; in seinem "Dialogo sulla lingua"
   von 1526 spricht er sich für die *fiorentinità contemporanea*, also den damaligen Sprachgebrauch von Florenz aus), Claudio Tolomei (1492-1556) und
   Giovan Battista Gelli (1498-1563).

3. Für eine archaisierende, zusammengesetzte Literatursprache (*lingua composita*, deren Elemente aus den Dialekten ganz Italiens, nicht nur der Toscana, stammen sollen) setzt sich Girolamo Muzio (1496-1576) ein. Ihm schwebt
   eine *lingua italiana* vor.

4. Befürworter der *lingua cortigiana* und der *italianità del volgare letterario*,
   die sich jedoch auf die moderne Sprache stützt, sind u.a. Baldassare Casti-
   glione (1478-1529) und besonders Giangiorgio Trissino (1478-1550). Trissino
   dient die griechische Sprache als Vorbild: "Sì come i Greci da le loro quattro
   lingue ... formarono un'altra lingua, che si dimanda[1] lingua comune; così
   ancora noi da la lingua Toscana, da la Romana, da la Siciliana, da la
   Veneziana, e da l'altre d'Italia, ne formiamo una comune, la quale si
   dimanda lingua Italiana". (zitiert nach: M. Vitale, La questione della
   lingua, S. 63).

Mit dazu beigetragen, daß die von Bembo getragene erste der oben erwähnten
Positionen immer stärkere Verbreitung fand, hat die 1583 gegründete Accademia
della Crusca. Leonardo Salviati (1539-1589), einer der Gründer der Akademie,
regte die Schaffung eines normativen Wörterbuches an. Das "Vocabolario degli
Accademici della Crusca" erschien erstmals im Jahre 1612. Aufgenommen wurden
lediglich Wörter toskanischer - vor allem "antiker" - Autoren, deren Sprache
als besonders rein galt, während die der übrigen Autoren als unrein abgelehnt

---

1 si dimanda - si domanda (archaisch)

wurde. Die Sprache der Trecentisten, allen voran Boccaccio, wird idealisiert.
G. Rohlfs, Romanische Philologie, 2. Teil, Heidelberg 1952, SS. 31-32 gibt
eine anschauliche Darstellung der Folgen:

> Boccaccio gilt als 'sommo modello'; ihm wird stets der erste Platz
> eingeräumt. Damit war die 'questione della lingua' aus der unfrucht-
> baren Atmosphäre sophistischer Diskussionen herausgehoben, zugleich
> aber war mit dem Triumph der Bemboschen These der Zusammenhang mit der
> lebendigen Sprache zerschnitten und die Entwicklung zu einer wirklichen
> 'lingua nazionale' versperrt. Im Laufe des 17. und 18. Jahrhunderts hat
> es nicht an heftigen Angriffen gegen die Auffassung der Crusca-Akademie
> gefehlt (...), doch ändert sich nichts an ihrem Standpunkt. Von ihren
> natürlichen Quellen abgeschnitten, mußte die Sprache verarmen, zu einem
> künstlichen Gebilde, ja sogar zu einem Kadaver werden.

Das Italienische blieb jahrhundertelang eine reine - nur der gebildeten Bevölkerung (18-20%) zugängliche - Literatursprache. Erst durch Alessandro
Manzoni (1785-1873) vollzog sich im Ringen um eine geeignete Literatursprache
eine entscheidende Richtungsänderung. Manzoni war der Ansicht, die Autoren
müßten sich einer lebendigen Sprache bedienen, die geeignet sei, sowohl im
schriftlichen als auch im mündlichen Gebrauch zur Nationalsprache zu werden,
und lehnte entschieden die archaische Sprache der Vergangenheit ab. Während
er in seinem Roman "Fermo e Lucia" (1822-23) eine sprachliche Synthese zwischen verschiedenen Dialekten (besonders Toskanisch und Lombardisch -
Manzoni stammte aus Mailand) unter Einbeziehung von Elementen aus anderen
Sprachen zu finden versuchte (*lingua composita*), orientierte er sich in der
zweiten Fassung (diesmal unter dem Titel "I Promessi Sposi", 1825-27) wesentlich stärker am Toskanischen. In der endgültigen Fassung der "Promessi Sposi"
(1840-42) kommt schließlich die Hinwendung zur "vivente fiorentinità della
lingua" (A. Simonini, La questione della lingua, S. 31) zum Ausdruck. Seine
Sprache ist gereinigt von allem Künstlichen und Rhetorischen. "Es ist die
Sprache der gebildeten toskanischen Oberschicht, ohne die Auswüchse[1] der
toskanischen Volkssprache..." (G. Rohlfs, Romanische Philologie, S. 32).

In der Tat hat Manzoni den Grundstein für die heutige Form der italieni-
schen Sprache gelegt. Doch auch er - und in den folgenden Jahrzehnten seine
Anhänger - konnte sich nicht einer Kritik entziehen. Einen besonders heftigen
Kritiker fand Manzoni in dem Dialektologen und Sprachwissenschaftler Graziadio
Isaia Ascoli (1829-1907), der zwar hervorhob, Manzoni habe "col suo romanzo
estirpato dalle lettere italiane 'l'antichissimo cancro della retorica'"
(A. Simonini, S. 36), aber seine Sprachlösung ablehnt.[2] Besonders die Absicht,

---

1 Unter Auswüchsen versteht Rohlfs z.B. die *gorgia toscana* (z.B. [amiho]
  statt [amiko]).
2 G.I. Ascoli, *Proemio* (Vorwort) zu Band I der von ihm herausgegebenen Zeitschrift *Archivio Glottologico Italiano* (1873).

156

allen Italienern den zeitgenössischen Dialekt einer Stadt vorzuschreiben,
stößt ebenso auf Ascolis Widerspruch, wie diejenige, zu diesem Zweck ein Wörterbuch zu benutzen (nämlich das vom ehemaligen Bildungsminister Emilio Broglio
und dem Schwiegersohn Manzonis Giambattista Giorgini vorbereitete und zwischen
1870 und 1897 veröffentlichte "Nòvo vocabolario della lingua italiana secondo
l'uso di Firenze").[1] Ins Licht gerückt wurde das Sprachproblem erneut durch
Pier Paolo Pasolinis (1922-1975) Artikel in Rinascita (26. Dez. 1964) unter
dem Titel "Nuove questioni linguistiche". Oronzo Parlangèli hat einen Sammelband herausgegeben, der sich mit der von Pasolini angesprochenen Problematik
befaßt: La nuova questione della lingua, Brescia 1971. Nach Pasolini besitzt
Italien keine wirkliche Nationalsprache, sie muß seiner Meinung nach erst noch
geschaffen werden. Er selbst lehnt es ab, eine festgelegte, traditionelle
Literatursprache zu verwenden, und greift in einem Teil seiner Werke auf die
Sprache der unteren sozialen Schichten Roms zurück. Eine Nationalsprache nach
Pasolinis Vorstellungen muß vom *linguaggio padronale* des Frühkapitalismus ab-
rücken und die aktuelle technisch-wirtschaftliche sowie politisch-ökonomische
Entwicklung Italiens berücksichtigen. Pasolini will u.a. eine größere Schema-
tisierung, Streichung konkurrierender und Festsetzung "technischer" Sprach-
formen (sein Vorbild ist in etwa die Sprache des *triangolo industriale* -
Mailand, Turin, Genua) und weist auf die Vorrangigkeit der Kommunikationsfunk-
tion vor der expressiven Funktion der Sprache hin.

Die heutige "Questione della lingua" ist vornehmlich soziologischer Art.
Auch wenn Tullio De Mauro davon spricht, daß "Gli italiani cominciano a
capirsi" (in: Rinascita 51-52, 24.Dez. 1976, SS. 17-21; Interview von Ottavio
Cecchi), täuscht diese Tatsache doch nicht darüber hinweg, daß der größte
Teil der italienischen Bevölkerung noch nicht über eine ausreichende Schulbil-
dung verfügt.[2] Das bedeutet - da in großen Teilen Italiens, besonders in ländlichen Gebieten, im Süden, im Gebirge der Dialekt (zumindest im informellen
Gespräch, also in der Familie, mit Freunden etc.) noch immer einen hohen Stel-
lenwert besitzt -, daß die meisten dieser Menschen die Hochsprache (= Standardsprache) in nicht ausreichendem Maße beherrschen. Sozialer Aufstieg wird je-

1 Ascoli ist der Auffassung, die sprachliche Einheit Italiens könne nur mittels
   einer geistigen und kulturellen Erneuerung geschaffen werden; als Beispiel
   dafür, daß es möglich ist, ohne ein politisches Zentrum eine Nationalsprache
   zu schaffen, führt er Deutschland an. Zur Bedeutung Ascolis für das Sprachproblem vgl. M. Dardano, G.I. Ascoli e la questione della lingua, Roma 1974.
   Mit Manzoni beschäftigte sich in jüngster Zeit: F. Bruni, "Per la linguistica
   generale di Alessandro Manzoni", in: F. Albano Leone et al. (edd.), Italia
   linguistica: idee, storia, strutture, Bologna 1983, SS. 73-118.
2 Nach T. De Mauro, Linguaggio e società nell'Italia d'oggi, Torino 1978, S. 125
   ist die Bevölkerung nur zu 24% "abbastanza scolarizzata". Alle übrigen besitzen höchstens die "licenza elementare" (etwa Grundschule).

doch erst durch die korrekte Beherrschung und Verwendung der Hochsprache möglich, so daß der Schule eine bedeutende Funktion innerhalb der italienischen
Gesellschaft zukommt.[1] Im Zusammenhang mit der "Questione della lingua" stellt
sich also nicht mehr so sehr die Frage nach der geeigneten Literatursprache;
vielmehr tritt die Frage in den Vordergrund, wie der einzelne am besten eine
hohe sprachliche Kompetenz erlangt, bzw. (aus staatlicher Sicht) wie eine
möglichst umfassende Italianisierung der Bevölkerung (auch der ethnischen Gruppen) erreicht werden kann.

Mit der Interdependenz von Gesellschaft und Sprache beschäftigt sich die
Soziolinguistik, auf die wir im folgenden Kapitel näher eingehen.

2.4. Sprache und Gesellschaft im heutigen Italien

Auf die Tatsache, daß gesellschaftliche Strukturen und sprachliche Gegebenheiten (und die Verwendung von Sprache) eine gewisse Interdependenz aufweisen,
ist von Sprachwissenschaftlern spätestens seit dem 19. Jahrhundert hingewiesen
worden (z.B. Steinthal, Schuchardt). Zu Beginn des 20. Jahrhunderts war es
Saussure, der Sprache als "fait social" bezeichnete, ohne jedoch methodische
Konsequenzen aus dieser Erkenntnis zu ziehen.

Erst seit dem Beginn der 60-er Jahre wurde die Beziehung zwischen Sprache
und Gesellschaft zum Gegenstand systematischer wissenschaftlicher Untersuchungen (z.B. von Ferguson und anderen in Amerika, Bernstein in Großbritannien).

Da diese junge Forschungsrichtung ihre Methoden aus zwei verschiedenen Wissenschaften bezieht (Soziologie und Linguistik), liegt die Vermutung nahe, daß
der Forschungsgegenstand, die Sprache, unter verschiedenen Aspekten betrachtet
werden kann. Tatsächlich wird häufig eine Einteilung vorgenommen in   ' S o -
z i o l o g i e der Sprache', die ein stärker soziologisches Erkenntnisinter-
esse hat, und 'Sozio l i n g u i s t i k ' , die vornehmlich sprachwissen-
schaftlich ausgerichtet ist. Für die Zwecke dieser Einführung erscheint eine
methodische Trennung nicht erforderlich.

In Italien gehört es zur Tradition dialektologischer Forschung, auch soziale
Phänomene zu berücksichtigen (verwiesen sei hier auf die Arbeiten des großen
Linguisten und Dialektologen Benvenuto Terracini, z.B.: Conflitti di lingue
e di cultura, Venezia 1957), den Einstieg in die Soziolinguistik leistete je-
doch erst Tullio De Mauro mit seiner Storia linguistica dell'Italia unita
(Bari 1963, seither mehrere Auflagen).

---

1 Zur Rolle der Schule in Süditalien vgl. auch D. Kattenbusch, "Dialekt und
  'muttersprachlicher' Unterricht in Süditalien (Liparische Inseln, Kalabrien)",
  in: G. Holtus/E. Radtke, Varietätenlinguistik des Italienischen, Tübingen
  1983, SS. 46-60.

158

Inzwischen ist die Literatur, die sich mit soziolinguistischen Fragen in
Bezug auf das Italienische befaßt, sehr umfangreich geworden. Überblicke über
den Forschungsstand geben u.a. L. Còveri, "Sociolinguistica e pragmatica", in:
D. Gambarara/P. Ramat (Hg.), Dieci anni di linguistica italiana (1965-1975),
Roma 1977, SS. 247-271 und A. Di Luzio, "La sociolinguistique en Italie", in:
N. Dittmar/B. Schlieben-Lange (edd.), Die Soziolinguistik in romanischsprachi-
gen Ländern, Tübingen 1982, SS. 33-52.

"Fra le nazioni europee l'Italia gode il privilegio di essere, certamente,
il paese più frazionato nei suoi dialetti." Mit diesem Satz umreißt Gerhard
Rohlfs (Studi e ricerche su lingua e dialetti d'Italia, Firenze 1972, S. 26)
sehr scharf eines der sprachlichen Probleme der italienischen Gesellschaft.
Mehr als ein Jahrhundert nach der politischen Einigung Italiens scheint das
Land von einer sprachlichen Einigung noch immer weit entfernt zu sein. Probleme
ergeben sich bei der Vermittlung der Hochsprache an Millionen von in der Hei-
matmundart sozialisierten Schulkindern ebenso wie beim Versuch, die Minderhei-
ten Italiens zu integrieren, ohne daß diese ihre muttersprachliche Identität
aufgeben müssen.

Man kann davon ausgehen, daß 1861 rund 80% und 1900 noch rund 50% der Bevölkerung Italiens Analphabeten und folglich der italienischen Hochsprache
in Wort und Schrift nicht mächtig waren; Schule, Militärdienst, Massenmedien
sowie die im 20. Jahrhundert - und in erhöhtem Maße nach dem 2. Weltkrieg -
einsetzende Mobilität, in Verbindung mit wirtschaftlich und arbeitsmarktbe-
dingten Wanderungsbewegungen (Landflucht, interne und externe Migration)
führten zu einem verstärkten Aufeinandertreffen unterschiedlicher sprachlicher Formen und somit zu einer im Prinzip für ganz Italien vorherrschenden
Diglossiesituation.

D i g l o s s i e bezeichnet den Kontakt zweier sprachlicher Varietäten,
deren eine als sozial niedriger stehend beurteilt wird (als Symbol wird L verwendet: engl. "low speech"), während es sich bei der anderen um eine als sozial höher bewertete Varietät (H = "high speech") handelt. (Vgl. Ch. A. Ferguson, "Diglossia", in: Word 15 (1959), SS. 325-340).

Vereinfacht lassen sich bezüglich der italienischen Gesellschaft die
Gleichungen

L = Dialekt
H = Hochsprache

aufstellen. Die Verwendung der jeweiligen Varietät ist von verschiedenen Faktoren abhängig, wie Situation, Gesprächspartner, Bildung des Sprechers,
Geschlecht u.a.

Die Verteilung von L und H in einer beliebigen Ortschaft X in Italien
könnte folgendermaßen aussehen:

	L	H
in der Familie	+	
mit Freunden	+	
mit dem Pfarrer		+
mit Arbeitskollegen	+	
in der Schule		+
auf dem Sportplatz	+	
mit dem Arzt		+
bei Behörden		+
im Straßencafé	+	
mit Fremden		+
:		

Aus dieser hypothetischen Tabelle wird ersichtlich, daß in Gesprächen, die
eher privaten Charakter haben (informelles Gespräch), mit großer Wahrscheinlichkeit Dialekt gesprochen wird, während für Gespräche mit Amtspersonen, Un-
bekannten etc. (formelles Gespräch) vornehmlich die Hochsprache verwendet wird.

Das Schema läßt sich natürlich nicht verallgemeinern; jede Sprachgemeinschaft weist andere Charakteristika auf. Mit dem Pfarrer wird man Dialekt
sprechen, wenn er aus dem gleichen Ort stammt (was in Italien selten ist);
Personen, die in der nächsten größeren Stadt arbeiten, sprechen am Arbeitsplatz
wahrscheinlich einen über den einzelnen Ort hinaus verständlichen Regional-
dialekt (die Regionaldialekte gewinnen in Italien immer mehr an Bedeutung),
ebenso wie Kinder und Jugendliche, die außerhalb des Ortes die Schule besuchen,
außerhalb des Unterrichts sich dieser Varietät bedienen werden. Wieder anders
präsentiert sich der skripturale Bereich, in dem die Anwendung der Hochsprache
(bzw. dessen, was der einzelne dafür hält) die Regel ist.

Die moderne Gesellschaft, die zum großen Teil gekennzeichnet ist von hoher
Industrialisierung und Technisierung, von einem weit über die Provinzgrenzen
hinausgehenden Warenaustausch, von einem (mehr oder weniger) gut organisier-
ten Verwaltungsapparat etc., verlangt nach einer in möglichst vielen Bereichen
des öffentlichen Lebens funktionierenden Verkehrssprache.

Die im wesentlichen auf dem Toskanischen basierende italienische Schriftsprache ist in den letzten Jahrzehnten zu einer omnifunktionalen Gemeinsprache,
die allen Anforderungen des heutigen Lebens entspricht, ausgebaut worden.

Die Faktoren für die Verbreitung dieser *lingua comune* sind vielfältig.
Zu den wichtigsten zählen:
- die M a s s e n m e d i e n : seit der Einführung des Rundfunks in Italien
im Jahre 1924 und der Ausstrahlung der ersten Fernsehsendung 1954 sind Rund-

funk und Fernsehen bis in die ärmsten Gebiete Süditaliens vorgedrungen. Das
(hoch-)italienischsprachige Fernsehprogramm der halbstaatlichen Sendeanstalt
R.A.I. (Radiotelevisione Italiana), das bereits mittags beginnt, ersetzt
häufig die dialektale Kommunikation in der Familie. Private (regionale)
Sender bilden, was die Sprachverwendung betrifft, keine Ausnahme.

- die a l l g e m e i n e   W e h r p f l i c h t : durch die Einberufung
  häufig in heimatferne Gebiete Italiens sind die jungen Männer gezwungen, sich
  der Hochsprache zu bedienen. Bei den älteren Generationen haben die zwei Welt-
  kriege entscheidend zu ihrer Verbreitung beigetragen.

- die m o d e r n e   L i t e r a t u r und die besonders bei Jugendlichen
  beliebten C o m i c s (*fumetti*) tragen ebenso zur Verbreitung des Italienischen bei wie der F i l m , in dessen Sprache die Rolle Roms als neues
  normatives Zentrum teilweise deutlich zum Ausdruck kommt.

- die S c h u l e : sie stellt den heute vielleicht wichtigsten Faktor in
  der auf eine allgemeine Kenntnis des Italienischen abzielenden Sprachpolitik
  staatlicher Stellen dar. Auch wenn - wegen der für viele Familien in den armen
  Regionen Italiens lebenswichtigen Kinderarbeit - viele Kinder nur sporadisch
  den Unterricht besuchen, stellt die 1923 von Gentile (Bildungsminister 1922
  bis 1924) eingeführte Schulpflicht (bis zum 14. Lebensjahr) einen bedeutenden
  Schritt in der verfolgten Richtung dar. Da der Unterricht im allgemeinen bereits ab der ersten Klasse in italienischer Sprache abgehalten wird, ergeben
  sich für den größten Teil der in einer dialektalen Umgebung aufgewachsenen
  Kinder sprachliche Probleme (mit z.T. psychischen oder sogar somatischen
  Folgen).

Das in der 2. Hälfte der 70er Jahre vom italienischen Unterrichtsministerium
erarbeitete Konzept der *educazione linguistica* berücksichtigt die in Folge der
Diglossiesituation auftretenden Probleme in zu geringem Maße. Im Vordergrund
des Sprachunterrichts steht "il possesso più ampio e sicuro possibile rispettivamente della lingua italiana e della lingua straniera" (Ministero della
Pubblica Istruzione, Nuovi programmi, orari di insegnamento e prove di esame
per la scuola media statale, Roma 1979, S. 24). Das zum Teil recht wirklich-
keitsferne Konzept (z.B. Bezugnahme auf die lateinische Basis des Italienischen) wurde erst durch die von Tullio De Mauro und Raffaele Simone erarbeiteten
Dieci tesi per l'educazione linguistica democratica mit Leben erfüllt. Sie
führen nicht nur die Grenzen des bislang praktizierten Sprachunterrichts vor
Augen (These 6: Inefficacia della pedagogia linguistica tradizionale; These 7:
Limiti della pedagogia linguistica tradizionale), sondern zeigen auch Prinzi-
pien und Forderungen für den Sprachunterricht in einer demokratischen Schule

auf. So heißt es zum Beispiel in These 8 (Principi dell'educazione linguistica democratica) unter Nummer 2: "Lo sviluppo e l'esercizio delle capacità linguistiche non vanno mai proposti e perseguiti come fini a se stessi, ma come strumenti di più ricca partecipazione alla vita sociale e intellettuale ..." (L'educazione linguistica, Atti della giornata di studio "giscel", Padova 17 settembre 1975, Padova 1977: "Dieci tesi ...", SS. 1-12, Zitat S. 9).

Eine *educazione linguistica*, die die tatsächliche sprachliche Situation berücksichtigt und nach Möglichkeit die dialektale Vielfalt und schichtenspezifischen Varietäten des Italienischen in ihr didaktisches Konzept einbezieht (also eine *educazione 'plurilinguistica'* ist), schafft die besten Voraussetzungen für das Individuum, sich eine kommunikative (hochsprachliche) Kompetenz anzueignen, ohne Minderwertigkeitsgefühle auf Grund des Heimatdialektes oder der Zugehörigkeit zur eigenen Sprachgemeinschaft oder sozialen Gruppe zu entwickeln.

Eine der in den letzten Jahren innerhalb der italienischen Varietätenlinguistik am häufigsten zitierten Definitionen dürfte wohl die des *italiano popolare* von Manlio Cortelazzo sein: "tipo di italiano imperfettamente acquisito da chi ha per madrelingua il dialetto" (M. Cortelazzo, Avviamento critico allo studio della dialettologia italiana, Bd. III: Lineamenti di italiano popolare, Pisa 1972, S. 11).

Seit der Veröffentlichung des Buches von Cortelazzo haben sich zahlreiche Sprachwissenschaftler mit diesem Begriff beschäftigt, ohne sich jedoch auf eine einheitliche Definition einigen zu können. Worum geht es?

In ihrem Buch Sociologia della scuola italiana (Bologna 1978), S. 195, weisen M. Dei und M. Rossi darauf hin, daß 1974 noch rund 2/3 aller Italiener (63,9%) ohne *licenza media* (entspricht etwa dem Hauptschulabschluß in Deutschland) waren. Diese verfügen folglich über eine geringere hochsprachliche Kompetenz als die Schulbehörden als Norm für die Erlangung der *licenza media* vorschreiben. Die Verwendung des "Standard"-Italienischen erfolgt vor dem Hintergrund des (lokal- und/oder regional-)dialektalen Adstrats, die sprachlichen Äußerungen weichen mehr oder weniger stark vom *italiano standard* ab (die Abweichungen betreffen nicht nur die Phonetik, wo sie jedoch besonders offenkundig sind, sondern auch Morphologie, Syntax und Lexikon); wobei der Terminus "Standard"-Italienisch mit Vorsicht zu gebrauchen ist, da das Italienische keineswegs in so hohem Maße normiert ist wie etwa das Französische, das auf eine jahrhundertelange Sprachpolitik und -planung zurückblicken kann.

Das Thema kann hier nicht vertieft dargestellt werden (zu behandeln wäre z.B. die Frage, in wie weit man von einem *italiano popolare unitario* reden

162

kann oder ob das *italiano popolare* eine Folge sprachlicher Vereinfachung ist);
Schwierigkeiten bereitet vor allem auch die Abgrenzung des *italiano popolare*
von anderen dem durchschnittlichen Sprecher verfügbaren Registern wie *dialetto
regionale, italiano regionale* oder *italiano familiare*. Wir verweisen auf einen
Definitionsversuch von Edgar Radtke ("Zur Bestimmung des Italiano Popolare",
in: Romanistisches Jahrbuch 30, 1979, SS. 43-57):

> Das italiano popolare ist dasjenige, meist gesprochene, einer statistischen
> Norm obliegende Sprachregister, das einen niederen sozialen Status genießt
> und sich im Gegensatz zur lingua comune und familiare durch stärkere Ab-
> sorbierung dialektaler Einflüsse auszeichnet. Seine ihm zugeschriebene
> Tendenz zur strukturellen Einheitlichkeit ... beruht auf dem seit der
> politischen Einigung Italiens wachsenden Bedürfnis der Massen nach einem
> überregionalen Kommunikationsverständnis. (SS. 55-56)

Das Interesse der Soziolinguistik beschränkt sich nicht auf die hier in der
gebührenden Kürze dargestellten Themenkreise. Darüber hinaus beschäftigt sie
sich z.B. mit geschlechtsspezifischem Sprachverhalten, Spracheinstellung
(Attitüdenforschung), Zweitspracherwerb etc. Zur Vertiefung des Themas (besonders bezüglich Methodologie und Datenerhebung) kann auf die im folgenden
aufgeführte Literatur zurückgegriffen werden.

L i t e r a t u r a n g a b e n :

M. Berretta, "Varietätenlinguistik des Italienischen", in: LRL IV, 1988,
SS. 762-774;
G. Berruto, La sociolinguistica dell'italiano contemporaneo, Roma 1987;
N. Dittmar, "Soziolinguistik, Teil I: Theorie, Methodik und Empirie ihrer For-
schungsrichtungen", in: Studium Linguistik 12(1982), SS. 20-52 - "Teil II:
Soziolinguistik in der Bundesrepublik Deutschland", in: Studium Linguistik
14(1983), SS. 20-57;
Ch. A. Ferguson, "Diglossia", in: Word 16(1959), SS. 325-340;
B. De Marchi, "Problemi della ricerca sociolinguistica con particolare riguardo
alla tecnica dell'indagine con questionario", in: L'educazione linguistica
in una realtà plurilingue (= Mondo Ladino, Quaderni 5), Vigo di Fassa 1984,
SS. 23-40;
G. Holtus, "Educazione linguistica (democratica)", in: Italienische Studien
4(1981), SS. 67-99;
G. Holtus, E. Radtke (Hgg.), Sprachlicher Substandard, 3 Bde., Tübingen 1986-90.
E. Radtke, "Gesprochenes Gegenwartsitalienisch zwischen Dialektalität und
Standardisierung", in: Italienisch 6(1981), SS. 33-50;
F. Sabatini, La comunicazione e gli usi della lingua. Pratica, analisi e
storia della lingua italiana, Torino 1984 [das Buch ist gedacht als Lehr-
buch für die *scuole secondarie superiori*];
B. Schlieben-Lange, "Zur Methodologie soziolinguistischer Feldarbeit", in:
Schecker, M. (Hg.), Methodologie der Sprachwissenschaft, Hamburg 1976,
SS. 151-161;
B. Schlieben-Lange, Soziolinguistik. Eine Einführung, Stuttgart 1991[3].

A u f g a b e n :

1. Klären Sie anhand der angegebenen Literatur und eines einschlägigen sprachwissenschaftlichen Wörterbuches die Begriffe
   - teilnehmende Beobachtung,
   - elaborierter Kode/restringierter Kode (Bernsteins Defizithypothese),
   - Differenzkonzeption (Labov).
2. Die im folgenden aufgeführten Sätze bzw. Satzteile sind Aufsätzen von Schü-
lern der Abschlußklasse der *scuola media inferiore* in Malfa (auf Salina,
einer der Liparischen Inseln) entnommen. Identifizieren Sie anhand einer
einschlägigen italienischen Grammatik die Normabweichungen ("Fehler") und
klassifizieren Sie sie (z.B. nach orthographischen, syntaktischen, morpho-
logischen Gesichtspunkten):
   - così o trascorso la domenica
   - ho mangiato e anche mi ho divertito
   - dopo ce ne siamo venuti a Malfa a casa
   - dopo mi sono andato a coricare
   - mi sono fatta i compiti
   - sono tornato a casa e ò aggiustato il motorino
   - la mattina mi alzo alle ore 9 vando in chiesa
   - ho incominciato ad aiutare mia madre ha fare le pulizie
   - siamo andati a casa mia a giocare ha carte
   - così ho trascorsa la domenica
   - poi mi ho visto un programma alla televisione
   - sono andato a sentire l'aradio
   - dopo mi sono fatto una passegiata con i miei sorelli
   - abbiamo pescato dei pesci e poi gli abbiamo portato in paese a venderlo
   - gli o dato da mangiare a mia nipote.
3. Informieren Sie sich in der *Bibliographie Linguistique* über die seit 1980
zur italienischen Soziolinguistik veröffentlichten Bücher und Aufsätze.

www.ingramcontent.com/pod-product-compliance
Lightning Source LLC
Chambersburg PA
CBHW080913100426
42812CB00007B/2264